대적기도로 권능있는 삶을 살 분들의 필독서

대적기도로 문제해결 하는 비밀

강요셉 지음

대적기도로 영육의 문제가 해결되는 체험을 하라.
이 책을 읽으면 예수 이름을 사용하는 성도가 된다.

성도는 말씀과 성령으로 거듭난 권능있는 사람이다.
영적인 권위를 사용하여 자신과 가정을 천국 만들어라.

예수 이름을 사용해야 영육의 문제에서 해방된다.

성령출판사

대적기도로
문제 해결하는 비밀

성령

들어가는 말

필자는 하나님의 은혜로 성령 능력사역을 하고 있습니다. 그동안 수많은 성도들과 상담하며 성도들의 삶에 찾아오는 문제들을 치유했습니다. 이러한 과정에서 중요한 것을 발견했습니다. 하나님의 자녀에게는 권세가 있다는 것입니다. 그런데 성도들이 하나님이 주신 권세를 사용하지 못하고 악한 영에게 영육으로 고통과 피해를 당하며 사는 것입니다.

또 다른 한 부류는 하나님이 주신 권세를 바르게 사용하지 못 한다는 것입니다. 제가 기도하는 가운데 하나님이 지혜를 주셔서 성도들 스스로가 하나님이 주신 권세를 사용할 수 있도록 **"대적기도로 문제 해결하는 비밀"**라는 제목으로 한권의 책을 완성했습니다.

이 책을 통하여 성도의 권세와 권세를 사용하는 대적기도에 대하여 바르게 알고 사용하게 하기 위해서 입니다. 예수를 믿고 하나님의 자녀가 된 우리는 예수님의 지상 명령을 수행하기 위하여 성령의 권능을 받고 귀신을 대적하여 격파할 수 있는 능력을 갖추어야 합니다. 자신이 세상을 살아가면서 당하는 문제를 스스로 해결할 능력이 있어야 된다는 말입니다.

필자는 항상 저희 교회에 오셔서 치유와 능력을 받는 분들과 본 교회 성도들에게 이렇게 강조합니다. 성령의 권능을 받아 먼저 자신을 치유해야 합니다. 그리고 가정을 치유해야 합니다. 마귀와 싸우면서 자신과 가정을 치유하며 군사가 되는 것입니다. 군사가 되니 세상에 나가서 마귀에게 눌린 자를 구원하는 것입니다. 그래서 성령의 임재가운데 자신의 문제를 해결하는 적극적인 방법이 대적기도입니다.

이 책에는 대적기도를 하는 방법을 상세하고 쉽게 제시하고 있습니다. 총 8부로 구성이 되어있습니다. 91가지의 대적기도 비결이 상세하고 쉽게 제시되어 있습니다. 누구나 적용하기 쉽도록 실제 성도들의 삶에 일어날 수 있는 상황을 가상하여 대적기도문을 실질적으로 준비하여 제시했습니다. 쉽게 적용할 수 있을 것입니다. 모두 이 "대적기도로 문제 해결하는 비밀"책을 통하여 영육의 문제를 해결하며 기적을 체험하기 바랍니다. 소원하기는 이 책을 읽는 분마다 성령의 권능을 받아 하나님의 군사로 쓰임 받으시기를 바랍니다.

주후 2015년 5월 30일

충만한 교회 성전에서

저자 강요셉 목사

세 부 목 차

1부 대적기도로 문제 해결하는 비밀

(약4:7)"그런즉 너희는 하나님께 복종할지어다 마귀를 대적
하라 그리하면 너희를 피하리라"

하나님은 예수를 믿고 성령을 거듭난 성도들이 지금 이 땅에
서 심령에 천국을 이루고, 세상에서 아브라함의 복을 받아 누리
며, 하나님의 권능을 사용하여 이 땅에 하나님의 나라를 건설하
는 군사로 쓰임을 받다가 천국에 입성하기를 원하십니다. 우리
가 하나님의 뜻을 이루려면 성령의 임재가운데 예수 이름의 권
능을 사용하여 마귀를 대적하여 몰아내야 가능합니다. 하나님의
뜻은 성도들이 권능을 사용해야 이루어집니다. 하나님은 권능이
십니다. 지금도 살아서 천지를 통치하시는 하나님이십니다. 하
나님은 말씀만 하시는 분이 아닙니다.

말씀하신 것은 반드시 이루시는 권능이 많으신 하나님이십니
다. 하나님은 자신의 권능을 예수를 믿어 하나님의 자녀가 된 우
리에게 주시고 사용하게 하십니다. 하나님은 자신의 권능을 예
수를 믿는 자녀들에게 주시어 자녀들로 하여금 이 땅에 하나님
의 나라를 건설해 나가십니다. 그러므로 하나님의 자녀가 하나
님께서 부여하신 권능을 사용하지 못하면 하나님의 자녀로서 가

치가 없는 것입니다.

대적기도를 성공하려면 이렇게 해야 합니다. 대적기도는 예수 이름을 사용하여 소리만 크게 한다고 귀신이 물러가고 문제가 해결되는 것이 아닙니다. 성령의 임재가운데 영으로 명령하는 대적기도에 귀신이 떠나가고 문제가 해결이 되는 것입니다. 성령의 임재가운데 대적하려면 먼저 성령으로 세례를 받아야 합니다. 성령의 세례를 이론으로 믿음으로 받았다고 우겨서는 대적기도에 권능이 나타나지 않습니다. 반드시 몸으로 느끼고 눈으로 볼 수 있는 초자연적인 현상을 체험해야 합니다. 성령의 세례를 받으면 자신도 느끼고 보지만, 다른 사람도 눈에 보이게 초자연적인 현상이 나타나는 것입니다. 체험한 후에도 지속적으로 성령으로 기도하여 성령께서 전인격을 지배하도록 영성을 관리해야 합니다. 무엇보다도 기도가 깊어져야 합니다. 성령으로 깊은 영의 기도를 해야 합니다. 그래야 자신 안에서 올라오는 영의 권능으로 귀신이나 문제를 행하여 대적할 수가 있는 것입니다. 절대 사람의 힘이나 소리에 귀신이 떠나가지 않습니다.

대적기도를 할 때는 목으로 나오는 소리가 아니고, 최소한 마음 안에서 나오는 영의 소리로 명령해야 합니다. 목에서 나오는 육의 소리에는 귀신이 꼼작도 하지 않습니다. 마음에서 올라오는 영의 소리에 귀신이나 문제가 떠나가는 것입니다. 그러므로 소리는 크지 않아도 됩니다. 대적기도는 힘이 장사인 사람이 큰소리로 대적하는 것보다, 영성으로 잘 다듬어진 부드러운 소리에 귀신이 떠나가는 것입니다. 성령으로 기도하여 영성이 깊은 여성의 가냘픈 소리에 귀신이 더 잘 떠나갑니다. 힘이 장사이고 소리가 우렁차고 크다고 귀신이 떠나가는 것이 절대로 아닙니다. 좌우지간 대적기도를 할 수 있는 영성을 갖추는 것이 무엇보다도 중요합니다. 대적기도를 통하여 문제를 해결하려면 먼저 영성을 갖추어야 합니다. 무엇이든지 영적인 것은 먼저 말씀과 성령으로 심령이 하나님의 나라가 되게 하는 것이 중요합니다. 자신이 먼저 성령의 사람이 되어야 한다는 말입니다.

대적기도에 대하여 바르게 알아야할 것은 자기만의 방법을 개발하라는 것입니다. 다른 사람이 이렇게 한다고 따라서 하지 말고 자기와 하나님과의 관계를 열고 자기만의 방법으로 대적기도를 하라는 것입니다. 기도도 마찬가지입니다. 다른 사람 따라 하지 말고 자기만의 방법으로 하라는 것입니다. 크리스천은 자신과 하나님과의 관계를 열려고 해야 합니다.

하나님은 이렇게 말씀하십니다. "나를 말쟁이가 되게 하지 마라." 제가 며칠 전 새벽에 기도를 하니 성령께서 대적기도에 대하여 책을 쓰라는 감동을 주셨습니다. 그래서 책을 쓰기로 작정하고 하나님에게 지혜를 구하는 기도를 할 때 하나님이 응답하신 말씀이 "나를 말쟁이가 되게 하지 마라"는 것입니다. 즉 입만 살아서 떠나가라. 떠나가라. 하면 다 된 줄 알지 말라는 것입니다. 말한 대로 이루어지게 하라는 것입니다. 저는 이런 영적인 책을 쓰는 것이 한 편으로는 막중한 책임감을 느낍니다.

책을 읽는 분들에게 바른 영적원리를 알려드려야 하기 때문입니다. 성령의 살아있는 역사가 일어나는 비결을 알려드려야 하기 때문입니다. 머리와 입만 살아있는 성도가 아니라, 말과 행동이 같이 가는 권능 있는 성도가 되게 해야 하기 때문입니다. 한마디로 대적기도에 대하여 정확하게 알려드려야 한다는 것입니다.

또, 내가 글로 쓰고 말한 대로 변화되고 역사가 나타나야 하기 때문입니다. 대적기도는 말로만 하는 그런 기도가 아니라는 것이기 때문입니다. 말한 대로 악귀가 떠나가고, 환경이 바뀌는 실제 역사가 나타나야 한다는 것입니다. 하나님의 말씀은 초자연적인 역사를 일으키는 생명이 말씀이기 때문입니다. 우리 모두 살아서 역사하는 생명의 말씀으로 대적기도를 하여 하나님의 살아 역사하심을 나타내기 바랍니다. 자신도 체험하고 다른 사람들에게도 살아 역사하심을 나타내기를 바랍니다. 예수님께서 누가복음 11장 24절로 26절에 빈집의 우환에 대해서 말씀했습니다. 한 사람을 집으로 삼고 있던 귀신이 쫓겨 나가고 밖에 물 없는 곳에 돌아다니며 괴롭습니다. 사람을 떠나서 밖으로 나간 귀신은 물 없는 광야와 같은 곳을 헤맵니다. 그래서 다시 돌아와야 되겠다고 떠난 집에 와보니까 집이 빈집인데 수리되고 잘 정돈되었습니다. 그 사람이 귀신을 쫓아내기는 했으나 그 자리에 하나님을 모시지 않았습니다. 그러니까 이 더러운 귀신이 나가서 자기보다 더 악한 귀신 일곱을 데리고 들어와서 그 사람을 강점을 하니 나중 형편이 처음보다 더 나빠졌더라고 말한 것입니다.

우리 사람은 집입니다.

우리 영혼(마음)은 하나님이 거하시든지 마귀가 와 있던지 영적으로 거하는 집인 것입니다. 너희 몸이 하나님의 성전인 것과 하나님의 성령이 너희 안에 계신 것을 알지 못하느냐고 성경은 말하고 있는 것입니다. 우리가 예수 그리스도를 구주로 믿으면 하나님의 성령이 주인으로 와 계신 것입니다.

그러나 예수님을 믿지 않고 내버려 놓으면 그 마음의 공간에는 원수 마귀의 영이 와서 점령하고 있는 것입니다. 하나님의 성령이 오시든지 마귀의 영이 와서 점령하던지 사람은 영적으로 점령을 당하게 되어 있는 것입니다. 사람은 집으로 되어있기 때문에 성령께서 거하시든지 귀신이 와 있던지 와 있는 것입니다. 사람이 아무리 무신론을 주장해도 그 영에는 귀신이 점령하고 있다는 것을 알아야 합니다.

그러기 때문에 자신의 영은 자신이 지켜야 합니다. 자신의 영을 지키려면 하나님이 주신 권세를 사용하는 법을 바르게 알고 사용해야 합니다. 많은 목회자들과 성도들이 대적기도를 많이 합니다. 그런데 문제는 바른 대적기도를 하지 않는다는 것입니다. "그저, 예수 이름으로 명하노니 더러운 귀신아 떠나가라." 하는 정도입니다. 대적기도를 바르게 알지 못하니 기도는 많이 하는데 기도하는 만큼 생활의 변화가 나타나지 않는다는 것입니다. 이는 기도가 영적이지 못하기 때문입니다. 반드시 성령의 권능을 힘입고(성령의 임재가운데) 대적기도를 해야 합니다. 사람의 힘으로 악귀는 떠나가지 않고 성령으로 충만한 영의 상태에서 악귀가 떠나가는 것입니다.

성령의 권능으로 우리를 괴롭히는 원수 귀신들이 물러가기 때문입니다. 그래서 하나님께서 부여하신 권능을 사용하여 환경을 변화시키려면 먼저 성령으로 세례를 받아야 합니다. 그리고 성령의 권능을 힘입는 원리를 알고 적용해야 합니다. 절대로 성령의 권능 없이 환경에 역사하는 악한 영들은 떠나가지 않습니다. 악한 영은 사람보다 한 차원 높은 능력을 가지고 있기 때문입니다. 성령의 임재가운데 대적해야 귀신이 떠나갑니다.

그런데 일부 성도들은 이를 잘 이해하지 못하고 자신의 육성으로 대적기도를 합니다. 그러니 원수 귀신이 꼼짝을 하지 않습니다. 더 잘못된 것은 자기가 대적기도를 했으니 문제가 해결이 되었다고 나름대로 판단하는 것입니다. 저는 지금 십년이 넘도록 영적인 치유사역을 하고 있습니다. 전국에 있는 분들로부터 상담을 많이 합니다. 이때 이구동성으로 하는 말이 대적기도를 십년이 넘게 했는데 왜 환경에 변화가 없느냐는 것입니다. 이것뿐만이 아니라 대적기도를 하니 가정에 이해하지 못할 일들이 일어난다는 것입니다. 대구의 어느 여 집사는 자신이 대적기도를 하던 그 시간에 자신의 아들이 멀쩡한 곳에서 넘어져서 다리가 부러졌다는 것입니다. 길을 걸어가다가 넘어져서 팔이 부러졌다는 것입니다. 그래서 제가 물어보았습니다. 아들이 넘어질 시간에 누구를 대상으로 대적기도를 했느냐고 말입니다. 자신의 시어머니를 향해서 대적기도를 했다는 것입니다. 시어머니가 예수를 믿지 않고 자신을 괴롭히기 때문에 시어머니에게 역사하는 귀신에게 떠나가라고 대적기도를 했다는 것입니다.

그런데 시어머니는 멀쩡하고 자신의 아들만 다쳤다는 것입니다. 그래서 제가 왜 그런 일이 생겼는지 잘 이해가 가도록 설명을 했습니다. 시어머니는 예수를 영접하지 않은 불신자입니다. 고로 성령이 장악을 하지 못했습니다. 한마디로 악한 영의 역사가 시어머니를 완전하게 장악하고 있는 것입니다. 이때는 악한 영의 역사가 강하기 때문에 절대로 떠나가지 않습니다. 오히려 더 악해지는 것입니다.

시어머니를 괴롭히는 귀신아 떠나가라, 하고 명령을 하니 귀신이 악해져서 어린 아이들을 공격한 것입니다. 이는 사도행전 7장 55절에서 58절에 나오는 스데반의 경우를 보면 이해가 갈 것입니다. "스데반이 성령 충만하여 하늘을 우러러 주목하여 하나님의 영광과 및 예수께서 하나님 우편에 서신 것을 보고, 말하되 보라 하늘이 열리고 인자가 하나님 우편에 서신 것을 보노라 한 대, 그들이 큰 소리를 지르며 귀를 막고 일제히 그에게 달려들어, 성 밖으로 내치고 돌로 칠 새 증인들이 옷을 벗어 사울이라 하는 청년의 발 앞에 두니라" 했습니다. 보십시오.

스데반이 성령이 충만해지니 사람들이 악해져서 스데반을 돌로 칩니다. 이는 성령의 역사에 의하여 인간의 악함이 드러났기 때문입니다. 성령의 임재가 되면 육성에 역사하던 악함이 정체를 드러냅니다. 이것이 무슨 말이냐 하면 아담 안에 역사하던 악한 영이 성령의 역사로 정체를 드러냈기 때문에 악해지는 것입니다. 원래 사람이 악한 것이 아니고 사람 안에 역사하는 악한 영이 악한 것입니다.

그래서 하나님은 "우리의 씨름은 혈과 육을 상대하는 것이 아니요 통치자들과 권세들과 이 어둠의 세상 주관자들과 하늘에 있는 악의 영들을 상대함이라"고 에베소서 6장 12절에서 말씀하시는 것입니다. 그래서 성령의 역사가 일어나면 육신에 속한 사람들은 더 악해지는 것입니다. 지금 여 집사가 대적기도 할 때 일어나는 현상이 이와 똑같은 이치입니다. 그렇다고 책을 읽는 분들 악한 영을 두려워하면 안 됩니다.

이때에는 예수 이름으로 결박을 해야 합니다. "내가 예수 이름으로 명하노니 시어머니를 괴롭히고 예수 믿지 못하게 하는 귀신은 결박될지어다." 그래서 우리는 대적기도를 하되 바른 영적 원리를 알고 해야 합니다. 무조건 떠나가라. 떠나가라. 한다고 귀신이 떠나가는 것이 아닙니다. 바른 대적기도 영적원리를 알려드리기 위하여 제가 책을 쓰는 것입니다.

지금부터 설명되는 대적기도의 영적원리와 대적기도 방법을 숙지하시어 영적전쟁에 날마다 승리하시기를 바랍니다. 절대로 대적기도는 말만 잘하면 되는 것이 아닙니다. 말한 대로 선포한 대로 이루어 져야 하는 것입니다. 이 책을 통하여 대적기도에 대한 정확한 원리를 터득하여 스스로 문제를 해결하기를 바랍니다. 성령의 임재가운데 대적 기도할 때 환경에 역사하던 귀신들이 물러갑니다. 귀신들이 물러가야 영육간의 문제가 해결이 되는 것입니다. 당신은 무엇이 필요합니까? 하나님은 주의 자녀들이 필요한 것들을 모두 다 주셨습니다. 말씀이 필요하기 때문에 66권의 성경을 주었고, 믿음이 필요하고 소망이 필요하고 사랑이 필요하고 영생이 필요하기 때문에 예수님을 주셨습니다.

세상이 악하고 세상이 혼탁하기 때문에 올무에 빠지지 않도록 하기 위해서 사단을 대적하여 승리할 수 있는 능력도 권세도 주셨습니다. 뿐만 아니라 우리에게 무엇이든지 얻기를 원할 때 기도하면 주시겠다고 하시며 기도의 특권도 주셨습니다. '세상에서 환난을 당하지만 담대하라. 내가 세상을 이기었노라'고 하시며 승리하고 이기는 길도 열어주셨습니다.

예수를 십년을 믿었는데 자신과 환경에 변화가 없다면 지금 자신은 다른 영의 영향아래 있다고 생각하고 원인을 찾아서 해결해야 합니다. 반드시 바른 복음을 듣고 성령의 인도를 받으면 자신과 환경이 좋아지게 되어있습니다. 빨리 찾아 해결하세요.

우리가 살아가는데 필요한 모든 것을 공급해 주시고 앞으로도 필요한 것을 준비해 두셨습니다. 무엇이 더 필요하겠습니까? 부족한 것이 무엇입니까? 우리가 해야 할 일은 주신 것을 누리는 것입니다. 활용하여 세상을 장악하는 것입니다. 주신 그 능력과 권세를 날마다 사용하시면서 인생의 열매를 만들어 가시기를 간절히 소원합니다.

1장 대적기도로 문제 해결하는 비밀

(마28:19-20)"그러므로 너희는 가서 모든 민족을 제자로 삼아 아버지와 아들과 성령의 이름으로 세례를 베풀고, 내가 너희에게 분부한 모든 것을 가르쳐 지키게 하라 볼지어다 내가 세상 끝날까지 너희와 항상 함께 있으리라 하시니라"

하나님은 권능이십니다. 지금도 살아서 천지를 통치하시는 하나님이십니다. 하나님은 말씀만 하시는 분이 아닙니다. 말씀하신 것은 반드시 이루시는 권능이 많으신 하나님이십니다. 하나님은 권능을 예수를 믿는 성도에게 주시고 사용하게 하십니다. 성도가 하나님께서 부여하신 권능을 사용해야 군사로서 사명과 세상에서 당하는 문제를 하나님의 방법으로 해결할 수가 있습니다. 예수를 믿는 성도에게 권능이 있는 이유를 바르게 알아야 합니다. 우리는 예수를 믿는 순간 마귀의 종 되었던 옛 사람은 죽었습니다. 십자가에서 죽는 순간 예수님과 같은 하늘의 사람으로 다시 태어났습니다. 예수로 태어나 예수님의 인생을 살게 됨과 동시에 예수님과 같은 권능 있는 성도가 된 것입니다. 예수님께서 우리가 예수님의 권능을 사용하도록 위임하셨기 때문입니다. 예수님은 위임된 권능을 사용하여 이 땅에 하나님의 나라를 건설하기를 소원하십니다.

그런데 안타까운 것은 많은 그리스도인들이 자신들에게 그런 권세가 있다는 것을 모른다는 것입니다. 또한 어떤 그리스도인들은 자기가 권세를 가지고 있는 줄 알면서도 사용하지 않는 분들도 있습니다. 담대하게 성령의 임재가운데 권세를 주장하여 회복하시기를 바랍니다.

하나님은 예수를 믿는 하나님의 자녀가 지금 이 땅에서 심령의 천국을 이루고, 삶에서 아브라함의 복을 받아 누리며, 하나님의 나라 확장에 쓰임 받다가 천국에 입성하기를 소원하십니다. 오늘 말씀을 통해 우리에게 이러한 권능이 있다는 것을 바르게 알아야 합니다. 자신에게 주어진 권능을 사용해야 아브라함의 복을 누리며 풍성한 삶을 살아갈 수가 있습니다.

1. 내가 그리스도와 함께 십자가에 못 박혔다.

2천 년 전에 자신이라는 인간은 이미 예수님 안에서 죽었다는 사실을 발견하게 된다는 것은 놀라운 일인 것입니다. 로마서 6장 3절과 4절에 "무릇 그리스도 예수와 합하여 세례를 받은 우리는 그의 죽으심과 합하여 세례를 받은 줄을 알지 못하느냐? 그러므로 우리가 그의 죽으심과 합하여 세례를 받음으로 그와 함께 장사되었나니 이는 아버지의 영광으로 말미암아 그리스도를 죽은 자 가운데서 살리심과 같이 우리로 또한 새 생명 가운데서 행하게 하려 함이라"고 말씀하고 있는 것입니다.

자신도 모르는 사이에 이미 2천 년 전에 하나님은 그리스도 안에서 우리가 죽고 장사 지낸바 되었습니다. 그리고 그리스도 안에서 부활하사 새 생명 가운데서 살도록 모든 것을 마련해 놓은 것입니다. 그러므로 예수를 믿고 이 사실을 우리가 성령으로 발견한다는 것은 위대한 발견이요, 이것을 발견함으로 말미암아 우리는 진실로 새 생명 가운데 행할 수가 있는 것입니다. 우리가 그리스도 안에서 죽었으면 미운 사람에 대해서도 우리가 대꾸하지 아니하며, 사랑하는 사람에 대해서 사랑한다고 드러내지 아니하며, 오직 주님 중심에 서서 살아가는 사람이 그리스도 안에서 죽고 장사지낸바 되고 새로 살아난 사람인 것입니다.

우리가 확실히 알아야 할 것은 우리가 모두 다 그리스도 안에서 이미 죽어 버렸다는 것을 발견해야 됩니다. 우리가 발견해야 될 것은 예수를 믿고 보니, 이미 2000년 전에 내가 그리스도와 함께 십자가에 못 박혀 죽어 버렸다는 것입니다. 이것을 발견해야 됩니다. 하나님의 호적부에 빨간 줄이 그어져 버렸습니다. 예수님을 믿는 순간 옛 사람은 죽은 사람인 것입니다. 장사 지내 버렸습니다. 이제 옛 사람은 살아 있지 않습니다. 내가 그리스도와 함께 십자가에 못 박혔다고 바울 사도가 써 놓은 것처럼, 내가 원해서 못 박힌 것이 아니라, 하나님이 그렇게 이미 자신을 그리스도 안에 십자가에 못 박아 죽여 장사지내어 버리고 만 것입니다. 죽은 내 자신을 발견하고 내가 말입니다. 너는 죽었다 이미 2000년 전에 그리스도와 함께 죽었어. 그리고 장사

지내 버리고 말았어. 그러므로 이제는 "이전 것은 지나갔으니 보라 새것이 되었도다." 이제 나는 새 사람으로 살지 죽은 사람으로 살지 않는다는 사실을 마음속에 거듭 거듭 다짐해야만 되는 것입니다. 이미 세상에 대해서 죽었고, 나는 예수 그리스도 안에서만 살아있기 때문에 하나님에 대해서만 반응하지 세상의 육체의 정욕과 이 세상 자랑에 따라 반응하지 않습니다.

우리가 그리스도와 합하여 십자가에 못 박혀 죽었다는 사실을 발견해야 되는 것입니다. 믿음을 통하여 하나님의 권세가 나타나서 옛 사람이 죽고 그리스도 안에서 새로운 피조물로 살아나게 되는 것입니다. 이제 새로운 피조물로 살아난 사람답게 살아가야 합니다.

2. 이제는 내가 산 것이 아니요.

오직 내 안에 그리스도께서 사신 것이라고 말합니다. 내가 살아 있는 것같이 생각하지만은 예수 믿는 사람은 내가 산 것이 아니요. 내 안에 그리스도께서 살아 있다는 사실을 발견해야 되는 것입니다. 자신도 모르는 사이에 내가 예수를 믿고 나니깐, 내 가슴속에 예수님이 들어와 살고 계시구나! 이 사실을 발견하고 깨달아 알아야 하는 것입니다. 이젠 내가 아닌 부활하신 예수님의 삶이 된 것을 발견하고, "나와 세상은 간 곳 없고 구속한 주님만 보이도다." 내가 삶 속에 중심이 예수님만 보이고 예수님만 의지하고 살아야 되는 것입니다. 예수님을 의지하고 산다는 것은 예수님을 주인으로 모시고, 매사를 주님께 물어보고, 주님이 하라는 대로 순종하는 것을 말하는 것입니다. 고린도후서 5장 17절에 말씀처럼 오직 예수께서 사시고 계신다는 것입니다. 우리는 하나님의 성전이요. 예수님께서 성령님을 통해서 우리 속에 내주해서 계신 것입니다. 요한복음 14장 20절에 "그날에는 내가 아버지 안에, 너희가 내 안에, 내가 너희 안에 있는 것을 너희가 알리라"고 말씀하시는 것입니다.

자신은 지금 혼자 있는 것이 아니라, 그리스도 안에 있습니다. 예수님은 자신 안에 있습니다. 혼자 사는 것이 아닙니다. 그리스도와 함께 사는 것입니다. 그리스도가 자신의 삶의 중심이 되는 것입니다. 자신의 삶의 내용이 바로 예수 그리스도라는 것을 알아야 하는 것입니다. 의로우신 예수님이 살아 계십니다. 고린도전서 1장 30절에 "너희는 하나님으로부터 나서 그리스도 예수 안에 있고 예수는 하나님으로부터 나와서 우리에게 지혜와 의로움과 거룩함과 구원함이 되셨으니"라고 말한 것입니다. 예수님께서 자신 속에 이미 거룩함으로 들어와 계십니다. 거룩하신 예수님이 자신 속에 들어와 계신 것을 믿으면 예수님의 거룩하심이 자신 속에 넘쳐 나게 되는 것입니다. 의와 평강과 기쁨의 예수님이 자신 속에 들어와 계시기 때문에 이를 믿으면 기쁨인 그리스도가 기쁨으로 넘쳐 나게 되는 것입니다. 권능의 예수님이 자신 속에 들어와 계시기 때문에 이를 믿으면 예수님의 권능이 자신에게서 나타나는 것입니다.

3. 내 인생 하나님이 살아 주신다.

하나님 앞에서 자기를 완전히 비워 버리고, 하나님을 전적으로 주인으로 모시고 순종하고 믿고 의지하며 살아갈 때 하나님이 우리 인생을 살아 주시는 것입니다. 갈라디아서 2장 20절은 바로 바울선생의 그와 같은 고백입니다. "내가 그리스도와 함께 십자가에 못 박혔나니 그런즉 이제는 내가 산 것이 아니요. 오직 내 안에 그리스도께서 사신 것이라. 이제 내가 육체 가운데 사는 것은 나를 사랑하사 나를 위하여 자기 몸을 버리신 하나님의 아들을 믿는 믿음 안에서 사는 것이라" 이제 완전히 주님이 우리 주인이 되고, 우리는 주님을 복종하고 믿고 의지하고 모시기 위해서 살게 되니까, 이제 우리의 주인이 우리의 인생을 살아 주는 것입니다.

그러므로 마태복음 6장 31절로 33절에 "그러므로 염려하여 이르기를 무엇을 먹을까 무엇을 마실까 무엇을 입을까 하지 말라, 이는 다 이방인들이 구하는 것이라. 너희 천부께서 이 모든 것이 너희에게 있어야 할 줄을 아시느니라. 너희는 먼저 그의 나라와 그의 의를 구하라 그리하면 이 모든 것을 너희에게 더하시리라" 내가 하나님을 주인으로 삼고, 그 의와 그 나라를 구하고 살면 하나님이 내 앞의 문제는 하나님의 문제라는 것입니다. 하나님의 문제이기 때문에 하나님께서 해결하시는 것입니다. 로마서 8장 31절로 32절에 "그런즉 이 일에 대하여 우리가 무슨 말 하리요. 만일 하나님이 우리를 위하시면 누가 우리를 대적하리요, 자기 아들을 아끼지 아니하시고 우리 모든 사람을 위하여 내어주신 이가 어찌 그 아들과 함께 모든 것을 우리에게 은사로 주지 아니하시겠느뇨" 우리가 인생을 살면서 하나님을 주인으로 모시고 살면 우리가 난관에 부딪힐 때도 하나님이 주인이기 때문에 주인에게 물어보면 주인이 해결방법을 알려주십니다. 우리는 주인이 알려주시는 대로 순종하면 해결이 되는 것입니다. 믿음을 보시고 성령이 역사하여 기적을 행하십니다.

다윗을 보십시오. 이스라엘 백성이 골리앗의 도전을 받고 혼비백산하여 나라가 위태할 때에 바로 이 소년 다윗이 사울 왕 앞에 나타났습니다. 그리고 "내가 가서 싸우겠다"하니까 사울이 말하기를 "흥~ 너는 17살 먹은 소년이고 저 장군은 대 장군인데 아예 단칼에 너 목이 날라 간다. 안 된다" 그때 다윗이 이렇게 말했습니다. 다윗이 사울에게 고하되 "주의 종이 아비의 양을 지킬 때에 사자나 곰이 와서 양떼에서 새끼를 움키면 내가 따라가서 그것을 치고 그 입에서 새끼를 건져내었고 그것이 일어나 나를 해하고자 하면 내가 그 수염을 잡고 그것을 쳐 죽였었나이다. 주의 종이 사자와 곰도 쳤은즉 사시는 하나님의 군대를 모욕한 이 할례 없는 블레셋 사람이리이까, 그가 그 짐승의 하나와 같이 되리이다. 또 가로되 여호와께서 나를 사자의 발톱과 곰의 발톱에서 건져내셨은즉 나를 이 블레셋 사람의 손에서도 건져 내시리이다. 사울이 다윗에게 이르되 가라! 여호와께서 너와 함께 계시기를 원하노라"

장군들도 무서워 벌벌 떠는데 다윗이 어떻게 감히 나가겠다고 했습니까? 다윗은 자기는 자기가 아니라, 하나님이 자기 인생을 살아준다는 것을 알았습니다. 그러므로 그 싸움이 자기의 싸움이 아니라, 하나님의 싸움이라고 알았었습니다. 만군의 하나님께서 자기 인생을 살아 주시고 자기를 통해서 싸워 주시니까 골리앗이 아무리 대장군이라도 하나님과 싸워서 이길 수가 있겠습니까? 도저히 골리앗이 하나님을 이길 수가 없습니다.

다윗이 이 골리앗을 대항해서 나가면서 그가 한말을 들어 보십시오. 아주 가슴이 찌릿한 말을 했습니다. "다윗이 블레셋 사람에게 이르되 너는 칼과 창과 단창으로 내게 오거니와 나는 만군의 여호와의 이름 곧 네가 모욕하는 이스라엘 군대의 하나님의 이름으로 네게 가노라 오늘 여호와께서 너를 내 손에 붙이시리니 내가 너를 쳐서 네 머리를 베고 블레셋 군대의 시체로 오늘날 공중의 새와 땅의 들짐승에게 주어 온 땅으로 이스라엘에 하나님이 계신 줄 알게 하겠고 또 여호와의 구원하심이 칼과 창에 있지 아니함을 이 무리로 알게 하리라 전쟁은 여호와께 속한 것인즉 그가 너희를 우리 손에 붙이시리라"

다윗이 이렇게 큰 말을 할 수 있는 것은 자기 인생 자기가 살지 않고, 자기가 하나님과 더불어 사는 것도 아니고, 완전히 하나님을 하나님으로 왕으로 주인으로 목자로 받아 들여서 자기 인생을 하나님이 살도록 했기 때문에 담대하게 하나님을 의지해서 이 말을 할 수 있었던 것입니다. 내 인생 하나님이 살아 주시니 하나님께서 넉넉히 이기신다고 말할 수가 있는 것입니다.

우리의 삶의 주권은 주님께 있습니다. 자신의 인생이 자신의 것이 아닙니다. 자신의 과거도 현재도 미래도 주님이 가지고 계시고 주님이 주권자인 것입니다. 하나님을 전적으로 주인으로 모시고 순종하고 믿고 의지할 때 하나님이 우리 인생을 살아 주십니다. 의지한다는 것은 하나님께서 하라는 대로 순종한다는 것입니다. 주님께서 뭐라고 했습니까? 마태복음 11장 28절로 29절에 "수고하고 무거운 짐진자들아 다 내게로 오라 내가 너희를 쉬게 하리라. 나는 마음이 온유하고 겸손하니 나의 멍에를 메고 내게 배우라. 그러면 너희 마음이 쉼을 얻으리니" 네 인생 네가 살면서 왜 수고하고 무거운 짐을 짊어지느냐? "수고하고 무거운 짐진자들아 다 내게로 오라 내가 너희를 쉬게 하리라 나는 마음이 온유하고 겸손하니 나의 멍에를 메고 내게 배우라 그러면 너희 마음이 쉼을 얻으리니" 자신 앞에 있는 문제는 하나님의 문제입니다. 문제를 어떻게 해결해야 할지 하나님께 기도하여 하나님께서 하라는 대로 순종하면 믿음을 보시고 해결하시는 것입니다. 하나님께 문제를 어떻게 해결해야 할지 물어보시고 하라는 대로 순종하여 날마다 기적을 체험하시기를 바랍니다.

반드시 하나님께서 어떻게 하라는 레마를 받고 순종해야 역사가 일어납니다. 기록된 말씀을 믿고 행동하면 역사가 일어나지 않습니다. 하나님의 음성을 듣고 행동해야 합니다.

4. 믿는 자의 권세를 사용하라.

성경에는 주님께서 우리에게 권세를 주셨다고 했는데 능력과 권세가 차이가 있습니다. 마귀는 엄청난 능력이 있습니다. 능력은 헬라어로 '두나미스(dunamis)'라고 하는데 다이너마이트라는 말인 것입니다. 폭약처럼 쾅하는 굉장한 힘이 있는 것입니다. 원래 마귀는 굉장한 능력을 가진 존재였습니다. 이사야 14장 12절에 "너 아침의 아들 계명성이여 어찌 그리 하늘에서 떨어졌으며 너 열국을 엎은 자여 어찌 그리 땅에 찍혔는고"라고 말했으며, 에스겔 28장 14절에 "너는 기름 부음을 받고 지키는 그룹임이여 내가 너를 세우매 네가 하나님의 성산에 있어서 불타는 돌들 사이에 왕래하였도다." 마귀는 원래 계명성이었고, 하늘에서 제일가는 천사 장이었습니다. 하나님이 보좌를 지키는 그룹으로 만든 것입니다. 그가 교만해서 천사들을 데리고 반역을 해서 하늘천사 3분의 1을 데리고 타락해 버린 것입니다. 그렇기 때문에 사람보다 강한 능력을 가지고 있는 것입니다.

그러나 우리는 하나님의 자녀로써의 권세가 있는 것입니다. 능력은 '두나미스(dunamis)'고 권세는 '익수시아(evxousi,a)'인데, 권세는 능력보다 한차원이 높고 강합니다. 예를 들어 말하면 아버님이 나이가 90이 넘어서 굉장히 쇠약해서 그릇하나 못 듭니다. 능력이 없지요. 이제는 힘이 다 빠졌습니다. 그러나 젊고 팔팔하여 쌀가마니도 벌떡벌떡 들어 올리는 자식들보고 "이리오라."하면 옵니다. "저리가라."하면 가고, "밥상 들고 오너라!" 하면 오고, "내 곁에 와서 안마 좀 해라!"고 하면 안마합니다. 그렇게 능력이 많은 자식이 힘이 없는 아버지 명령에 순종하는 것은 아버지는 능력이 없어도 권세를 가지고 있는 것입니다. 권세는 능력보다 큽니다. 마귀는 엄청난 능력을 가지고 있으나, 예수 믿는 사람들은 권세를 가지고 있는 것입니다.

누가복음 10장 17~19절에 "칠십 인이 기뻐하며 돌아와 이르되 주여 주의 이름이면 귀신들도 우리에게 항복하더이다. 예수께서 이르시되 사탄이 하늘로부터 번개 같이 떨어지는 것을 내가 보았노라 내가 너희에게 뱀과 전갈을 밟으며 원수의 모든 능력을 제어할 권능을 주었으니 너희를 해칠 자가 결코 없으리라." 원수의 모든 능력을 다 제거할 권세가 우리에게 있습니다. 그런데 너무나 많은 예수 믿는 사람들이 자기가 권세가 있는 줄 모릅니다. 마귀의 외형적인 능력을 보고 겁을 내서 벌벌 떱니다. 귀신을 두려워합니다. 귀신을 대적하지 못합니다. 예수 믿는 사람들이 너무나 자기를 알지 못하는 것입니다. 영적인 권세가 있다는 것을 모르기 때문입니다. 우리는 말씀을 바르게 알고 믿어야 합니다. 그리고 권위를 사용해야 합니다.

그러나 성경 요한복음 1장 12절을 보면"영접하는 자 곧 그 이름을 믿는 자들에게는 하나님의 자녀가 되는 권세를 주셨으니" 예수를 믿는 우리에게 권세 있어요. 권세 있어요. 하나님의 자녀가 되는 권세 있어요. 그러니 마귀대장도 겁날 것 없어요.

더구나 마귀의 졸자인 귀신들이야 한길로 왔다 일곱 길로 도망치는 것입니다. 우리는 능력은 없어도 권세를 사용하면 능력은 한길로 왔다가 일곱 길로 도망을 치게 되는 것입니다. 권세라는 것은 굉장한 힘이 있는 것입니다. 우리는 하나님의 자녀로써 권세를 가지고 있다는 것을 알고 사용해야 되는 것입니다.

계명성 루시퍼가 얼마나 능력이 많습니까? 사탄이 굉장히 능력이 많아도 예수님의 이름으로 대적하는 명령 앞에 한길로 왔다가 일곱 길로 도망치는 것은 여러분은 권세를 가지고 있기 때문인 것입니다. 누가복음 11장 21~22절에 "강한 자가 무장을 하고 자기 집을 지킬 때에는 그 소유가 안전하되 더 강한 자가 와서 그를 굴복시킬 때에는 그가 믿던 무장을 빼앗고 그의 재물을 나누느니라." 마귀가 강한 자가 되어서 딱 자기의 소유물들을 지키고 있을 때, 더 강한 자 성령으로 충만하고 예수 이름이 있는 성도가 성령의 임재 하에 예수 이름으로 대적하며 기도하면 귀신이 모든 것을 버리고 도망치고, 마귀에게 빼앗긴 것을 찾을 수가 있는 것입니다.

그 다음에 성경은 우리에게 주님 주신 약속 있습니다. 마가복음 16장 17~18에 "믿는 자들에게는 이런 표적이 따르리니 곧 그들이 내 이름으로 귀신을 쫓아내며 새 방언을 말하며 뱀을 집어 올리며 무슨 독을 마실지라도 해를 받지 아니하며 병든 사람에게 손을 얹은즉 나으리라 하시더라" 우리는 예수님의 이름으로 귀신을 쫓아내야 합니다. 법정에 가면 재판을 할 때 변호사가 대리권 행사를 합니다. 피고인이 말하지 않고 변호사가 대리로 말을 합니다. 오늘날 하나님은 우리에게 예수 그리스도의 이름을 주셔서 대리권 행사를 하게 해주신 것입니다. 귀신을 쫓아내는 것은 하나님의 뜻인데 오늘날에는 하나님이 직접 하지 않고 우리에게 대리권 행사를 하도록 "내 이름 가지고 서라. 너는 하나님의 자녀고 내 백성이니 내 이름으로 귀신을 쫓아내라." 대리권 행사를 하라고 합니다.

그러므로 하나님 앞에서 대리권 행사를 하는 권세를 가지고 있으므로 마귀는 그것을 잘 압니다. 한번은 스게와라는 제사장이 아들 다섯 명이 시험적으로 귀신들린 자보고 예수 그리스도 이름으로 명하노니 물러가라고 하니까 바울도 알거니와 예수도 내가 아는데 너희는 누구냐고 달려들어 다섯 아들이 다 발가벗고 도망을 쳤습니다. 왜 그랬습니까? 그들은 권세가 없습니다.

예수 안 믿는 사람이 귀신을 보고 물러가라니까 귀신이 바울도 내가 알고 예수도 내가 알거니와 너는 누구냐? 덤벼드니까 다섯 사람이 혼비백산하고 벗은 몸으로 도망쳤습니다. 예수님을 주인으로 모시지 않으면 권세가 없습니다. 그러나 우리는 예수를 구주로 모시고 하나님의 자녀가 되었으므로 권세가 있고, 더구나 예수 이름을 사용할 수 있는 권한을 하나님께서 주셨기 때문에 예수 이름으로 귀신을 대적하시기를 바랍니다.

하나님은 예수를 믿는 우리에게 말의 권세를 사용하라고 하십니다. 말은 마음과 믿음에서 나오기 때문입니다. 하나님이 주신 초자연적인 믿음 있는 말의 권세를 사용하라는 것입니다. 말의 권세를 이용하여 대적하므로 환경을 바꾸라는 말입니다. 성령의 임재가운데 대적 기도할 때 환경에 역사하던 귀신들이 물러갑니다. 귀신들이 물러가야 영육간의 문제가 해결이 되는 것입니다. 당신은 무엇이 필요합니까? 하나님은 주의 자녀들이 필요한 것들을 모두 다 주셨습니다. 말씀이 필요하기 때문에 66권의 성경을 주셨고, 믿음이 필요하고 소망이 필요하고 사랑이 필요하고 영생이 필요하기 때문에 예수님을 주셨습니다.

세상이 악하고 세상이 혼탁하기 때문에 올무에 빠지지 않도록 하기 위해서 사단을 대적하여 승리할 수 있는 능력도 권세도 주셨습니다. 뿐만 아니라 우리에게 무엇이든지 얻기를 원할 때 기도하면 주시겠다고 하시며 기도의 특권도 주셨습니다. '세상에서 환난을 당하지만 담대하라. 내가 세상을 이기였노라'고 하시며 승리하고 이기는 길도 열어주셨습니다.

우리가 살아가는데 필요한 모든 것을 공급해 주시고 앞으로도 필요한 것을 준비해 두셨습니다. 무엇이 더 필요하겠습니까? 부족한 것이 무엇입니까? 우리가 해야 할 일은 주신 것을 누리는 것입니다. 활용하여 세상을 장악하는 것입니다. "내가 예수님의 이름으로 명령한다. 나를 괴롭게 하는 귀신은 물러가라." 강하고 담대하게 주신 그 능력과 권세를 날마다 사용하면서 인생의 열매를 만들어 가기를 간절히 소원합니다.

2장 대적기도로 문제 해결한 간증

(막 16:17-18)"믿는 자들에게는 이런 표적이 따르리니 곧 그들이 내 이름으로 귀신을 쫓아내며 새 방언을 말하며, 뱀을 집어 올리며 무슨 독을 마실지라도 해를 받지 아니하며 병든 사람에게 손을 얹은즉 나으리라 하시더라."

우리 삶에 공기가 둘러싸여 있어서 그 안에서 사는 것처럼, 우리는 영적인 분위기 속에서 삽니다. 우리의 배후의 눈에 보이지 않는 영적인 힘이 우리에게 긍정적인 능력을 발휘할 수도 있고, 부정적이고 파괴적인 일을 할 수도 있습니다. 주님께서 우리 가운데 역사하시는 성령으로 우리에게 생명을 주되 넘치게 주는 역사를 하시지만, 마귀가 역사하면 귀신들로 더불어 우리에게 도적질하고 죽이고 멸망시키는 그러한 환경으로 만들어 버리고 마는 것입니다. 이러기 때문에 우리의 배후의 세력이 현실적으로 우리의 삶을 형성해 가고 좌우한다는 사실을 알아야만 하는 것입니다. 마귀는 영체입니다. 그러므로 아무리 눈을 닦고 보아도 육신의 눈에는 보이지 않습니다. 마귀가 인간에게 나타나려면 인간의 생각을 통하여 혹은 동물이나 사람을 통하여 나타납니다. 마귀는 우리의 대적입니다. 예수님은 마귀를 도적이라고 말씀하셨습니다. 도적이 오는 것은 도적질하고 죽이고 멸망시키려는 것뿐이라고 말씀하셨습니다. 그렇기 때문에 우리는 항상 우리를 대적하는 사람들의 배후에 영채인 마귀를 밝히 알고 인간과 싸우지 말고, 그 배후에 있는 세력인 마귀와 영적인 전쟁을 치러야 하는 것입니다.

이스라엘 백성이 원수와 대적한 싸움의 승패는 그들이 전쟁을 얼마나 잘 하느냐 무기가 얼마나 좋았느냐에 있지 않고, 그들 배후에 영적인 기도가 마귀의 힘을 이겼느냐 이기지 않았느냐, 여기에 달려있었습니다. 그렇기 때문에 바울 사도는 말하기를, 우리의 씨름은 혈과 육, 즉 인간에 대항하는 것이 아니요 통치자와 권세와 이 세상 어둠의 주관자들과 공중의 권세 잡은 악의 영들에게 대함이라고 말한 것입니다. 다음의 간증을 보면 선포하고 대적하는 기도로 악한 영이 떠나가니 문제가 풀리는 것을 알 수가 있습니다.

1. 선포하고 대적하니 상황이 반전되다.

제가 성령의 감동을 받고 담대하게 대적하고 선포하면 이루어진다는 믿음을 갖게 된 계기가 있었습니다. 내가 공직에서 나와서 신학대학원을 다니기 위하여 안산에 올라왔습니다. 올라와서 보니까, 신도시가 조성이 되고 있었습니다. 아파트 분양이 한창 되고 있었습니다. 우리가 안산에 10월초에 올라오게 되었는데 익년 2월 26일에 입주하는 아파트가 있었습니다. 분양 사무실에 가보니 좋은 층은 다 분양이 되고 1층과 5층만 남아있었습니다. 5층을 분양을 받았습니다. 일단 안산에서 전세를 얻어서 살았습니다. 살림이 많아서 주인 세대를 전세금 사천만원을 주고 살았습니다. 그런데 문제가 발생을 했습니다. 안산에 세를 들어 사는 사람들이 시화에 아파트 분양을 받아서 이사를 가니 안산에 있는 집이 나가지를 않는 것입니다. 잘 알다시피 아파트는 입주 날자가 되면 입주를 하든지 안하든지 분양대금은 모두 지불을 해야 합니다.

만약에 지불하지 못하면 이자를 내야 합니다. 안산에 있는 집이 나가야 분양대금을 지불하고 들어가는데 부동산이란 부동산 모두에 집을 내놓고 기다려도 전화가 한 통화도 오지를 않는 것입니다. 이제 입주 날자가 20일 밖에 남지 않았습니다. 주변에 여러 사람들이 하는 말이 집이 나가려면 육 개월 이상 걸릴 것이라 말합니다. 주변 상황이 그렇게 어려웠습니다.

그래서 어떻게 합니까? 내가 하나님에게 기도하며 매달리는 수밖에 없는 상황에 처했습니다. 돈을 벌지 않으면서 이자를 내다가 보면 퇴직금 받은 것 다 날아가게 생겼습니다. 새벽마다 가서 하나님에게 기도를 했습니다.

"하나님 어떻게 해야 합니까? 집이 나가야 이사를 가고, 물질에 손해가 없습니다. 내가 다른 일 하겠다고 여기에 왔습니까? 하나님의 일을 하겠다고 여기에 와서 아파트를 분양받았는데 이집이 안 나가면 물질의 손해가 너무 막심합니다. 하나님! 어떻게 해야 합니까?" 하면서 계속해서 4일을 기도를 했습니다. 응답이 없습니다. 이제 16일 밖에 남지 않았습니다. 5일째 되는 날 기도하니 이렇게 감동을 하시는 것입니다. "A4지에 상황을 적어서 20장을 만들어서 전봇대와 나무에 붙여라." 그리고 "집이 나가라고 선포하라. 악한 영의 역사가 방해하지 못하게 대적하라." 그래서 집에 오자마자 20장을 만들어서 전봇대와 나무에 붙였습니다. 붙이면서 선포했습니다. "이 전단지를 보고 집이 나갈지어다. 더러운 영들은 방해하지 말지어다." "천사들아 새로운 주인을 모시고 올지어다." "집이 나가는 기적이 일어날지어다." 그렇게 하고 오전이 지나고 오후 2시가 되었습니다. 전화가 왔습니다. 집을 보러 오겠다는 것입니다. 당장 와서 보라고 했습니다. 집을 보러 와서 하는 말이 2월 26일 날 집을 비워줄 수가 있느냐는 것입니다.

2월 26일은 아파트 입주하는 날입니다. 자기가 와서 집을 보니 집도 깨끗하고 자기가 찾던 집이라는 것입니다. 그래서 계약하고 2월 26일 날 전세금 받아서 이사를 했습니다. 아무도 집이 나갈 수 있다고 말한 사람은 아무도 없습니다. 심지어 집주인이 계약서를 작성하러 와서 나에게 하는 말이 기적 같은 일이 일어났다는 것입니다. 자기는 한 일 년이 지나야 나갈 줄로 생각하고 있었다는 것입니다. 내가 이렇게 말했습니다. "하나님이 알려주신 대로 했더니 집이 나갔습니다. 하나님은 살아계십니다. 주인아저씨도 예수를 믿으세요." 담대하게 하나님이 하셨다고 불신자에게 말하도록 해주셨습니다. 할렐루야! 하나님이 하셨습니다. 기적을 체험하게 하셨습니다.

하나님은 무에서 유를 창조하는 하나님이십니다. 기적의 하나님 이십니다. 사람이 모두 안 된다고 해도 포기하지 말고 직접 하나님에게 물어보면서 하나님이 하라는 감동대로 선포하며 대적기도하세요. 그러면 믿음을 보고 하나님이 응답하여 주십니다. 믿음을 가지세요. 하나님은 기적의 하나님 이십니다.

저는 이때의 체험이 있기 때문에 심방을 할 때도 담대하게 선포하고 대적기도를 합니다. 이런 경우가 있었습니다. 잘 아는 전도사님이 집을 새로 구입하여 입주를 했다고 심방을 부탁하여 거절할 수가 없어서 심방을 했습니다. 심방을 마치고 나니 사정이 있는 집이 있는데 한 가정 심방을 해달라고 부탁하여 했습니다. 그래서 그러자고 하고 그 집을 방문했습니다.

가정 사정을 들어보니 2년 전에 빌라를 팔려고 부동산에 내놓았는데 지금까지 팔리지를 않는다는 것입니다. 한 달 후면 분양받은 아파트에 들어가야 하는데 빌라가 나가야 중도금을 주고 들어갈 수가 있는데 팔리지를 않는 다는 것입니다. 그래서 예배를 드렸습니다. 성령의 임재를 요청하고 빌라를 팔리지 못하게 하는 요소를 대적기도로 제거하고 속히 나가도록 기도하고 왔습니다. 선포와 대적기도는 "성령이여 임하소서. 내가 예수 이름으로 명하노니 이집이 나가지 못하도록 방해하는 영은 떠나갈지어다. 천사들아 새 주인을 모시고 올지어다. 빌라가 빨리나가는 역사가 일어날지어다." 좌우지간 그때 성령께서 인도하시는 대로 나오고 시키는 기도를 했습니다. 그런데 일주일이 지나자 집이 팔린 것입니다. 아니 2년 동안 나가지 않던 집이 팔린 것입니다. 하나님이 저의 기도를 들어주신 것입니다. 그래서 정확한 시간에 중도금을 지불하고 이사를 갈 수가 있었습니다. 담대하게 선포하고 대적기도를 하십시오. 반드시 하나님의 마음에 합한 일을 해야 응답이 됩니다.

2.대적 기도하니 교회 재정이 풀리기 시작했다.

교회를 개척하고 한창 재정에 고통을 당할 때 하나님에게 기도하며 대적기도를 했습니다. "내가 나사렛 예수의 이름으로 명하노니 교회에 역사하며 재정에 고통을 주는 영들은 떠나갈지어다. 내가 나사렛 예수의 이름으로 명하노니 교회에 역사하며 성도들을 충동하여 하나님에게 드리는 일에 인색하게 하는 영들은 떠나갈지어다. 성도들을 가난하게 하는 영은 떠나갈지어다. 내가 나사렛 예수의 이름으로 명하노니 교회에 역사하며 성도들의 가정의 재정에 고통을 주는 영들은 떠나갈지어다. 교회에 역사하며 재정에 고통을 주는 악한 영들은 떠나갈지어다. 우리 교회에 성도들이 들어오지 못하게 막고 있는 귀신들은 떠나갈지어다.

우리 교회에 역사하며 성장을 방해하는 귀신들은 떠나갈지어다. 멀리 멀리 떠나갈지어다. 천사들아 도울 지어다." 라고 성령의 임재 가운데 지속적으로 명령을 했습니다. 한 달 정도 지난 다음에 제가 꿈에 자전거를 타고 가는데 길이 진흙으로 자전거가 나가지를 않았습니다. 그래서 힘들어 하다가 길 옆 배수관을 보았더니 검정 뱀이 목만 내밀고 있었습니다. 그래서 뱀을 잡아내어 발로 밟으니까? 뱀이 자꾸 커지더니만 입이 커다란 미물로 변했습니다. 죽여 버리려고 계속 발로 밟았으나 죽지를 않았습니다.

그래서 제가 습관적으로 천사들아 나를 도와라 하니까, 군인들이 차를 몰고 와서 미물을 짓이기고 지나갔습니다. 그래서 보니 아주 납작하게 죽어 있었습니다. 그 다음에 길을 보니 진흙탕 길이 아니라 아주 잘 다듬어진 길이 되었습니다.

그래서 제가 자전거를 아주 쉽게 타고 갔습니다. 그 더러운 영들이 나의 가는 길에 진흙탕을 만들어 가지고 교회 성장을 방해하고 재정을 고통스럽고 힘들게 한 것입니다. 그 꿈을 꾸고도 지속적으로 대적기도를 했습니다. 입버릇처럼 했습니다. 서서히 재정에 풀리기 시작을 했습니다. 그 이후로 재정에 대하여 별로 어려움을 느끼지 못했습니다. 꿈속에서 천사들을 불러 영적전쟁에 승리하니 재정에 고통이 해결되고 대로가 되어 서울로 이전하게 된 것입니다. 할렐루야!

3.대적기도로 반신불수를 치유하다.

저는 허리에서 부터 얼굴까지 반신불수가 되어 12월 20일부터 4월 25일 충만한 교회에 오기 전까지 반신불수가 되어 거동을 못하며 집안에서 지냈습니다. 그러다가 저의 친한 친구 목사님들이 충만한 교회에 가면 치유가 된다는 말을 듣고 차에 실려 충만한 교회 성령치유 집회에 참석하여 은혜를 받았습니다. 그런데 참석한 첫날부터 강한 성령의 불을 받고 온몸이 불덩어리가 되더니 몸이 뒤틀리기 시작을 했습니다.

악한 귀신들이 발작을 한 것입니다. 강 목사님이 "예수 이름으로 명하노니 허리를 잡고 있는 더러운 귀신은 떠나가라" 하고 대적기도를 할 때마다 수많은 귀신들이 발작을 하면서 떠나고 소리를 지르면서 떠나갔습니다. 저는 이때까지 내가 허리디스크와 좌골 신경통으로 이렇게 거동을 못하게 되었지, 악한 영의 역사로 이렇게 되었다고는 꿈에도 생각을 하지 않고 병원치료만 하였습니다. 한마디로 영적인 무지한 이였습니다.

성령님의 인도로 충만한 교회에 와서 성령의 불을 받고 아~ 이것이 영적으로 문제가 되어 발생한 것이구나! 체험 적으로 인정을 했습니다. 저는 충만한 교회에 오기 전에 영적인 집회에 많이 참석을 했습니다. 심지어는 미국에 가서 빈야드 집회도 참석을 했습니다. 그때도 몸이 뒤틀리고 발작을 했습니다. 거기 있는 사역자들이 성령의 불을 받은 것이라고 했습니다.

저는 성령의 불을 받았기 때문에 저에게 악한 영이 역사한다는 것은 꿈에도 생각을 못했습니다. 저의 허리를 아프게 하는 것은 악한 영의 역사라고 인정을 하니 치유되기 시작하다가 며칠 지나니 저 혼자도 걸을 수가 있었습니다. 강 목사님이 안수하며 대적기도를 하면 할수록 몸이 편안해졌습니다. 허리 아픈 것이 점점 없어졌습니다. 그래서 제가 손수 운전을 하면서 열심히 다녔습니다.

그러다가 여러 가지 성령의 은사와 은혜를 체험했습니다. 질병의 배후에도 영적인 세계가 결부되어 있다는 것을 체험적으로 알게 되었습니다. 대적기도의 중요성을 체험적으로 알게 되었습니다. 치유가 되고 능력을 받으니 심령이 읽어지는 지식의 말씀의 은사가 나타나고 안수기도하면 강요셉 목사님 같이 성령의 역사가 강하게 나타납니다.

그래서 다시 목회를 시작하니 교회가 점점 부흥이 되었습니다. 몇 개월 다니면서 치유를 받으니 이제 몸도 완치가 되었습니다. 남편도 너무나 좋아하는 것이었습니다. 정말 하나님은 못하시는 것이 없으십니다. 특히 대적기도는 기적을 체험하게 합니다. 저를 치유하신 하나님에게 영광을 돌립니다. 그리고 시간시간 대적기도하며 안수하여 주신 목사님에게도 감사를 드립니다. 인천 은혜교회 김목사

4. 대적기도로 불치병치유

대적기도로 팔이 올라가지 않는 질병의 치유간증입니다. 가장 중요한 것은 충만한 교회에 와서 저의 육신의 불치병이 치유되었습니다. 5년 전부터 팔이 아프기 시작해서 귀 위까지는 올리지 못하다가 치료를 받았으나 팔꿈치 안쪽이 아프고 때로는 손에 힘이 빠져서 약간 떨림으로 커피를 타려면 손이 떨리게 됩니다. 세수할 때면 세면대에 팔을 받치고 얼굴을 갖다 대며 씻었습니다. 뒷목부분은 한쪽으로 팔꿈치를 받쳐 들고 목을 씻었습니다. 성경가방(무거운 물건)을 들고 한참 걷다가 손을 들려면 팔꿈치를 받쳐 들어야 하고 설거지를 좀 많이 하고 나면 한참씩 팔꿈치 안쪽이 아팠습니다. 병원진단 병명으로는 테니스 앨보로서 못 고치는 불치병이라고 했습니다.

그래서 포기하고 지내다가 충만한 교회에 와서 내적치유를 통해 은혜 받고 목사님이 안수하시면서 "팔은 올라갈지어다. 정상으로 회복될지어다. 팔을 잡고 있는 더러운 영들을 떠나갈지어다." 하고 대적하며 안수기도 받은 다음부터 팔이 올라가고 팔에 힘이 생겼습니다. 이제 머리도 마음대로 손질하고, 세면도 하고 무거운 물건도 들 수 있도록 팔에 힘이 생겼습니다. 주님을 찬양합니다. 사랑합니다. 만약에 당신도 이런 고통을 당한다면 찾아 오셔서 기적적인 치유의 은혜를 몸으로 체험하기를 바랍니다. 성남 최ㅇㅇ권사

5. 대적기도로 축귀한 사례

전북 익산에서 8년 동안 오십 견과 어깨 근육통증으로 고생하다가 치유 받은 목사님의 이야기입니다. 이 목사님이 우리교회에 치유의 능력을 받기 위해서 오셨습니다. 하루가 지나고 이틀이 지났습니다. 3일째 되던 날, 내가 오십 견이나 근육통으로 고생하는 분이 있으면 앞으로 나오라고 했습니다. 그랬더니 이분이 손을 들고 앞으로 나왔습니다. 나와서 나에게 이렇게 말했습니다. "목사님 저는 8년 동안 오십 견과 어깨 근육통증으로 오른쪽 팔을 사용하지 못합니다." 그래서 내가 "성령께서 이 시간 치유하여 주실 것입니다." 그랬더니 이분이 비웃는 것입니다. 8년 동안 이 방법, 저 방법을 다 사용해도 낫지 않았는데 어떻게 금방치유 되냐는 것입니다. 내가 아무 소리도 하지 않고 어디가 아프냐고 하니까, 오른쪽 팔이라는 것입니다.

그래서 내가 어깨에 손을 대니까, "아~" 하면서 괴성을 질렀습니다. 아프다는 오른쪽 어깨에 손을 얹고 본인에게 호흡을 들이쉬고 내쉬라고 하면서 성령의 불을 집어넣었습니다. 어느 정도 성령으로 장악이 되었습니다. 원래 오십 견이나 근육통은 성령의 불을 집어넣어 성령이 장악되면 순간 치유가 됩니다.

그래서 내가 "목과 어깨를 잡고 팔과 연결된 신경과 인대 디스크는 제자리에 들어갈지어다." 하고 명령을 했습니다. "오십 견과 어깨 근육통증은 치유될지어다." 그러면서 성령의 감동을 받으니 성령께서 어깨를 악한 영이 잡고 누르고 있으니 귀신을 물리치라는 것입니다. 그래서 어깨를 잡아서 "오십 견을 일으키는 귀신은 정체를 밝힐 지어다." 했더니 기침을 하면서 팔을 막 돌리다가 흔드는 것입니다. 성령께서 역사하시는 것이 눈으로 보였습니다.

그래서 "성령님 더 강하게 역사하여 주옵소서." 하면서 계속 불을 집어넣으면서 강하게 역사하여 주실 것을 명령했습니다. 조금 지나니 팔 흔드는 것이 약해지는 것입니다. 성령의 권능에 의하여 오십 견을 일으키는 질병의 영이 제압을 당한 보증입니다. 내가 대적기도를 했습니다. "지금 이렇게 팔을 흔들었던 더러운 질병의 영은 떠나갈지어다." 하니까 기침을 사정없이 한 동안 했습니다. 기침이 잠잠해졌습니다. 그래서 목사님에게 팔을 올려보라고 했습니다.

그랬더니 어깨통증이 있어 올리지를 못하겠다는 것입니다. 그래서 내가 어깨에 손을 얹고 "어깨 통증을 일으키는 사기는 예수 이름으로 명하노니 떠나가라." 했더니 막 소리를 지르는 것입니다. 그러면서 기침을 했습니다. 나는 계속 어깨에 손을 얹고 뿌리까지 빠질 지어다. 하면서 명령을 했습니다. 한 5분 동안 기침을 하다가 멈추었습니다. 그래서 목사님에게 팔을 올려보라고 했더니 머리위로 쑥 올리는 것입니다. 통증이 없느냐고 했더니 어깨에 통증이 조금 있다는 것입니다. 그래서 어깨에 손을 얹고 통증은 완전하게 치유될 지어다. 하고 한참 안수를 하고 팔을 올

려보라고 하니 잘도 올리는 것입니다. 8년 동안 고생하던 오십
견과 어깨통증이 단 10분 만에 치유가 된 것입니다. 이렇게 대
적기도를 통한 축귀는 오십 견과 어깨통증도 치유합니다.

6.대적기도로 가난을 청산하다.

대적기도로 "대물림된 가난과 거지의 영이 끊어졌어요." 라
는 제목의 간증입니다. 어느 여 성도가 결혼을 했는데 남편과
자신의 가문에 가난이 대물림되어 너무너무 가난했습니다. 헐
벗고 굶주리면서 고통을 당하던 중 이웃의 전도를 받고 예수님
을 믿게 되었습니다. 성령을 체험하고, 내적 치유도 받은 가운
데 가문에 대물림되는 마귀 역사를 끊는 집회에도 참석하여 은
혜를 받았습니다. 성령으로 충만하여 가정에 역사하는 가난의
대물림의 원인을 찾아 회개하고 가난의 줄을 끊는 대적기도를
수없이 하고 나니 하나님의 은혜로 서서히 물질적인 문제가 풀
리면 조그마한 주택도 마련하는 등 가정의 삶이 평안하게 되었
습니다. 계속적으로 대물림된 가난의 마귀 저주를 예수 이름으
로 끊고 귀신을 몰아낸 결과입니다.

여 성도님은 가난의 고통을 끊는 교회의 집회에 참석하여 우
리 가계의 가난의 대물림도 끊어질 수 있다는 믿음을 가지고, 강
사 목사님이 하라는 한 영적인 원리대로 성령이 충만한 가운데
가정예배를 드릴 때나 교회에서 기도할 때나 할 것 없이 매일 입

버릇처럼 다음과 같이 마음속으로 외치고 다녔다고 합니다. "예수 이름으로 명하노니 우리 가정에 대물림된 가난의 저주는 끊어질지어다. 가난하게 역사하는 귀신은 예수 이름으로 명하노니 떠나갈지어다." "예수 이름으로 명하노니 우리 가정에 대물림된 가난의 저주는 끊어질지어다. 가난하게 역사하는 귀신은 예수 이름으로 명하노니 떠나갈지어다." "예수 이름으로 명하노니 우리 가정에 대물림된 가난의 저주는 끊어질지어다. 가난하게 역사하는 귀신은 예수 이름으로 명하노니 떠나갈지어다."

그러던 어느 날 남편이 꿈을 꾸었습니다. 꿈속에서 누군가가 자꾸 문을 두드리면서, "주인 있소? 주인 있소?" 하면서 주인을 부르는 소리가 나더랍니다. 그래서 문을 열고 나가보니까 자신의 할아버지 거지, 할머니 거지와 함께 자신의 아버지, 어머니 거지가 와 있더랍니다. 거기다가 세상에 있는 거지란 거지는 다 모인 것 같이 많은 거지가 모였더랍니다. 깡통을 차고 아주 험한 거지 옷을 입은 거지 할아버지가 와서 하는 말이 "우리가 몇십 년 동안 이 집에서 거지노릇을 하면서 같이 살았는데, 왜 새로 들어온 손자며느리가 그놈의 예수를 믿으면 자기만 믿을 것이지 손자까지 예수를 믿게 해가지고, 항상 가정에서 예배드리고 예수 그리스도와 함께 밥 먹고, 기도하고 예배하고 자면서 거지 귀신 떠나라고 예수 이름으로 명령하고, 예수 이름으로 명하노니 거지 귀신아 물러가라고 그러느냐? 우리를 쫓아낼 너의 권한이 무엇이냐? 이유를 말해 달라. 라고 했습니다."

그래서 그 거지 할아버지에게 어떻게 대답할까 생각하다가 성령께서 알려주시는 예수님의 말씀을 기억하고 "증명이 있다. 내가 예수 이름으로 명령한다. 알겠느냐? 나사렛 예수 이름으로 명하노니 거지 귀신들은 물러갈 지어다." 라고 하자, 다다다 발걸음 소리를 내면서 거지 떼 전부가 걸음아 날 살려라 하면서 도망을 치더라고 했습니다.

그 꿈을 꾸고 나자 마음이 아주 평안해지면서 가난과 거지의 영의 줄이 끊어졌다는 성령의 감동이 오더랍니다. 이 꿈은 거지 영의 저주가 예수 이름으로 물러가는 꿈입니다. 성령께서 기도에 응답하여 가문에 흐르는 가난의 귀신들이 떠나갔다는 것을 꿈으로 보증해 주신 것입니다. 아주 좋은 꿈입니다. 당신도 이와 같이 꿈속에서라도 대적기도를 하시기를 바랍니다.

하나님은 우리에게 복 주시기를 원하십니다. 믿음과 부요의 꿈을 가지고 하나님의 뜻을 쫓아가시기를 바랍니다. 꿈은 반드시 이루어집니다. 꿈을 이루려면 우리가 꿈을 갖고 믿은 것을 입으로 시인해야만 되는 것입니다(막11 22-23).

말을 해야 되는 것입니다. 입을 다물고는 우리가 믿을 수 없습니다. 꿈꾸고, 기도하고, 믿은 사실을 입으로 시인해야 되는 것입니다. 현재 이루어지지 아니해도 하나님은 죽은 자를 살리시며 없는 것을 있는 것 같이 부르시는 하나님이신 것입니다. 지금 없어도 있는 것처럼 내가 꿈꾸고, 믿고, 입으로 시인해야 되는 것입니다. 왜냐하면 입으로 시인하는 말씀은 하나님의 창조적인 수단이었습니다. 하나님은 우주만물을 지으셨을 때 친히 손으로 지으신 것이 아니라, 말씀으로 지으신 것입니다. 말씀하심에 이루어진 것입니다. 그러므로 우리는 성령의 충만한 모습을 마음속으로 꿈꾸어 보고 이것을 믿어야 되는 것입니다.

7. 대적기도로 편두통을 고치다.

피터 와그너 박사님은 훌러 신학대학의 교회 성장 학 주임교수였는데 그는 오랫동안 편두통으로 고생을 했습니다. 병원에 가서 검사를 해도 뚜렷한 병명이 나오지 않았어요. 그래서 와그너 박사님은 이렇게 병명도 모른 체 시달리며 살아가서는 안 되겠다 싶어서 병자를 위해서 기도해 주는 린버 교수를 찾아가 안수기도를 받았지만 여전히 편두통은 낫지 않았습니다. 이렇게 두통에 시달린 목사님은 문득 혹시 이 편두통이 귀신의 장난이 아닐까하는 생각이 들어왔습니다.

그리고 마귀를 쫓는 기도를 해야 되겠다고 결심했으나 자기 부인이 교수가 무슨 그런 짓을 하냐고 비웃을까 싶어서 부인이 겁이 나서 부인 듣는데 마귀를 쫓을 수가 없어요. 그래서 샤워 실에 들어가서 목욕을 하면서 샤워를 다 틀어 놓고 물소리가 나게 해서 부인이 못 듣도록 하고 "이 편두통의 원수 귀신아 물러가라! 편두통의 원수 귀신아 예수 이름으로 명하노니 물러가라!" 샤워가 비눗물을 씻듯이 싹 나아버리더랍니다.

"야~ 여태까지 나에게 편두통을 앓게 한 것은 마귀가 붙어서 짓눌러서 아프게 되었구나." 그 다음도 가끔 편두통이 도로 돌아와도 똑같이 "나사렛 예수 이름으로 명하노니 물러가라!" 그러면 또 물러가고, 또 물러가고 하더니만 이제는 완전히 편두통에서 해방이 되었다고.

그래서 마귀를 예수 이름으로 대적하니까 물러가는 것을 그는 체험했다는 것입니다. 마귀를 대적안하고 그대로 내버려 두면 늘 붙어 있습니다. 마귀를 대적해야 됩니다. 마귀와 싸울 때 낙심 말고 인내해야 되는 것입니다. 반드시 성령님의 권세로 떠나가는 것입니다. 귀신이 떠나가면 질병도 치유됩니다.

8.대적기도 하니 기독교를 탄압하던 여왕이 중병에

존 낙스가 스코틀랜드에서 복음을 전할 때 당시 통치자였던 메리 여왕은 열심 있는 가톨릭 신자였습니다. 그는 스코틀랜드의 개신교 신자들을 모두 죽이라고 명령했습니다. 그 소식을 들은 낙스는 자기 서재에 들어가 피를 토하는 마음으로 목표를 정하고 애끊는 기도를 드렸습니다. 성령으로 충만한 가운데 "하나님 스코틀랜드를 저에게 주십시오. 아니면 저를 죽여주십시오." "메리 여왕을 붙들고 있는 귀신아 물러가라." 그가 기도하던 방의 창문으로는 메리 여왕이 살고 있는 궁전이 보였는데 그는 그곳을 바라보며 같은 기도를 몇 시간씩 되풀이 했습니다.

그리고 얼마 지나지 않자 메리여왕이 중병에 걸렸습니다. 여왕은 죽기 전에 "존 낙스 한사람의 기도가 백만 대군 보다 무섭다" 는 말을 남기고 죽었습니다. 존 낙스의 기도를 통해 스코틀랜드의 수많은 개신교 신자들이 목숨을 건졌습니다. 간절한 기도는 마귀가 치를 떨고 무서워하는 기도인 것입니다. 그리고 그는 기도만 할 뿐 아니라 무시로 성령 안에서 대적하며 기도를 했습니다.

9.대적기도로 무당 귀신을 축사하다.

풀러 신학교의 피터 와그너 박사가 쓴 "제 3의 바람" 이라는 책에 이런 이야기가 있습니다. 필리핀 마닐라에서 가장 큰 교회를 설립한 레스터 섬랄 목사님이 필리핀에 선교사를 갔는데 5년 동안 복음을 전해서 다섯 사람을 주께로 인도했습니다. 1년에 한사람 주께로 인도했다는 것입니다.

섬랄 목사님이 좌절하고 낙심하고 있는데 하루는 라디오를 들으니까 필리핀 교도소에서 한 무당 아주머니가 들어가 있는데 도저히 다스릴 수 없다는 것입니다. 너무 광폭하고 무섭고 또 목걸이에 저주를 걸어놔서 교도관이 그냥 손댔다가는 뻗어 죽고 어찌할 수가 없습니다.

그래서 그 라디오를 듣자 섬랄 목사님이 "내가 하나님의 자녀로써 성령의 권세가 있고 예수 이름이 있으니 가봐야 되겠다."

그래서 섬랄 목사님이 교도소를 찾아갔습니다. 가서 그 여자를 좀 만나자고 하니까 교도관들은 "당신, 잘못 만나 그 여자가 저주하면 죽는다."고 합니다. 목사님은 "끄떡없다." 그 여자를 만나니까 그 여자가 영어로써 "예수도 나는 믿지 않고 너는 어떤 놈이냐?"하고 욕을 하는데 유창한 영어로 하는 것입니다.

그 여자는 영어를 한마디도 몰라요. 모르는데 귀신의 입을 통해서 영어로써 섬랄 목사를 욕을 하고 예수님을 욕을 하기에 섬랄 목사님이 영어로 "이 원수 귀신아, 나는 하나님의 아들이요. 나에게 권세를 가지고 있다. 나사렛 예수 이름으로 명하노니 물러가라! 나오라!" 하고 대적기도를 하니, 그만 여자가 그 자리에 자빠져서 거품을 물고 발버둥을 치는 것입니다.

조금 있다가 귀신이 소리쳐 나가고, 그 다음 단정하게 앉아서 예수를 구주로 모시고 새사람이 되었습니다. 이것이 필리핀에 소문이 퍼지고, 신문에 대서특필하고 라디오도 나오고 사람들 입으로, 입으로 전달되어서 그 한 사건으로 회개하고 돌아온 사람이 15만 명이나 되었습니다. 오늘날 레스터 섬랄 목사님이 마닐라에서 큰 교회를 지금 가지고 있습니다.

굉장히 큰 역사를 섬랄 목사님이 하고 있는 것입니다. 대적기도로 귀신을 쫓아내니 교회가 부흥한 것입니다. 대적기도는 이렇게 권세가 있습니다. 담대하게 명령하세요. 나사렛 예수 이름으로 명하노니 원수 귀신아 물러갈지어다.

10. 대적기도로 토착 귀신을 몰아내다.

멜 테리 목사의 "급하고 강한 바람처럼"이라는 책이 있습니다. 멜 테리 선교사는 인도네시아 사람인데 그가 토착 신을 섬기는 마을에 전도하러 간 이야기가 나옵니다. 그들에게 복음을 전하러 마을에 들어가니까 토착 신을 섬기는 제사장이 나와서 "만일 우리에게 예수 신을 전하고 싶으면 예수가 우리 신보다 강하다는 것을 증명해 보라"고 했습니다.

그래서 "시합을 하자" 그 토착 신 제사장이 모든 천 여 명의 사람들을 모아놓고 그 자리에서 "너희 예수 믿는 사람들이 먼저 그러면 예수신이 강하다는 것을 보여 달라"고 그랬습니다. 그래서 멜 테리 목사님이 같이 간 사람들과 함께 "우리가 예수의 보혈과 성령의 권세를 의지해서 예수 이름으로 명하노니 사탄은 떠나갈 찌어다. 예수 이름으로 명하노니 떠나가라"

그러자 맨 앞에 있던 토착 신 제사장이 덜덜 떨면서 하는 말이 "선생, 나는 당신들이 섬기는 예수 신을 믿고 싶습니다." 라고 하는 것입니다. 선교사는 "왜 그러느냐?" 그랬더니 "당신이 지금 그 말을 하자마자 나는 마을의 제사장으로써 늘 신들과 대화를 해왔는데, 당신들이 예수 이름으로 떠나가라고 명하자, 이곳에 있던 가장 큰 신부터 작은 신까지 떠나면서 하는 말이 우리가 이곳에 머무는 것을 예수가 더 이상 허락하지 않는다. 달아나자. 내 앞에서 다 달아나 버렸는데 내가 그 사람들 믿었다가 무엇 하겠습니까? 날 좀 예수 믿게 해주십시오."

그래서 온통 온 마을이 다 회개하고 예수를 믿게 되었다는 간증이 있는 것입니다. 우리는 성령의 권세를 가지고 대적기도를 해야 합니다. 그래야 세상이 하나님의 나라가 될 수 있습니다. 입을 다물고 있으면 귀신이 떠나가지 않습니다. 말을 하고 대적해야 귀신이 떠나가는 것입니다.

여기서 우리가 바르게 알아야 할 것이 있습니다. 앞에 대적기도하며 문제를 해결하신 분들은 모두 말씀과 성령으로 충만하여 대적기도로 귀신을 몰아낼 수 있는 영성을 갖추었다는 것입니다. 영성이 되지 않았는데 입으로 말로 대적기도하여 문제를 해결한 것이 절대로 아닙니다. 모두 성령으로 세례를 받고 자아와 내면을 치유받고 혈통에 흐르는 영적인 문제를 해결하여 나름대로 성령의 인도를 받는 분들입니다.

그러므로 입으로 말로 대적기도하면 문제가 해결된다는 것은 한번 신중하게 생각해 보아야할 문제입니다. 대적기도로 문제를 해결하실 분은 먼저 성령으로 세례를 받으시기를 바랍니다. 그리고 성령으로 충만 받으면서 내면을 강화하시면서 성령님과 인격적인 관계가 되도록 해야 합니다. 어느 누구든지 예수를 믿는 성도라면 관심만 가지면 얼마든지 대적기도하며 문제를 해결할 수가 있습니다. 예수님은 우리에게 권능을 주시고 사용하기를 소원하고 계시기 때문입니다.

권능을 사용하려면 반드시 성령으로 세례를 받아야 합니다.

성령으로 세례를 받아야 살아있는 예수님의 권능이 나타나기 때문입니다. 살아있는 권능이 나타나야 하는 이유는 우리에게 문제를 일으키는 존재들은 살아 있습니다. 이 존재들은 인간의 힘으로는 어찌할 수 없는 능력이 있습니다. 반드시 성령의 권능의 역사가 나타나야 물러갑니다. 그래서 대적기도를 하려면 반드시 성령으로 세례를 받아 성령의 권능을 힘입어야 합니다.

충만한 교회에서는 매주 토요일 10:00-12:30까지 각각 2시간 30분씩 개별 특별집중 기적치유 시간을 갖고 있습니다. 한번에 4-6명밖에 할 수 없으므로 1주일 전에 지정된 선교헌금을 입금하시고 예약을 합니다.

*대상은 이렇습니다. 여기서도 저기서도 치유와 능력을 받지 못한 분/ 불치병, 귀신역사를 빨리 치유 받을 분/ 목과 허리디스크, 허리어깨통증, 근육통, 온몸이 아프고 무거움에서 치유해방 받고 싶은 분/ 자녀나 본인의 우울증, 공황장애, 조울증, 불면증을 빨리 치유 받을 분/ 가슴이 답답하고 기도하기가 힘이 드는 분/ 축복과 영의 통로를 뚫고 싶은 분/ 성령의 불세례를 체험하고 싶은 분/ 최단기간에 성령치유 능력 받고 싶은 분입니다.

믿음을 가지고 오시기만 하면 무슨 문제라도 치유되고 해결이 됩니다. 염려하시지 말고 성령께서 감동하시면 오셔서 빠른 시간에 치유받고 권능을 받아 쓰임을 받으시기를 바랍니다.

반드시 일주일 전에 선교헌금을 전화 확인하시고 입금 후 예약해야 합니다(전화 02-3474-0675)

3장 대적기도 바르게 하는 영적원리

(열상18:36-40)"저녁 소제 드릴 때에 이르러 선지자 엘리야가 나아가서 말하되 아브라함과 이삭과 이스라엘의 하나님 여호와여 주께서 이스라엘 중에서 하나님이신 것과 내가 주의 종인 것과 내가 주의 말씀대로 이 모든 일을 행하는 것을 오늘 알게 하옵소서, 여호와여 내게 응답하옵소서! 내게 응답하옵소서! 이 백성에게 주 여호와는 하나님이신 것과 주는 그들의 마음을 되돌이키심을 알게 하옵소서 하매, 이에 여호와의 불이 내려서 번제물과 나무와 돌과 흙을 태우고 또 도랑의 물을 핥은지라. 모든 백성이 보고 엎드려 말하되 여호와 그는 하나님이시로다 여호와 그는 하나님이시로다 하니, 엘리야가 그들에게 이르되 바알의 선지자를 잡되 그들 중 하나도 도망하지 못하게 하라 하매 곧 잡은지라 엘리야가 그들을 기손 시내로 내려다가 거기서 죽이니라."

하나님은 예수를 믿는 성도들이 하나님께서 주신 권능을 사용하시를 원하십니다. 권능을 사용하되 영적인 원리를 적용하기를 원하십니다. 모든 영적인 일에는 하나님께서 제정하신 영적인 원리가 있습니다. 그 영적인 원리는 성경에 기록되어 있습니다. 하나님께서 주신 권능을 사용하여 대적기도를 하되 말씀

안에서 원리를 찾아서 사용하라는 것입니다. 우리 성도들이나 교역자들이 영적인 원리를 무시하는 경향이 있습니다. 대적기도를 하여 문제를 해결하라고 하니까, 무조건 예수 이름으로 대적히며 기도하면 문제가 해결이 되는 것으로 착각을 하는 것입니다. 분명하게 문제의 배후에는 영적인 존재가 도사리고 있습니다. 마귀의 능력은 무조건 소리를 지른다고 무너지는 것이 아닙니다. 성령의 권능에 의하여 마귀의 능력이 무너지는 것입니다.

우리의 싸움은 영적인 것입니다. 영적인 원리를 알고 대적기도를 하여 하나님께서 주신 권능을 사용해야 합니다. 인간의 힘으로는 마귀를 이길 수가 없는 것입니다. 인간은 권위 면에서 마귀보다 한차원이 낮기 때문입니다. 반드시 성령의 권능을 힘입어야 문제나 환경에 역사하는 마귀나 귀신이 떠나가는 것입니다. 그러므로 말로 귀신이 물러가라. 아무리 소리를 쳐도 귀신을 물러가지 않는 것입니다. 영적인 원리를 알고 적용해야 환경이나 문제에 역사하는 귀신이 물러가는 것입니다. 대적 기도하는 영적인 원리는 이렇습니다.

1. 무너진 제단을 수축하라.

예수를 믿는 사람이 기근에 처했을 때에, 비가 오지 않을 때에, 문제가 생겼을 때에 가장 먼저 그 문제를 해결해야 될 것은 영적인 것입니다. 하나님과의 관계인 것입니다. 사람이 아무리 힘을 쓰고 애를 쓴다고 되는 것이 아닙니다. 하나님과 관계에 막힌 것을 찾아서 해결해야합니다. 사람이 아무리 힘을 쓰고 애를 쓴다고 일이 됩디까? 농부가 아무리 열심히 논밭을 갈고 씨를 뿌리고 경작에 애를 써도 하늘이 비를 내려 주지 아니하면 그 수고가 헛되지 않습니까? 하나님과 관계를 열어야 합니다.

엘리야가 이스라엘 백성들을 불러서 갈멜산에서 무너진 여호와의 제단을 다시 수축한 것처럼, 자범죄를 회개하고 자복하고 진실하고 참되게 하나님을 찾고 돌아와야 되는 것입니다. 환경적으로 어려울 때에 하나님과 관계가 막힌 것을 먼저 찾아서 회개해야 하는 것입니다. 하나님 앞에 회개하고 올바르게 나와서 무너진 주의 제단을 수축하고 나올 때에 비로소 하나님의 역사가 일어나기 시작하는 것입니다.

모두 다 십자가 밑에 와서 회개하고 예수님을 쳐다보고, 그 보배로운 피로 말미암아 우리의 죄가 용서를 받고 주님 앞에서 의롭다함을 얻은 그 신앙으로 돌아와야 하는 것입니다. 그 예수님의 보배로운 피로 버림받은 우리들이 하나님께 돌아와서 하나님의 자녀가 되고 하나님과 우리가 화목케 된 이 진리 속에 들어와야 됩니다. 예수님의 그 가르침과 그 보배로운 피를 통하여 우리 영도 마음도 몸도 병에서 고침을 받고 마귀에서 해방된 이 진리 속으로 들어와야 되고, 우리가 주님을 중심으로 주인으로 모시고 나오면 주께서 우리에게 저주를 제하시고 물과 양식에 복을 내리고 은총을 베푸시는 좋은 하나님이 계신다는 것을 알고 돌아와야 되는 것입니다. 우리 주님께서 사망과 음부를 철폐하시고 천국과 영생을 우리에게 주셨다는 사실을 우리가 깨닫고 더 진실한 복음으로 돌아와야 한다는 것입니다.

2. 성령의 불이 임하고 나와야 한다.

오늘날 무너진 제단이 수축되면 성령의 불이 임하여 성령의 불이 교회에 가득해야 하고 성도들이 모두 다 성령의 불세례를 받고 불로써 충만한 성도들이 되어야만 하는 것입니다. 예수 그리스도께서 죽었다 부활하시고 난 다음에 제자들에게 성령의 불이 임하신 것입니다. 사도행전 2장 1절로 4절에 보면 "오순절 날이 이미 이르매 그들이 다 같이 한 곳에 모였더니, 홀연히 하늘로부터 급하고 강한 바람 같은 소리가 있어 그들이 앉은 온 집에 가득하며, 마치 불의 혀처럼 갈라지는 것들이 그들에게 보여 각 사람 위에 하나씩 임하여 있더니, 그들이 다 성령의 충만함을 받고 성령이 말하게 하심을 따라 다른 언어들로 말하기를 시작하니라" 말씀하신 것입니다.

그러므로 오늘날 무너진 제단을 우리가 쌓아 올리기 위해서는 어린 양 예수의 희생의 제물을 깨닫고 말씀과 성령으로 심령의 상처와 죄악을 치유해야 합니다. 성령으로 충만한 영의 상태에서 회개하고 용서하여 심령에 성령의 역사가 일어나야 합니다. 심령이 성령으로 충만한 가운데 엎드려 기도해야 합니다.

하나님의 음성을 들을 수 있도록 성령이 충만해야 되는 것입니다. 심령에서 성령의 불이 타올라야 합니다. 성령의 불이 없는 심령은 성전이 아닙니다. 죽은 심령입니다. 죽은 심령으로 대적 기도한다고 환경이나 문제에 역사하는 귀신이 물러가지 않습니다. 공허한 외침에 불과 합니다. 성령의 불이 임한 심령으로 대적 기도해야 하늘 문이 열리고 하나님의 역사가 일어나게 되는 것입니다.

3.입으로 말의 권세를 사용해야 한다.

성령으로 충만한 영의 상태에서 성령의 감동, 즉, 레마가 오면 선포해야 역사가 일어납니다. "예수님의 이름으로 명하노니 나에게 역사하는 위장에 있는 질병은 떠나가라." "우리 가정의 환란과 풍파의 영은 떠나가라." 이렇게 담대하게 대적하며 선포해야 성령의 역사로 위장에 있는 질병이 떠나가는 것입니다.

성령의 임재가운데 선포할 때 흑암이 물러가는 것입니다. 예수님께서 제자와 더불어 갈릴리 바다를 건너가다가 큰 풍랑을 만났습니다. 배가 침몰할 위기에 처하고, 예수님의 제자들은 아비규환의 절망에 떨어졌습니다. 그때 예수님이 잠에서 일어나 바람과 바다를 꾸짖었으며 즉시 잠잠해 졌습니다. 꾸짖으시니 즉시로 바람과 바다가 잠잠해 졌습니다. 나무를 보고 꾸짖는다고 나무가 들을 턱이 없습니다. 나무는 귀도 없고 생각도 없지요. 바위를 보고 꾸짖는다고 해서 응답하지 않습니다. 바위는 귀도 없고 말도 못합니다. 태산을 보고 꾸짖어 보았자 태산이 꾸짖음을 듣지 않습니다. 꾸짖는다는 것은 인격적인 존재가 되어야 꾸짖을 수 있는 것입니다.

살아있는 인격적인 존재가 되어야 꾸짖을 수 있는 것입니다. 예수님이 바람이나 바다가 귀도 없고 생각도 없는데 꾸짖는다고 해서 효과가 생기는 것이 아닙니다. 바람과 바다 배후에서 이를 조종하고 있는 원수 마귀가 있었기 때문에 주님께서 그 배후에 인격적인 존재를 향해서 꾸짖으신 것입니다. 주님께서 말씀하셨다면 말씀을 통해서 기적이 일어나는 것입니다. 빛이 있으라. 궁창이 생겨나라. 물이 한곳으로 모여라. 말씀이 꾸짖는다는 것은 잘못한 일을 하고 있는 배후에 세력이 있기 때문에 주님이 꾸짖는 것입니다.

누가복음 8장 24-25절에 "제자들이 나아와 깨워 이르되 주여! 주여! 우리가 죽겠나이다, 한대 예수께서 잠을 깨사 바람과 물결을 꾸짖으시니 이에 그쳐 잔잔하여지더라. 제자들에게 이르시되 너희 믿음이 어디 있느냐 하시니 그들이 두려워하고 놀랍게 여겨 서로 말하되 그가 누구이기에 바람과 물을 명하매 순종하는가 하더라" 예수님께서 "잠을 깨사 바람과 물결을 꾸짖으시니 이에 그쳐 잔잔하여지더라."말씀하십니다.

갈릴리의 바다에 풍랑이 일게 한 것은 예수님과 제자들을 물에 빠뜨려 몰살시키려는 배후에 마귀의 역사가 있었기 때문에,

주님이 그 인격적인 마귀를 향해서 꾸짖었습니다. 그러자 즉시로 바람과 바다가 잠잠해진 것입니다. 인생문제의 배후 세력도 한가지입니다. 우리가 인생을 살아갈 때 여러 가지 인생에 광풍이 불어오지 않습니까? 가정적으로 개인적인 광풍은 그 배후에 광풍을 일으키는 마귀가 있는 것을 알아야 됩니다.

마귀는 광풍을 몰아치고 옵니다. 그러나 예수님이 오셔서 명령하시매 귀신이 쫓겨 나가고, 누가복음 8장 29절 이하에 보면 "귀신이 가끔 그 사람을 붙잡으므로 그를 쇠사슬과 고랑에 매어 지켰으되 그 맨 것을 끊고 귀신에게 몰려 광야로 나갔던 사람이 예수님을 만나자," 이제 예의범절을 지키는 옷을 입고 마음이 단정해지고 안정된 사람이 되었습니다. 그는 회복된 개인, 회복된 가정, 평안해진 이웃으로 변화되고 만 것입니다.

이 미친 거라사인을 고쳐줄 사람은 아무도 없었으나, 우리 주 예수께서 그를 만나서 그의 광풍을 내어 쫓아 버리고 마음속에 평안과 안정과 기쁨과 정상적인 삶을 허락해 준 것입니다. 우리에게 와있는 영육의 문제나 대물림되는 질병의 문제는 예수님에게 나와야 해결이 됩니다. 성령의 역사가 일어나야 합니다. 왜냐하면 그러한 영육의 문제 뒤에는 마귀가 도사리고 있기 때문입니다. 마귀를 사람이 이길 도리가 없습니다. 오직 성령 하나님만이 이길 수가 있습니다.

우리도 예수님의 이름으로 명령하시기를 바랍니다. "우리 가정의 환란과 풍파를 일으키는 귀신아 물러가라"이렇게 대적하

며 선포해야 귀신이 물러가는 것입니다. 귀신이 물러가면 환란
과 풍파가 잠잠해 지는 것입니다. 이것을 현실로 믿어지는 믿음
과 입으로 고백하는 믿음이 되기를 바랍니다. 어떠한 공포와 두
려움이 닥쳐와도 조금도 요동하거나 두려워하지 말고 담대하게
믿음과 입으로 고백하는 믿음의 성도가 되기를 소원합니다.

4. 귀신을 쫓아내야 한다.

제단에 불이 떨어지고 난 다음에 엘리야가 뭐라고 했습니
까? 바알의 선지자를 다 잡아라. 그리고 그들을 기손 시내로 데
리고 가서 칼을 들고 목을 쳐서 다 죽였습니다. 이 바알의 선지
자 450명이라는 것은 사단을 상징하는 것입니다. 마귀와 귀신
의 제자들인 것입니다. 우리가 제단을 수축하고 성령의 불이 임
하면 그 다음 우리의 삶 속에 붙어서 다니는 귀신들을 다 쫓아
내야 하는 것입니다. 오늘날 안 믿는 사람은 말할 필요 없이 공
중에 권세 잡은 악의 영에 잡혀 있지만은 믿는 사람들이 너무나
많이 귀신들하고 같이 삽니다. 주여! 주여! 이름을 부르면서 귀
신이 아예 몸에 주렁주렁 붙어 있습니다. 우리가 하나님 앞에
제단을 수축하고 성령의 불을 받고 난 다음에는 우리의 생애 속
에 다 때려잡아야 합니다.

주님께서는 마지막에 떠나기 위해서는 너희가 내 이름으로
귀신을 쫓아내라고 말했습니다. 귀신이 없는데 왜 쫓아내라고

했겠습니까? 예수님께서 복음 증거를 시작하신 후 가장 강도 깊게 행하신 것이 귀신을 쫓아내며 병을 고치는 것입니다. 나사렛 회당에 더러운 귀신들린 사람이 있었다고 누가복음 4장 33절에 말했습니다. 주님이 더러운 귀신을 쫓아냄에 그가 쓰러져 고함을 치고 나갔다는 것입니다. 거라사 지방에 거하던 군대 귀신 들린 자도 그것은 저 무덤 사이에서 고함 고함치면서 자기 몸을 상처 입히고 있었습니다.

누가복음 8장 29절에 "이는 예수께서 이미 더러운 귀신을 명하사 그 사람에게서 나오라 하셨음이라 (귀신이 가끔 그 사람을 붙잡으므로 그를 쇠사슬과 고랑에 매어 지켰으되 그 맨 것을 끊고 귀신에게 몰려 광야로 나갔더라)" 돼지 떼에 들어가기를 간청한지라. 2천여마리의 돼지 떼에 들어가니 돼지가 갈릴리 호수로 뛰어 들어 몰사했다고 기록하고 있는 것입니다. 귀신이 떠나가니 "예수께 이르러 귀신 나간 사람이 옷을 입고 정신이 온전하여"라고 기록되어 있습니다.

5. 비오기를 기도해야 한다.

엘리야가 제단에 성령 불이 임하고는 거짓 선지자들을 다 잡아 죽이고 그 다음에 비오기를 구했습니다. 비가 온다는 것은 축복을 말하는 것입니다. 하늘에 비를 주고 땅에 열매를 맺지 않습니까? 우리의 삶에 열매 맺는 복 받는 삶을 살기 위해서는 축복의 단비를 구해야 하는데 이 축복의 단비는 그냥 구한다고 오는 것이 아닙니다. 제단을 수축하고 성령의 불을 받고, 그리고 귀신을 쫓아내고 축복을 고해야 하는 것입니다. 비오기를 구해야 합니다. 축복을 받기를 기도해야 됩니다. 우리는 간절히 기도해야 합니다. 엘리야가 기도할 때 얼마나 간절했던지 머리가 두 다리 사이에 들어갔다고 합니다. 기도를 간절히 하면 배가 오므라집니다. 머리를 두 다리에 넣고 간절히 기도하되 그 종에게 산꼭대기에 올라가서 증거가 있는지 일곱 번이나 올라가라고 했습니다. 증거가 나타날 때까지 기도하는 것입니다.

종이 내려와서 하는 말이 주인이여 저 동튼 하늘에 손바닥만 한 구름이 떴습니다. 됐다. 빨리 아합에게 가서 병들을 정비하고 수도를 향해서 전력으로 달려 들어가라고 해라. 큰 비가 내려온다. 순식간에 그 손바닥만 한 구름은 온 하늘에 퍼져 시꺼멓게 하늘을 덮고 뇌성벽력이 치고 그냥 비가 쏟아지는데 3년 6개월 동안 한 방울의 비도 안 내린 땅에 하늘에서 홍수가 나도록 비가 내린 것입니다. 그래서 이스라엘에 가뭄의 문제는 해결되고 하나님의 축복이 다시 오게 되었다는 기록이 성경에 기록되어 있습니다.

6. 받은 축복의 유지를 잘해야 한다.

항상 성령으로 충만해야 합니다. 성령으로 충만해야 떠나간 마귀가 다시 찾아오지 못합니다. 예수님을 믿는 사람은 옛 사람이 죽은 사람입니다. 예수를 믿을 때 옛 사람은 죽고, 예수로 다시 태어난 사람들입니다. 그러므로 이제 예수님의 인생을 사는 사람들입니다. 자신 앞에 일어나는 모든 일은 예수님의 일입니다. 왜 그렇습니까? 자신은 예수를 믿을 때 죽었기 때문입니다. 죽은 사람이 어떻게 일을 합니까? 이제 우리 앞에 일어나는 모든 일은 예수님의 일입니다. 문제가 생길 때 우리가 할 일은 예수님께 물어보는 것입니다. 예수님! 이일을 어떻게 할까요? 예수님이 이렇게 해라. 말씀하시면 그대로 순종하면 믿음을 보고 예수님이 일을 처리 하시는 것입니다.

그래서 우리는 말을 잘해야 합니다. 앞에 일어나는 모든 일은 예수님의 일이니, 할 수 있다. 하면 된다. 해보자가 되어야 합니다. 그런데 사단은 말을 잘못 사용하게 하여 죽이고 훔치고 파괴하려고 합니다. 사단은 생각과 말이 부정적이 되도록 호시탐탐 노리고 있습니다. 그러므로 우리는 성령으로 충만하여 말을 조심해야 합니다. 그러나 반대로 성령으로 충만한 성도는 입을 통하여 구원의 능력을 발휘하고 상한 심령을 위로하고 쓰러진 자를 세워야 합니다.

우리 예수를 믿는 성도들에게는 주님이 능력과 권세를 주셨습니다. 성경 요한복음 1장 12-13절은 이렇게 말씀합니다. "영접하는 자 곧 그 이름을 믿는 자들에게는 하나님의 자녀가 되는 권세를 주셨으니, 이는 혈통으로나 육정으로나 사람의 뜻

으로 나지 아니하고 오직 하나님께로부터 난 자들이니라." 우리
는 예수를 믿는 순간에 하나님의 자녀입니다.

하나님이 예수를 십자가에 죽여서 그것을 믿는 우리를 낳은
것입니다. 그러므로 우리는 하나님의 자녀가 되는 권세를 가졌
습니다. 분명하게 "영접하는 자 곧 그 이름을 믿는 자들에게는
하나님의 자녀가 되는 권세를 주셨으니"했기 때문입니다. 하나
님은 초자연적으로 역사하시는 하나님 이십니다.

말씀으로 천지를 창조했습니다. 그 하나님의 권세가 예수를
믿는 우리에게 있는 것입니다. 그러므로 담대하게 선포하시기
를 바랍니다. 성도가 말하는 믿음의 찬 말이 성령의 초자연적인
역사를 불러 일으켜서 기적을 체험하게 합니다.

예수님은 제자들에게 마태복음 16장 19절에서 이렇게 말씀
하셨습니다. "내가 천국 열쇠를 네게 주리니 네가 땅에서 무엇
이든지 매면 하늘에서도 매일 것이요. 네가 땅에서 무엇이든지
풀면 하늘에서도 풀리리라 하시고" 우리는 땅에서도 풀리는 말
을 해야 합니다. 그래야 하늘에서도 풀립니다. 부정적인 말이
아니라, 축복의 말, 창조의 말, 선한 말을 하시기 바랍니다. 불
평이 아니라 축복의 말을 하시기 바랍니다. 특히 복음의 열매를
맺는 말씀을 하셔서 구원의 열매를 맺기 바랍니다.

대적기도에 성공하려면 담대해야 합니다. 자신 앞에 태산 같
은 문제가 있을 지라도 두려워하면 안 됩니다. 자신 앞에 있는
문제는 하나님의 문제이기 때문입니다. 하나님은 창세전에 자

신 앞에 문제가 있을 것을 아시고, 해결방책도 준비하여 두셨다는 것을 믿어야 합니다. 태산 같은 문제가 앞을 가리고 있더라도 두려워하지 말고 하나님께 기도하세요. 어떻게 해야 할지 알려달라고…. 하나님께서 말씀하시는 대로 순종하시면 문제는 성령의 역사로 해결이 됩니다.

이스라엘 민족들이 애굽에서 나와 가나안으로 들어가는 여정에 많은 문제가 있었습니다. 홍해도 나타났습니다. 여리고성도 나타났습니다. 마라의 쓴물도 나타났습니다. 요단강도 나타났습니다. 불 뱀도 나타났습니다. 아말렉도 나타났습니다. 이때마다 모세가 기도하여 하나님이 말씀하시는 대로 순종하니 문제가 해결이 되었습니다. 모든 문제가 하나님의 문제이기 때문에 하나님께서 방법을 알려주시고 해결하신 것입니다. 마찬가지로 예수를 믿고 하나님의 자녀가 된 우리의 문제도 하나님의 문제입니다. 모세가 기도하여 하나님의 방법을 알아내고 순종한 것과 같이 하나님께 기도하세요. 하나님께서 알려주신 대로 순종하세요. 그러면 문제는 성령의 역사로 해결이 됩니다. 믿음을 가지고 담대하시기를 바랍니다.

하나님과 영의 통로가 열리고, 성령으로 충만한 말에는 창조적인 능력이 있습니다. 이 말씀이 성경 속에 기록된 말씀으로 하지 말고 내 것이 되어야 하는 것입니다. 즉 선포된 말씀 (레마)가 되어야한다는 말씀입니다. 성령이 감동하는 말씀을 담대하게 선포하시기를 바랍니다.

그리고 꼭 그대로 이루어진다는 긍정적인 믿음을 가지시기 바랍니다. 이 말씀이 내 것이 되면 그 다음 성경은 말씀하기를 그것을 얻는 자에게 생명이 되며 온 육체의 건강이 됨이니라. 이 말씀이 내 것이 되어야 그것이 내게 생명이 됩니다. 생명을 얻되 더 풍성히 얻는 생명이 되고 내 온 육체의 건강이 되고 믿음, 소망, 사랑이 되고 승리가 되기 시작하는 것입니다.

하나님 말씀과 우리가 일체가 될 때 하나님은 우리 가운데 와서 놀라운 능력과 영광을 베푸시는 것입니다. 이렇기 때문에 우리를 고아와 같이 버려두지 않으셨습니다. 우리는 말씀을 가지고 있으며 이 말씀 우리에게 말씀을 해주는 성령이 우리와 같이 계시는 것입니다. 그리고 우리는 말씀대로 말씀과 성령을 통하여 하나님을 만나고 위대한 기적을 체험하고 소유할 수 있습니다. 말씀의 권세를 믿고 사용하는 모두가 되시기를 소원합니다.

충만한 교회에서는 매주 화-수-목 성령치유 집회를 11:00-16:30까지 진행을 합니다. 무료집회입니다. 단 교재를 매주 구입을 해야 입장이 가능합니다. 매주 다른 과목을 가지고 집회를 인도합니다. 그래서 많은 분들이 교수 과목에 대하여 질문을 많이 합니다. 즉, 성령의 불세례 받는 집회는 언제 합니까? 내적치유는 언제 합니까? 신유집회는 언제 합니까? 귀신축사는 언제 합니까? 기도 훈련은 언제 합니까? 성령은사 집회는 언제 합니까? 재정 축복집회는 언제 합니까? 등등 질문을 하십니다.

우리 교회 집회는 "성령의 불세례, 내적치유, 귀신축사, 신유, 성령의 은사 전이, 깊은 영의기도"는 기본으로 깔아놓고 집회를 인도합니다. 어느 집회에 오시더라도 "성령의 불세례, 내적치유, 귀신축사, 신유, 성령의 은사 전이, 깊은 영의기도"를 받을 수 있다는 말입니다.매주 같은 과목으로 집회를 하면 영성을 깊게 개발할 수가 없습니다. 여러 가지 과목을 배우면서 상처와 질병과 귀신들이 떠나갑니다. 과목마다 성령께서 역사하는 방향이 다르기 때문입니다.

병원이나 세상 방법으로 해결하지 못하는 15가지 질병과 문제도 해결 받겠다는 믿음과 의지를 가지고 참석하면 모두 해결 받습니다. 단 성령께서 자신을 장악해야 치유가 되기 때문에 성령이 장악하는 기간이 사람마다 다릅니다. 나이가 적은 분들은 빨리 장악을 하여 치유가 됩니다. 반대로 나아가 많은 분들은 좀도 시간을 투지해야 완치가 됩니다. 단 무슨 문제이든지 믿음을 가지고 오시면 해결이 된다는 것입니다. 오셔서 모두 치유와 능력을 받으시기를 바랍니다.

4장 권능 있게 대적 기도하는 비밀

(막16:17-18)"믿는 자들에게는 이런 표적이 따르리니 곧
그들이 내 이름으로 귀신을 쫓아내며 새 방언을 말하며 뱀을
집으며 무슨 독을 마실지라도 해를 받지 아니하며 병든 사람
에게 손을 얹은즉 나으리라"

하나님의 자녀가 되면 하나님의 자녀에게 당연히 주어진 권
리가 있습니다.그 권리를 알고 실천하면 굉장한 기적을 체험하
며 살아갈 수가 있습니다. 하나님은 이렇게 말씀하십니다. "믿
는 자들에게는 이런 표적이 따르리니 곧 그들이 내 이름으로 귀
신을 쫓아내며 새 방언을 말하며"(막16:17).

분명하게 하나님이 말씀을 하셨는데도 불구하고 바르게 대적
기도를 하지 않음으로 인하여 예수를 믿노라고 하면서 불필요
한 고난을 당합니다. 내가 지금까지 성령치유 사역을 하면서 체
험적으로 느낀 것은 거의 모든 문제의 배후에는 방해하는 악한
세력 있다는 것입니다. 우리는 모든 문제를 해결할 때 한 단계
깊은 영의 차원에서 문제의 원인을 찾아야 합니다. 문제의 배후
에 영적인 세력이 있다는 것입니다.

그래서 하나님의 자녀인 우리는 바르게 대적기도를 하는 기
술을 습득해야 합니다. 모든 성도가 성령의 임재가운데 하나님

이 주신 권세를 활용하여 자신 스스로에 대한 대적기도를 해야 합니다. 그러나 알아야 할 것은 최초 한번은 다른 전문사역자의 도움을 받아 성령의 세례를 체험해야 한다는 것입니다. 최초 한 번 성령으로 세례를 받아 영의 통로가 열려 자신의 심령에서 성령의 권능이 나와야 합니다. 다른 전문 사역자에게 도움을 받아 성령으로 충만하고 영의통로가 열린 상태에서 스스로 대적기도를 해야 역사하던 귀신이 떠나가는 것입니다.

절대로 귀신은 사람의 힘으로 떠나가지 않는다는 것을 알아야 합니다. 귀신은 성령의 권능으로 장악이 되어야 떠나갑니다. 하나님의 군사는 대적인 귀신을 제압하는 기술이 있어야 합니다. 이 장에서는 바르지 못한 대적기도에 대하여 알아보겠습니다.

1.대적기도를 바르게 알아야 한다.

우리가 대적기도에 대하여 바르게 알지 못하는 것들이 있습니다. 예를 든다면 목회자들이 성도들에게 무조건 대적기도를 하라고 합니다. 믿는 자에게는 권세가 있으니 대적기도를 하여 귀신을 쫓아내라고 합니다. 귀신을 예수 이름으로 대적하고 명령하여 쫓아내면 된다고 합니다. 그러나 귀신은 성령의 권능을 힘입지 않고 말로 명령한다고 귀신이 떠나가지를 않는다는 것을 알아야 합니다. 반드시 성령의 임재 하에 성령의 권능을 힘입어야 귀신이 떠나갑니다.

내가 어느 목사님의 설교를 들으니까, 목사님이 이렇게 말씀을 전합니다. "모든 원수마귀는 힘이 있습니다. 그래서 예수 믿지 않는 사람은 그 힘에 짓눌려서 꼼짝하지 못하고 살아갑니다. 그러나 예수 믿는 사람은 하나님께서 귀신의 능력을 제어할 권세를 주신 것입니다. 우리가 담대하게 권세를 사용하면 마귀는 우리의 권세에 쫓겨서 한 길로 왔다가 일곱 길로 도망쳐 버리고 마는 것입니다. 그러므로 여러분께서 모두다 하나님께서 태어날 때부터 권세를 주신 권세 자이신 것을 알게 되시기를 주의 이름으로 축원합니다. 그러면 그 권세를 어떻게 사용할까요. 예수님 이름으로 사용할 수 있습니다. 마가복음 16장 17절에 믿는 자들에게는 이런 표적이 따르리니 곧 저희가 내 이름으로 귀신을 쫓아내며 새 방언을 말하며 라고 말합니다.

나사렛 예수 이름으로 명하노니 너희 귀신은 물러갈지어다. 더러운 귀신아 물러가라. 악한 귀신아 물러가라 거짓된 귀신아 물러가라. 점치는 귀신아 물러가라. 병의 귀신아 물러가라. 불신의 귀신아 물러가라. 우리가 예수 이름으로 우리의 권세를 사용할 수 있는 것입니다. 예수의 이름으로 명하노니 원수 귀신아 물러갈지어다. 이와 같이 여러분이 여러분의 권세를 예수의 이름으로 사용하면 마귀는 한 길로 왔다가 일곱 길로 도망가는 것입니다. 또 예수님의 보혈과 말씀으로 귀신을 쫓아냅니다. 요한계시록 12장 11절에 "또 여러 형제가 어린양의 피와 자기의 증거 하는 말을 인하여 저를 이겼다"고 말씀한 것입니다. 주의 그리스도 보혈을 보면, 원수 귀신을 쫓겨납니다. 왜냐하면 그리스도의 보혈이 마귀의 모든 무장을 해제했습니다. 마귀의 죄의 무장을 해제하고, 미움의 무장을 해제하고 질병과 저주와 죽음의 무장을 다 해제시켜 버렸습니다. 십자가에서 마귀의 권세를 빼앗아 버렸습니다.

그러므로 예수의 보혈을 보면 마귀는 놀라서 도망을 칩니다. 우리가 예수의 보혈을 찬송하고 예수의 보혈을 말하고 예수의 보혈을 믿으면 보혈 앞에 마귀는 서지 못합니다. 타락한 귀신과 천사들은 쫓겨나는 것입니다. 그러고 난 다음 우리가 담대하게 하나님 말씀을 증거 할 때 귀신은 쫓겨나는 것입니다. 우리가 말씀을 증거 하면 그 말씀에 의해서 가정에 있는 귀신이 쫓겨나고 사회에 있는 귀신이 쫓겨나고 그리고 그리스도를 믿게 되고 하늘나라가 임하게 되는 것입니다."

목사님들이 성도들에게 이렇게 설교를 합니다. 이 설교를 들은 일부 성도들이나 목회자들이 대적기도하면 무조건 소리만 지르면 되는 것으로 생각을 합니다. 그래서 입술로 소리 내어 떠나라고 대적했으니 악한 세력이 떠나간 것으로 생각하여 방임을 합니다. 그리고 한 무리의 성도들은 귀신을 이렇게 쫓아내면 되는 줄 알고, 목사님이 알려준 대로 귀신에게 대적하며 명령을 해도 귀신이 꼼짝을 하지 않는다고 합니다. 체험 없는 성도가 이런 설교를 들으면 당연히 맞습니다. 그러나 영적인 고통을 당하고 체험한 성도가 들으면 무엇인가 빠졌다는 것을 당장 알게 될 것입니다. 성령의 권능을 힘입고 귀신을 쫓아내는 것이 빠져있습니다. 귀신은 사람의 힘만으로 쫓아낼 수 없습니다. 반드시 초자연적으로 역사하는 성령의 권능을 힘입어야 귀신을 쫓아낼 수 있습니다. 그래서 성도들에게 성령의 권능을 힘입고 귀신을 쫓아내는 방법을 바르게 알려주어야 합니다. 그런데 일부의 목회자들이 성령의 권능을 힘입는 방법을 상세하게 알려주지 않는다는 것입니다. 무조건 예수 이름으로 대적하면 귀신이 떠나간다고 가르치고 대적기도 하라고 합니다.

그러나 귀신이 예수 이름으로 대적한다고 떠나가지를 않습니다. 왜냐하면 성령의 권능 없이 사람의 말로 명령을 하기 때문입니다. 반드시 성령의 권능을 힘입고 귀신에게 명령을 해야 떠나가는 것입니다. 이는 사도행전 19장의 스게와의 일곱 아들들의 경우를 보면 알 수가 있습니다. 사도행전 19장 13절로 16절을 보면 "이에 돌아다니며 마술하는 어떤 유대인들이 시험 삼아 악귀 들린 자들에게 주 예수의 이름을 불러 말하되 내가 바울이 전파하는 예수를 의지하여 너희에게 명하노라 하더라. 유대의 한 제사장 스게와의 일곱 아들도 이 일을 행하더니, 악귀가 대답하여 이르되 내가 예수도 알고 바울도 알거니와 너희는 누구냐 하며, 악귀 들린 사람이 그들에게 뛰어올라 눌러 이기니 그들이 상하여 벗은 몸으로 그 집에서 도망하는지라." 분명하게 기록되어 있습니다.

일반 성도들에게 대적기도의 기본 원리에 대하여 바르게 알려주지 않으니 대적기도하며 귀신을 쫓으려다가 도리어 당하는 사례가 적지 않습니다. 박 집사라고 하는 여성이 저에게 이렇게 이야기 했습니다. "목사님! 우리 목사님이 믿는 자에게는 권세가 있으니 남편에게 역사하는 알코올 중독 귀신에게 대적기도를 하라고 했습니다. 그래서 나에게 먼저 대적기도를 했습니다. 남편을 통하여 나에게 전이된 귀신은 예수 이름으로 명하노니 떠나갈지어다. 하고 명령을 했더니 갑자기 저에게 두려움이 찾아왔습니다. 몸에 찬물을 붓는 것과 같이 닭살이 돋으면서 두려움이 찾아왔습니다. 아주 무서운 생각이 나를 사로잡았습니다. 그러면서 기도가 되지를 않았습니다.

　　가슴이 답답해지는 것이었습니다. 두렵고 힘이 들어서 기도를 하지 못했습니다. 목사님! 어떻게 해야 할까요?" 그래서 내가 이렇게 대답을 했습니다. "집사님이 성령으로 장악이 되지 않은 상태에서 악한 귀신에게 대적하며 명령하니 집사님 안에서 역사하던 귀신이 두려움을 준 것입니다.

　　성령으로 충만을 받으시고 오셔서 치유를 받은 다음에 대적기도를 하세요." 이렇게 성령으로 장악을 당하지 않은 상태에서 대적기도를 하니 마귀에게 당하는 것입니다. 성령으로 충만한 가운데 기도하면 반드시 악귀는 떠나갑니다. 반드시 성령으로 충만한 가운데 대적기도를 해야 합니다. 성령의 권능으로 귀신이 떠나가는 것입니다.

김이라는 안수집사이야기입니다. 작년에 이 집사가 우리 교회에 찾아와 치유를 받다가 나에게 상담을 했습니다. 상담을 한 내용은 이렇게 자기가 안산에 상가를 분양을 받았다는 것입니다. 상가가 임대가 나가야 되는데 일 년이 넘도록 임대가 나가지를 않는다는 것입니다. 그래서 안산 상가에 가서 찬양을 부르고 대적기도를 했다고 합니다. 그랬더니 갑자기 자신에게 두려움이 찾아오고 대적기도를 할 수 없을 정도로 말이 나오지를 않더라는 것입니다. 거기다가 온몸에 한기가 들면서 오들오들 떨려서 도저히 기도를 못하고 도망을 왔다는 것입니다. 두려워서 도망을 오는 대도 계속 춥고 떨리다가 서울거의 다오니까, 잠잠해지더라는 것입니다.

그러면서 왜 예수 이름으로 대적기도를 하는데 이런 현상이 나타나는지 궁금하다는 것입니다. 내가 이렇게 대답을 해주었다. "지금 안수집사님은 성령으로 온전하게 장악이 되지 않았습니다. 안수집사님에게 역사하는 귀신이 집사님이 대적 기도할 때 두려움을 준 것입니다. 말씀과 성령으로 지속적으로 치유를 받으시기를 바랍니다. 그래서 집사님에게 역사하는 귀신이 떠나가고 성령의 충만함을 받고 가서서 대적기도 하면 그런 현상이 나타나지 않을 것입니다. 좀 더 영성을 준비하세요." 이렇게 일려주었습니다. 지금 성도들이 자신이 성령으로 장악이 되지 않았는데 예수 이름만 가지고 대적기도를 하니 이런 일을 당하는 것입니다. 그래서 목회자는 성도들이 성령의 권능을 힘입는 방법을 알려주고 대적 기도를 하도록 해야 합니다.

한번은 저에게 이런 일이 있었습니다. 그때는 성령의 체험도 했을 때이고, 성령치유 사역을 한창 하던 시기입니다. 낮에 사모하고 성령으로 충만한 가운데 성전에서 기도하고 있는데 갑자기 성령께서 혈통으로 대물림 되며 너의 목회를 방해하고 가난하게 하는 귀신을 몰아내라! 그러시는 것입니다. 그래서 내가 호흡 기도를 통하여 성령이 나를 장악하여 충만하게 되었을 때 예수 이름으로 대적기도를 했습니다. "예수 이름으로 명하노니 나의 목회를 방해하고 가난하게 하는 더러운 귀신은 예수 이름으로 명하노니 물러갈지어다." "예수 이름으로 명하노니 나의 목회를 방해하고 가난하게 하는 더러운 귀신은 예수 이름으로 명하노니 물러갈지어다." "예수 이름으로 명하노니 나의 목회를 방해하고 가난하게 하는 더러운 귀신은 예수 이름으로 명하노니 물러갈지어다." 하고 세 번을 명령 했더니 막 하품이 나오기를 한 20번 이상 나오면서 더러운 귀신들이 떠나가는 것이었습니다. 그러기를 한참 하더니 이제 아랫배가 뒤틀리고 아프면서 귀신들이 떠나갔습니다. 그 당시에는 교회당 안에서 그렇게 강력한 불의 역사가 일어나고 성도들을 붙잡고 기도하며 귀신들을 축사하고 사역을 해도 나를 괴롭히고 목회를 방해하고 가난하게 하던 귀신들이 떠나가지를 않은 것입니다. 그러므로 예수를 믿고 말로 명령만 하면 귀신이 떠나간다는 말은 체험 없이 하는 말입니다. 예수를 믿었다고 권능이 바로 나타나는 것이 아니라는 것입니다. 반드시 성령으로 세례를 받고 성령의 임재 상태에서 대적기도를 해야 떠나간다는 것입니다. 필자의 체험으로는 반드시 성령으로 충만한 가운데 비정상적인 일들과 성령께서 알려주시는 레마를 받아 선포할 때 해당되는 귀신만 떠나갔습니다. 무조건 귀신아 떠나가라. 한다고 떠나가지 않고 정체가 폭로된 귀신에게 명령하며 대적 기도할 때 떠나갔습니다.

2.대적기도 원리를 적용해야 한다.

저는 항상 이렇게 말하고 실천합니다. 영적인 일은 무엇이든지 원리가 있다는 것입니다. 원리는 성경말씀 속에 있다는 것입니다. 성경에서 대적기도의 원리를 찾아 적용해야 한다는 것입니다. 많은 분들이 바른 대적기도 원리를 적용하지 않고 그냥 선포기도만 합니다. 소리만 크게 하면 역사하는 악한 영들이 떠나가는 줄 압니다. 그래서 무조건 소리를 지르는 것입니다. 아무리 소리를 질러도 역사하는 악귀는 꼼짝을 하지 않습니다.

나에게 역사하는 악귀는 반드시 성령의 권세로 떠나가는 것입니다. 그래서 우리는 대적기도를 하기 전에 영적인 세계에 대하여 알아야 합니다.

성령께서 이렇게 말씀하십니다. 2차원인 짐승이 1차원의 식물을 지배하고, 3차원의 인간은 2차원의 짐승을 지배하고, 4차원의 마귀의 세계는 3차원의 인간을 지배하고, 5차원인 성령은 4차원인 마귀의 세계를 지배하면서 여러 가지 눈에 보이는 기적을 행하는 것이라고 말씀하십니다. 그래서 인간은 3차원에 속합니다. 마귀는 4차원의 초인적인 세계에 속합니다. 성령은 5차원의 초자연적인 세계에 속합니다. 모든 인간은 육체적인 동시에 영적인 존재입니다. 예수를 영접하지 않은 채, 그리스도 밖에 있는 모든 남녀는 어느 누구든지, 그들의 죄로 인해 영적으로 죽은 상태이기 때문에 5차원의 성령의 세계를 체험할 수 없습니다. 그들이 그리스도를 영접하여 성령으로 거듭나지 않고서는 성령께서 역사 하시는 5차원의 초자연적인 세계에 거할 수 없습니다.

사람은 영적 존재이므로 구원받지 못한 사람이나, 구원받고 거듭 난 사람이나 할 것 없이 모두가 자신이 속한 영적 세계의 지배를 받습니다. 사람의 영은 악령의 세계에 속하든지, 아니면 예수 그리스도를 영접하여 예수 안에서 삶을 안내하고 도와주는 성령의 세계에 속해 있습니다. 절대로 아무런 영적인 세력의 지배 없이는 살아갈 수가 없습니다. 아무리 자신이 무신론을 주장해도 그의 영은 마귀의 지배하에 있는 것입니다. 왜냐하면 사람은 영적인 동시에 육적인 존재이기 때문입니다.

그래서 우리는 영적인 세계를 잘 알고 대처해야 하는 것입니다. 그리고 예수를 주인으로 영접하지 않아 구원받지 못한 사람들의 영은 하나님의 복과 능력이 아닌, 사탄이 주는 허구적인 능력과 평안을 갖게 하는 어떤 환영과 그런 류의 잡신인 영적 세계를 경험함으로써 신적인 세계와 가까워지려고 노력합니다. 왜냐하면 사람은 영적인 존재인 동시에 영적인 존재이기 때문입니다. 자신이 추구하는 영적세계에 따라서 마귀에게 속할 수도 있고 성령에 속할 수도 있는 것이 사람입니다. 그러나 마귀는 성령으로 거듭난 사람은 지배할 수가 없습니다. 성령은 초자연적으로 역사하는 하나님의 영이시고, 마귀는 초인적인 힘을 가진 존재이기 때문입니다.

그래서 우리가 정확하게 알아야 할 것은 3차원의 인간의 힘과 능력으로는 4차원의 마귀를 이길 수가 없습니다. 3차원의 인간의 힘만으로는 4차원인 마귀를 이길 수가 없어 마귀의 지배하에 종노릇하면서 살아가는 것입니다.

왜 그렇게 되었습니까? 아담이 하나님의 말씀에 순종하지 못하고 마귀의 미혹에 속아서 선악과를 먹으므로 사람의 권위가 마귀의 아래로 내려간 것입니다. 그래서 성경 누가복음 11장에 보면 예수님께서 말을 못하게 하는 귀신에게 눌려서 말을 못하며 고생하는 사람에게서 5차원의 성령의 권능으로 귀신을 쫓아내시니 귀신이 나갔습니다.

그러니까 말을 못하던 사람이 말을 하기 시작했습니다. 이는 말을 못하게 하는 배후에는 귀신이 있었다는 것입니다. 4차원인 말을 못하게 하는 귀신이 3차원의 사람의 언어를 지배하니까 말을 하지 못한 것입니다. 누가복음 11장 14절에 "예수께서 한 말 못하게 하는 귀신을 쫓아내시니 귀신이 나가매 말 못하는 사람이 말하는지라 무리들이 놀랍게 여겼으나." 이 소문이 퍼지자 바리새인들이 예수님을 비방합니다. 예수님이 귀신의 왕 바알세불을 힘입고 귀신을 쫓아낸다는 것입니다. 이는 바리세인들이 알고 있는 인간적인 지식으로는 사람의 능력으로는 귀신을 쫓아내지 못한다는 것입니다. 귀신을 쫓아내려면 다른 영적인 세력의 힘을 빌려야 되는데 예수님은 귀신의 왕 바알세불의 힘을 입고 귀신을 쫓아낸다고 말하는 것입니다.

이 바리새인들이 말한 대로 사람의 힘만으로는 귀신을 쫓아내지 못하는 것이 맞습니다. 왜냐하면 3차원의 인간이 4차원의 귀신을 지배할 수가 없기 때문입니다. 마태복음 12장 24절에 "바리새인들은 듣고 이르되 이가 귀신의 왕 바알세불을 힘입지 않고는 귀신을 쫓아내지 못하느니라 하거늘." 이와 같이 3차원인 사람이 4차원에 속한 귀신을 쫓아내지 못하는 것입니다. 4차원에 속한 귀신보다 강한 5차원의 능력을 가져야만 귀신을 쫓아낼 수가 있는 것입니다. 그러므로 3차원의 사람이 4차원에 속한 귀신을 쫓아내려면 5차원인 성령의 능력을 힘입어야 가능한 것입니다. 3차원의 인간은 4차원인 마귀의 지배를 당하고 살아가기 때문입니다.

그래서 성도는 영적인 세계를 알아야 하는 것입니다. 그런데 바리새인들이 예수님을 비방하는 말을 주님이 아시고 예수님은 이렇게 반박을 하십니다. 누가복음 11장 17-18절에 "예수께서 그들의 생각을 아시고 이르시되 스스로 분쟁하는 나라마다 황폐하여지며 스스로 분쟁하는 집은 무너지느니라. 너희 말이 내가 바알세불을 힘입어 귀신을 쫓아낸다 하니 만일 사탄이 스스로 분쟁하면 그의 나라가 어떻게 서겠느냐." 이 말씀은 예수님이 귀신의 왕 바알세불을 힘입고 귀신을 쫓아낸다면 사탄이 스스로 분쟁하는 것이니 어떻게 사단의 나라가 서겠느냐고 반박을 하십니다. 이는 예수님이 귀신의 왕 바알세불을 힘입고 귀신을 쫓아내는 것이 아니라는 것입니다. 그러면서 예수님은 제자들에게 이렇게 말씀을 하십니다. 마태복음 12장 28절에 "그러나 내가 하나님의 성령을 힘입어 귀신을 쫓아내는 것이면 하나님의 나라가 이미 너희에게 임하였느니라." 예수님이 성령님의 능력을 힘입어 귀신을 쫓아낸다는 것입니다. 그러므로 하나님의 나라가 이미 제자들에게 임했다는 것입니다. 예수님은 당시 성령의 인도를 받으면서 사역을 하셨습니다.

그러므로 예수님이 5차원인 성령님의 권능을 힘입어 귀신을 쫓아내는 것입니다. 그래서 3차원인 사람이 4차원인 귀신을 제압할 수가 없고, 5차원인 성령의 능력을 힘입어야 귀신을 쫓아낼 수가 있는 것입니다. 그러므로 마귀는 어떻게 하든지 성도가 성령으로 충만하지 못하도록 기를 쓰고 방해하는 것입니다. 그러니까 사람이 5차원의 성령의 능력으로 귀신을 쫓아낸다면 이미 그 심령에 하나님의 나라가 임했다는 것입니다. 성령은 하나님의 영이시기 때문입니다. 성령은 예수를 영접한 사람의 영 안에 거하시는 것입니다. 그래서 여기서 말씀하시는 하나님의 나라는 사람의 영 안(심령성전)을 말하는 것입니다. 성령의 능력으로 귀신을 쫓아내는 사람의 영 안(심령성전)에는 하나님의 나라가 임한 것입니다.

왜냐하면 성령의 능력은 사람의 영 안(심령성전)에서 올라오기 때문입니다. 그러면서 예수님은 이렇게 알려주십니다. 누가복음 11장 21-22절에 "강한 자가 무장을 하고 자기 집을 지킬 때에는 그 소유가 안전하되 더 강한 자가 와서 그를 굴복시킬 때에는 그가 믿던 무장을 빼앗고 그의 재물을 나누느니라."이 말씀은 귀신을 쫓아내려면 귀신보다 더 강한 자가 와야 만이 가능하다는 말씀입니다.

그러므로 4차원인 귀신을 쫓아내려면 5차원인 성령의 능력을 힘입어야 가능한 것입니다. 고로 3차원인 인간이 4차원에 속한 귀신을 쫓아내지 못합니다. 반드시 5차원인 성령의 능력을 힘입어야 가능한 것입니다. 그래서 3차원에 속한 인간은 4차원에 속한 마귀의 지배를 받고 살아가는 것입니다.

우리는 대적기도를 하되 영적인 원리를 적용하여 해야 합니다. 그냥 소리를 지르면서 대적기도를 하면 마음에 위안을 받을 수는 있을 것입니다. 그러나 진작 역사하는 악귀는 떠나가지 않습니다. 그렇게 많이 오래 대적기도를 해도 문제가 해결되지를 않습니다. 그것은 불을 보는 것과 같이 환한 일인 것입니다.

3.영육을 구분하지 못하는 것

하나님도 천지를 창조하실 때 성령으로 장악한 다음에 창조를 하셨습니다. 창세기 1장 2-3절에 "땅이 혼돈하고 공허하며 흑암이 깊음 위에 있고 하나님의 영은 수면 위에 운행하시니라. 하나님이 이르시되 빛이 있으라 하시니 빛이 있었고" 성령이 장악을 해야 창조가 되고 역사하는 악귀가 떠나간다는 말입니다. 그러므로 무조건 떠나가라. 한다고 떠나가는 것이 아닙니다. 성령이 장악되어야 떠나가는 것입니다. 그래서 대적기도를 하기 전에 성령의 임재가 중요한 것입니다.

예를 든다면 이렇게 하라는 것입니다. 성령이 임재가 되어 장악이 되었으면 "예수 이름으로 명하노니 떠나가라." 명령합니다. 그러나 장악이 되지 않았다면 결박을 하라는 것입니다. "내가 나사렛 예수의 이름으로 명하노니 나를 괴롭히는 더러운 영은 결박이 될지어다." 성령이 장악하지 못하여 떠나갈 수 없으므로 결박을 시켜서 문제를 일으키지 못하게 하라는 것입니다. 자꾸 결박을 하다가 보면 힘이 없어지므로 악귀가 자신의 일을 정상적으로 진행하지 못하는 것입니다.

우리는 반드시 대적기도를 하되 천편일률적인 대적기도가 되지 말아야합니다. 상황에 따라 대상에 따라 각각 성령의 감동을 받아가며 대적기도를 해야 성령께서 역사하실 것입니다.

4.간구하는 기도는 약하다.

　제가 한동안 병원에 능력전도를 하러 다닐 때 제일 안타까웠던 것이 있습니다. 이일은 중환자실에서 일어나는 일입니다. 목사님들이 자신의 교회 성도가 질병이 생겨서 중환자실에 입원을 하면 병원에 심방을 옵니다. 중환자실은 일정한 면회 시간이 정해져 있기 때문에 시간 전에 와서 문 앞에서 가다립니다. 하도 중환자실에 능력전도를 오래 다니다가 보니 대략적으로 보면 압니다. 저 분은 목사님이시구나. 시간이 되면 그분들도 들어가시고, 저도 들어갑니다.

　저는 하도 중환자실을 오래 동안 많이 들락거렸기 때문에 간호사들이 압니다. 아예 들어가면 목사님! 저분이 참 안쓰럽습니다. 안수 좀 해주세요. 하고 부탁을 하기도 합니다. 그럼 안수를 해줍니다. 그분들을 안수하면서 기다리던 목사님이 어떻게 기도를 하는가, 관심을 가지고 봅니다. 열 분이면 아홉 분은 모두 간구하는 기도를 하십니다. "하나님! 질병을 고쳐주시옵소서." "치유하여 주시옵소서." 하면서 간접적으로 기도를 합니다. 중환자실에 들어온 환자를 기도하면서 간구를 한다는 것입니다. 이것이 잘못되었다는 말이 아닙니다. 하나님이 주신 권세를 가지고 직설화법으로 기도하라는 것입니다.

　"내가 예수 이름으로 명하노니 질병은 치유될지어다. 질병이 치유되는 기적을 체험할지어다." 이렇게 직설화법으로 기도를 해야 한다는 것입니다. 왜냐하면, 성경 누가복음 16장 17절에 "믿는 자들에게는 이런 표적이 따르리니 곧 그들이 내 이름으로 귀신을 쫓아내며 새 방언을 말하며" 이렇게 말씀하고 계십니다. 이때에는 이렇게 기도해야 합니다. "내가 예수 이름으로 명하노니 위장병은 치유될지어다. 위장은 깨끗하게 치유될지어다. 위장의 기능은 정상으로 회복될지어다. 위의 세포조직은 깨끗하게 재생될지어다." 이렇게 직설화법으로 기도하는 법을 숙달해야 합니다. 일반적인 목회자들이 직설화법으로 기도를 못합니다. 훈련해서 숙달해야 자연스럽게 선포기도가 나옵니다. 예를 든다면 가정에 우환이 있는 성도는 이렇게 대적기도하는 것입니다.

성령이여 임하소서. 성령이여 우리 가정을 사로잡아 주옵소서. 하나님 감사합니다. 지금까지 인도하여 주시고 축복하여 주시니 감사합니다. 하오나 저의 집에 우환이 있습니다. 아이들이 돌아가며 아픕니다. 치유하여 주옵소서. "내가 나사렛 예수 이름으로 명하노니 우리가정에 돌아가면 질병으로 고생하게 하는 영은 떠나갈지어다. 우리 자녀들 돌아가며 질병으로 고통당하게 하는 영은 떠나갈지어다. 떠나간 곳에 건강의 축복으로 채워질지어다. 건강의 축복이 임할지어다."

예수님의 이름으로 기도합니다. 아멘! 제가 삼 년 여 동안 병원에 능력전도 다닐 때 이렇게 직설화법으로 기도할 때 환자의 질병이 순간 치유가 되었습니다.

5장 백전백승 대적기도 영적비밀

(고전 2:10)"오직 하나님이 성령으로 이것을 우리에게 보이셨으니 성령은 모든 것 곧 하나님의 깊은 것까지도 통달하시느니라."

하나님은 우리를 축복하시는 하나님 이십니다. 그런데 왜 예수를 믿었는데도 영육의 고통을 당하면서 살아가는 것입니다. 그것은 한마디로 하나님을 아는 지식이 무지하기 때문입니다. 그래서 하나님은 이 백성이 지식이 없어서 망한다고 하셨습니다. 지식은 하나님을 아는 지식을 말합니다. 우리가 예수를 믿고 하나님의 복을 받으면서 살아가려면 하나님에 대하여 바르게 알아야 합니다. 하나님을 안다는 것은 지식적으로 아는 것이 아닙니다. 하나님을 실제적으로 체험하는 것을 안다고 하는 것입니다. 하나님을 체험하고 삶에서 누리면서 살아가는 것을 안다고 하는 것입니다. 하나님은 믿는 우리에게 소원을 두고 행하시는 하나님 이십니다. 그래서 지금 당면서 살아가고 있는 영육의 고통은 다 세상 마귀로부터 말미암은 것입니다.

그래서 영육의 고통에 대한 원인을 바로 알고 치유 받고 해결하려고 노력해야 하는 것입니다. 믿는 우리가 행복한 삶을 살아가려면 먼저 성령의 역사가 일어날 수 있도록 영적인 준비가 있어야 합니다. 하나님은 영적으로 준비하는 사람을 인생의 고통에서 해방되게 하십니다. 인생의 문제를 치유할 수 있도록 먼저 준비하시기를 바랍니다. 인생의 문제 치유는 본인이나 사역자가 하는 것이 아니고 말씀과 성령의 역사로 하는 것입니다. 성령이 역사하실 수 있도록 자신을 준비 하십시오.

그리고 왜 내가 왜 예수를 믿으면서도 영육의 고통을 당하면서 살아가고 있는지를 바르게 알아야 합니다. 제가 지금까지 말씀과 성령으로 치유사역을 하면서 임상적으로 경험한 바로는 예수를 믿으면서도 영육의 고통을 당하는 이유는 대략 이렇다고 볼 수 있습니다.

1.옛사람, 즉 고향과 친척과 아버지의 집을 떠나야 한다.

(창12:1-4)"여호와께서 아브람에게 이르시되 너는 너의 고향과 친척과 아버지의 집을 떠나 내가 네게 보여 줄 땅으로 가라. 내가 너로 큰 민족을 이루고 네게 복을 주어 네 이름을 창대하게 하리니 너는 복이 될지라. 너를 축복하는 자에게는 내가 복을 내리고 너를 저주하는 자에게는 내가 저주하리니 땅의 모든 족속이 너로 말미암아 복을 얻을 것이라 하신지라. 이에 아브람이 여호와의 말씀을 따라갔고 롯도 그와 함께 갔으며 아브람이 하란을 떠날 때에 칠십오 세였더라".

하나님이 왜 고향과 친척과 아버지의 집을 떠나라고 하시는
지 바르게 아셔야 합니다. 옛사람은 마귀의 종으로 살던 삶입니
다. 마귀의 종은 자유가 없습니다. 옛 사람, 아담은 마귀의 저
주를 피할 수가 없습니다. 그래서 하나님은 세상에서 마귀의 종
되어 살아가는 우리를 부르고 계시는 것입니다.

고향과 친척과 아버지의 집을 떠나 하나님 앞으로 나오라고
하시는 것입니다. 우리가 마귀의 종으로 세상을 살아가다가 예
수를 영접하게 되면 성령이 우리 안에 들어오셔서 우리의 영이
살아나 생령이 되는 것입니다. 사람은 영으로 하나님과 교통하
도록 하나님이 인간을 창조 하셨습니다. 예수를 믿지 않고 세상
에서 살아가고 있는 사람은 영은 있으나 죽은 영입니다. 예수를
믿음으로 비로소 아담의 죄악으로 죽었던 영이 살아나 하나님
과 교통하게 됩니다.

그러므로 예수를 믿어 영이 살아난 성도는 하나님과 영적교
통을 하게 되므로 성령의 능력으로 영육의 문제를 스스로 해결
할 수가 있는 것입니다. 당신이 당하는 영육의 고통 뒤에는 마
귀가 도사리고 있습니다. 마귀는 옛 사람에게 붙어서 역사하는
것입니다. 우리가 고향과 친척과 아버지의 집을 떠나 하나님에
게 나오지 않는 이상 육성에 도사리고 있는 마귀는 떠나지를 않
습니다. 이 도사리고 있는 마귀는 사람의 힘으로는 어찌할 수
없는 존재입니다. 이 옛사람에게 역사하는 마귀는 예수 이름과
성령의 권세로 몰아낼 수가 있는 것입니다. 그래서 영육의 문제

를 끊으려면 예수를 믿고 세상을 나와 성령의 인도를 받아야 되는 것입니다. 성령의 인도를 받으려면 성령으로 세례를 받아야 성령의 인도를 받을 수가 있는 것입니다.

2.예수님을 나의 주인으로 인정해야 한다.

(요 1:12-13)"영접하는 자 곧 그 이름을 믿는 자들에게는 하나님의 자녀가 되는 권세를 주셨으니 이는 혈통으로나 육정으로나 사람의 뜻으로 나지 아니하고 오직 하나님께로부터 난 자들이니라"

제가 지금까지 성령치유 사역을 하다가 체험적으로 알게 된 사실은 교회를 10년을 다녔는데 예수를 영접하지 않고 교회를 다닌 사람이 있다는 것입니다. 그것도 집사 직분까지 받고 믿음 생활을 하였는데도 예수는 영접하지 않았다는 것입니다.

몇 년 전에 영적인 문제가 생긴 아들을 치유하러 온 여 집사가 제게 이런 말을 했습니다. "목사님 저는 교회를 10년 이상 다녔고, 집사 직분을 받은 지가 8년이나 되었는데 지금까지 성령세례를 받지 못했습니다. 우리 교회가 성령 충만한 교회라 예수 믿고 얼마 되지 않은 성도들도 다 성령으로 세례를 받고 방언으로 기도를 하는데 저는 지금까지 방언을 하지 못합니다." 그래서 제가 머리에 손을 얹고 "성령님 이유가 무엇입니까?" 하고 질문했더니 성령께서 감동하시기를 예수를 영접했는지 물어보라고 하셨습니다. 저는 집사님께 혹시 예수님을 나의 주인으로 모시는 영접기도를 했느냐고 물었습니다. 결혼 전에 남묘호렌게교를 3년 동안 믿었던 집사님은 시집을 와서 보니 시댁 식구들 전부가 기독교를 믿고 교회를 나가는 것이었습니다. 시 어머니가 결혼을 했으면 시댁의 종교를 믿어야 되지 않겠느냐고 성화를 하기 때문에 가정의 평화를 위해서 교회를 다니다 보니 집사도 되고 이렇게 시간이 흘렀다는 것입니다.

그래서 제가 예수를 영접시키고 기도를 했더니 성령세례가 임하고 방언이 나오면서 치유가 되기 시작했습니다. 그러자 이어 집사가 "목사님 마음이 정말 편안하고 좋습니다. 감사합니다." 라고 고백하였습니다.

이와 같이 예수를 영접해야 성령이 우리 안에 오셔서 치유를 하십니다. 예수님은 우리가 먼저 마음을 열어야 들어오십니다. 치유되기 전에 먼저 예수님을 마음의 주인으로 모시는 일이 최우선입니다. 예수님을 마음의 중심으로 모시지 않으면 성령의 역사가 일어나지 않습니다. 성도의 영육에 문제를 일으키는 세력은 가상적인 존재가 아니고 실제적인, 살아 있는 존재입니다.

고로 살아 계신 성령님의 역사가 없이는 문제의 치유란 불가능한 것입니다. 반드시 성령께서 장악하신 영의 차원에서 대적할 때 문제가 치유되는 것입니다. 하나님께서도 천지를 말씀으로 창조하실 때 성령의 임재 가운데 천지를 창조하셨습니다.

"땅이 혼돈하고 공허하며 흑암이 깊음 위에 있고 하나님의 영은 수면 위에 운행하시니라. 하나님이 이르시되 빛이 있으라 하시니 빛이 있었고"(창 1:3). 그래서 영육의 문제를 치유받으려면 반드시 예수를 주인으로 영접하고 성령으로 세례를 받아야 가능한 것입니다. 우리가 예수님을 주인으로 영접해야 살아 계신 성령님이 우리 안에 오셔서 역사하시기 때문입니다. 만약에 문제를 치유하는 데 성령의 역사가 일어나지 않는 사람은 예수님의 영접 여부를 확인해야 합니다.

3.불같은 성령으로 세례를 체험해야 한다.

우리에게 고통을 당하게 하는 것은 악한 마귀입니다. 악한 마귀는 살아 역사하는 실체입니다. 살아 역사하는 악의 실체는 사람의 힘으로는 어찌 할 수가 없습니다. 살아있는 성령의 역사가 있을 때 떠나가는 것입니다. 성령은 성도가 예수를 믿을 때 마음 안에 오십니다. 마음 안에 오신 성령은 성도가 성령으로 세례를 받을 때 혼을 뚫고 밖으로 나타는 것입니다. 성도가 성령으로 세례를 받을 때 비로소 성령이 성도의 전인격을 장악하는 것입니다. 성령으로 전인격이 장악되어 상처와 자아를 치유 받아야 합니다. 이 때 성령께서 강력하게 역사하시므로 성령의 불세례를 체험하게 됩니다. 그 성령이 전인격을 지속적으로 장악하는 것이 성령의 불세례입니다.

성령의 불세례를 받으면서 심령이 정화되어 전 인격이 성령의 지배를 받게 될 때 성령의 충만함입니다. 이 성령이 성도의 마음 안에서 밖으로 역사할 때 성령의 권세로 마귀는 정체를 드러내고 떠나가는 것입니다. 성령으로 충만해야 성령과 교통하며 자신이 스스로 인생의 문제를 치유할 수가 있는 것입니다. 그래서 성도가 성령으로 세례를 받아야 권능 있는 성도가 되는 것입니다. 그래서 하나님은 성령으로 세례를 받으라고 하시는 것입니다. 그러나 성령이 예수를 믿게 했다고 성령으로 세례 받는 것은 아니라고 생각합니다. 믿는 것과 세례를 받는 것은 다르며, 성령을 체험하는 것과 성령의 세례를 받는 것도 다른 것입니다. 세례를 받는 것이 적당히 넘어갈 수 있는 문제가 아니듯이 성령의 세례도 마찬가지입니다. 성경에서 성령과 관련하여 사용된 심오한 진리 중의 하나는 "성령으로 세례 받으라."라는 것입니다.

성령 세례란 예수 그리스도께서 주시는 것입니다. 성령의 세례란 성령에 의해서가 아니라 주 예수에 의해 행해지는 그리스도의 사역입니다(행 11:15-18). 성령으로 세례 받을 때는 확실한 체험으로 경험이 있습니다. 성령으로 세례를 받을 때 성령이 예수 그리스도의 이름으로 임하므로 성령으로 세례 받는 것은 체험으로 느낄 수 있습니다. 성령 세례를 받으면 하나님의 능력이 임합니다. 성령으로 세례 받을 때 성령의 권능이 함께 임합니다. 권능은 하나님의 일을 행하는 데 적합한 사람으로 크리스천을 준비시킵니다. 성령 세례는 하나님께서 우리를 예수 그리스도의 몸의 일부분으로 택하셔서 맡기신 지체로서의 임무를 효과적으로 수행하게 합니다(행 9:17-20).

성령으로 세례 받음은 하나님의 영으로 사로잡히는 것입니다. 성령 세례는 성도의 마음을 그리스도에 대한 이해와 사랑과 신뢰로 가득 차게 하며, 성령이 삶의 주관자가 되게 하며, 하나님의 자녀로서 하나님의 부름에 적합하도록 권능을 부여합니다. 권능이 있어야 세상에서 역사하는 마귀와 싸워서 이길 수가 있습니다. 성령으로 사로잡혀야 영육에 역사하는 문제를 스스로 치유할 수가 있는 것입니다. 성령의 역사를 체험하시기를 바랍니다. 체험이라는 것은 내가 하나님의 역사하심을 감각으로 눈으로 보게 된다는 뜻입니다.

인생의 문제에 역사하는 귀신은 우리보다 강합니다. 반드시 성령의 역사로 장악이 되어야 떠나가는 것입니다. 그러므로 성령의 권능을 받아야 합니다. 성령의 권능을 받고 권능을 사용할 수 있는 담대함을 길러야 합니다. 성령의 권능을 받아 인생의 문제에 역사하는 귀신을 몰아내려면 먼저 성령으로 세례를 받아야 합니다. 성령으로 세례를 받으려면 성령의 역사가 일어나는 장소에 가야 합니다. 성령의 역사가 일어나는 장소에 가서 뜨겁게 기도할 때 성령의 세례를 체험하게 됩니다. 성령의 세례는 이론이 아니고 실제로 체험하는 역사입니다. 자신이 직접 몸으로 감각으로 느껴야 합니다. 성령의 세례를 받게 되면 다음으로 성령의 불세례가 나타나기 시작을 합니다. 성령께서 불로 역사하면서 자신의 상처를 치유하고 자아를 부수십니다. 혈통에 역사는 귀신을 축사합니다. 귀신이 떠나가니 영안이 열리기 시작을 합니다. 모든 것이 성령의 권세로 되는 것입니다. 그래서 성령으로 세례를 받고 권능을 받아서 사용해야 비로소 인생의 문제를 스스로 치유할 수가 있는 것입니다.

제가 지금까지 성령치유 사역을 하다가 보면 성령의 역사를 체험하지 못한 많은 성도들이 잘못된 현상인줄 착각하고 거부하기 때문에 치유를 받지 못합니다. 저희 교회의 집회에 참석한 목사님이나 장로님들 중에서 성령의 역사가 일어나 자신의 몸에 이상을 느끼면 그만 다리야 나살려라 하면서 도망치는 분들이 있습니다. 이런 분은 평생 문제를 해결 받지 못합니다. 성령의 역사는 하나님의 역사이고, 예수님께서는 살아 있는 영이신데 마귀도 살아 있는 영의 실체입니다. 성령의 역사에 의하여 신자의 영의 역사가 일어남으로 자신에게 느껴지고 보이는 가시적인 현상이 일어나는 것입니다. 성령의 역사는 초자연적으로 살아서 역사하는 실제입니다.

그러므로 성도에게 성령이 임재하시면 본인이 성령의 임재를 체험적으로 느끼게 됩니다. 성령이 임재하시면 보편적으로 다음과 같은 현상을 본인이 느끼게 됩니다. 잘 이해하고 거부하거나 두려워하지 않도록 하시기 바랍니다. ① 호흡이 깊어지거나 빨라지고 손이 찌릿찌릿 하기도 합니다. 이는 악 영과 성령의 대립 현상이나 상처를 풀어주는 현상이기도 합니다. ② 주체 못하게 울음이 터지거나. 웃음이 터지는 경우도 있습니다. 방언이 나오게 됩니다. ③ 가슴을 찌르고 무엇이 빠져나오는 아픔을 느낄 수 있습니다. ④ 위장이나 아랫배 부근에서 어떤 뭉치 같은 것이 움직이는 것을 느낄 수도 있습니다. ⑤ 큰소리가 속에서 터져 나오기도 하고 온 몸에 불이 붙은 것 같이 뜨겁기도 합니다. ⑥ 가슴이 답답하고 기침이 나오고 손과 입에서 불이 나오는 것을 느끼기도 합니다. ⑦ 기침, 하품, 트림이 나오고, 토하기도 하고 메스꺼움을 느끼기도 합니다.

⑧ 멀미하는 것처럼 속이 울렁거리며 아랫배가 심히 아프기도 합니다. ⑨ 머리가 아프고 어지럽고 몸이 감당하지 못하게 흔들리기도 합니다. ⑩ 때로는 얼굴이나 몸 전체가 뒤틀리다가 풀어져 평안해지기도 합니다. ⑪ 때로는 상당한 시간 동안 심신의 괴로움(머리가 어지럽고, 몸이 떨리고, 몸에서 열이 나는 등)의 현상이 일어날 수 있습니다. 이것은 일종의 성령의 임재와 치유의 현상이니 두려워말고 조금 있으면 없어집니다. 그러면 그 현상이 없어지면서 참 평안을 느끼게 됩니다. 더 많은 것은 "성령의 불로 불세례 받는 법"을 참고하세요.

4.성령의 임재를 느낄 줄 알아야 한다.

성령이 장악을 해야 대적 기도할 때 악한 영이 물러가는 것입니다. 그러므로 대적기도를 하기 전에 성령님이 자신과 대상을 장악해야 비로소 역사가 일어나기 시작하는 것입니다. 성령은 살아있는 영이기 때문에 우리에게 임재하시면 반드시 몸과 마음으로 느낄 수가 있는 것입니다. 이렇게 성령의 임재가 되었을 때 대적 기도해야 기적 같은 역사가 일어나는 것입니다.

성령의 임재 때 나타나는 현상들을 정리하면 대략 이렇습니다. 몸이 뻣뻣해집니다. 몸이 불이 붙은 것과 같이 뜨겁거나 따뜻합니다. 반대로 몸이 시원해지기도 합니다. 얼굴에 바람이 부딪치는 것이 느껴집니다. 몸이나 손에 전기에 감전된 것과 같이 찌릿찌릿합니다. 감동이 옵니다. 자신도 모르게 눈물이 납니다. 자꾸 뒤로 넘어지려고 합니다. 전신에 힘이 주어집니다. 몸에 힘이 빠집니다. 기분 나쁘지 않는 소름이 끼칩니다. 향기가 납니다. 몸이 떨리거나 흔들립니다. 저리는 느낌이 듭니다. 몸이 떨리거나 흔들립니다. 근육이나 피부의 한 부위가 떨립니다. 호흡곤란을 느끼기도 합니다.

신체의 한 부위가 커지는 느낌이 듭니다. 손이 커지는 느낌이 듭니다. 물을 먹는 것 같은 느낌이 오기도 합니다. 몸이 잔잔하게 부상하는 느낌을 체험합니다. 기뻐집니다. 영적인 생각이 나면서 흥분됩니다. 소리가 질러집니다. 훅훅하면서 입으로 뜨거운 바람이 나오기도 합니다.

자신은 낮아지고 하나님의 경외하심이 느껴집니다. 방언 찬양이 나옵니다. 배가 묵직해지면서 힘이 들어갑니다. 술에 취한 것 같이 몸이 흔들리면서 어지러움을 느끼기도 합니다. 잠이 오는 것 같이 나른해지기도 합니다. 반드시 몸으로 느낄 수가 있다는 것입니다. 성령은 살아있는 영이기 때문입니다.

5. 나는 하나님의 자녀라는 믿음을 갖으라.

우리가 예수를 믿음으로 하나님은 나의 아버지가 되시고 나는 그분의 아들이란 신분을 가지게 되었음을 경험하게 하는 것입니다. 인간적인 아버지에 대해 만족스러운 경험을 하지 못했을지라도 아들을 향한 하나님 아버지의 사랑은 우리의 모든 욕구를 충분히 채우십니다. 우리가 예수를 영접하므로 우리의 신분이 바꾸어 졌습니다. 세상 사람들은 하나님 없이 자신의 수단과 방법과 노력으로 살지만, 우리는 주님께서 우리의 짐을 짊어져 주시고, 주님께서 우리에게 복을 주시고, 주님께서 우리를 붙들어 주시는 은혜로 살게 되는 이러한 세상 속에서 삶의 모든 것입니다. 예수님 나라에 들어와서 우리가 살아가는 모든 것을 알아야 되는 것입니다. 우리는 성령 안에서 자유와 해방된 삶을 살고 있는 것입니다.

그러나 옛 사람은 종의 신분의 근성을 가지고 나에게 부가되고 있는 영육의 고통이 내가 하나님에게 잘못하여 하나님이 주시는 것이라고 생각하면 인생의 고통에서 벗어날 수가 없는 것입니다. 의식을 바꾸시기를 바랍니다. 당신은 종이 아니고 하나님의 자녀입니다. 자녀이면 하나님이 주시는 복을 받으면서 살아가야 하는 존재입니다.

예수 그리스도의 나라에는 자유와 해방이 있는 것입니다. 예수를 믿으면 하나님의 자녀가 되기 때문입니다. 그래서 예수를 믿는 성도는 마귀와 악의 종노릇하지 않습니다. 습관에 종노릇하지 않는 것입니다. 자유를 얻고 영혼이 잘되고 범사에 잘되며 강건하고 의와 평강과 희락 가운데 행복을 누리고 살 수 있게 되는 것이 예수님 나라에 들어와서 사는 것입니다. 새 사람이 되었습니다. 이러므로 세상 나라와 예수님의 나라가 이 땅에 동시에 임하여 있는 것을 우리가 알아야 되는 것입니다. 예수 나라에 들어오면 우리는 근본적으로 변화를 받고 사는 것입니다.

우리는 이처럼 두 세상에 살고 있는 것입니다. 세상이 주는 쾌락을 따라 노예의 생활을 하는가, 그리스도의 은혜를 깨닫고 하나님을 섬기며 하나님이 주시는 복을 받으며 자유와 해방 속의 삶으로 살 것인가. 이 두 가지 세계를 우리가 선택해야 되는 것입니다. 예수 안에는 하나님이 우리를 돌보시고 자유와 해방이 있고 성령의 역사가 있는 영광과 기쁨을 삶을 살수가 있게 되는 것입니다. 눈에 안 보이는 두 나라가 우리를 서로 빼앗으려고 투쟁을 하고 있는 것입니다.

마귀의 나라가 우리를 시시각각으로 도둑질하고 죽이고 멸망시키려고 합니다. 반대로 하나님의 나라에는 성령이 당신을 지키고 보호하고 은총과 사랑과 역사를 베풀기를 원하시고 계신 것입니다. 모두다 예수 죽음을 몸에 걸머지면 세상과 마귀와 별세를 하고 하직을 하고 예수의 나라에 살게 되는 것입니다. 우리의 신분이 변화되어 하나님을 아바 아버지라고 부르는 천국의 백성들인 것입니다(마 23:9). 치유는 하나님의 아들로서의 새로운 나의 신분을 분명히 깨닫게 될 때 시작됩니다(벧전 2:24). 당신은 하나님의 자녀입니다. 하나님이 주신 권세를 사용하여 인생의 문제를 해결할 수 있기를 바랍니다. 성령의 레마를 받아가며 스스로 문제를 해결하는 성도를 하나님은 군사로 사용하시는 것입니다. 당신이 하나님이 주신 권세를 사용하며 살아갈 때 비로소 하나님의 군사가 되는 것입니다.

6. 영적인 세계가 열려야 한다.

영적인 세계에는 성령이 계시고, 마귀가 있고, 성령으로 거듭난 성도의 영이 거합니다. 성령은 예수를 영접한 사람의 영 안에만 임재 하여 거하십니다. 그러나 마귀는 들어오라고 하지 않아도 혈과 육을 통하여 들어와 좌정하고 있습니다. 그것은 아담의 죄악으로 옛 사람, 육은 마귀의 종이기 때문입니다. 그래서 마귀는 저같이 나름대로 성령으로 충만하고 능력이 있다는 사람도 생각이 세상으로 향하다가 육신적으로 행동을 하게 되면 가차 없이 들어옵니다. 그러므로 영적인 세계는 한 마디로 영적 투쟁의 세계입니다.

그래서 우리는 영적인 세계를 알고 대비하여 자신의 귀중한 영을 지켜야 하는 것입니다. 그래서 예수를 믿고 성령으로 거듭난 우리는 우리의 대적 마귀의 전술을 알아야 하는 것입니다. 손자병법에도 지피지기(知彼知己)이면 백전무퇴(百戰無退)라고 했습니다. 여기서 "피"는 상대, "기"는 자신을 뜻합니다. "알지" 자를 붙이면, "상대를 알고 나를 안다" 라는 뜻이 되겠고, 일백 백, 싸울 전, 없을 무, 물러날 퇴입니다. 여기서 "무"는 없다는 뜻 보다는 아니한다는 뜻에 가깝습니다. "백번 싸워서 물러나지 않는 다"입니다. "상대를 알고 나를 알면 백번 싸워서 물러나지 않는 다" 우리도 우리의 대적인 마귀의 능력을 알아야 하고, 나의 권세를 알아야 하나님의 군사로서 백전백승할 수가 있습니다.

예수를 믿어 성령으로 거듭나 하나님의 영으로 인도함을 받는 성도는 하나님의 군사입니다. 하나님의 군사라면 하나님이 나에게 주신 권세를 알아야 합니다. 그리고 주신 권세를 사용할 줄 알아야 군사로서 임무를 제대로 감당할 수가 있습니다.

7.끝장 보는 기도를 해야 한다.

내가 지금 뒤를 돌아보면 인생에 역사하던 문제를 치유받기 위하여 3년이 걸렸다는 것입니다. 3년이란 세월동안 집중적으로 인생에 역사하는 귀신을 몰아내기 위하여 시간을 투자한 것입니다. 이것은 귀신만 쫓아낸 것이 아니고, 내가 영적으로 변하니 영육의 문제에 역사하던 귀신의 역사가 서서히 약해졌다는 것입니다. 귀신의 역사가 약해지니 눈에 보이게 환경이 열렸다는 것입니다. 하루 이틀 영적인 전쟁을 한 것이 아니고 3년을 했다는 것입니다.

인생길에 역사하던 귀신을 축귀하기 시작을 했다면 귀신이 완전하게 떠나 강건하게 될 때까지 싸우라는 것입니다. 절대로 중간에 포기하지 말아야 합니다. 내가 지금까지 성령치유사역을 하다가 보니까, 의지가 역하여 중도에 포기하는 사람이 있다는 것입니다. 이런 사람들은 문제를 완벽하게 해결 받지 못합니다. 그러나 끝장을 보겠다는 의지를 가지고 귀신과 싸우는 목회자나 성도들은 모두 승리하였습니다. 인생길에 역사하던 귀신을 쫓아내려면 끝장 보는 기도를 해야 합니다.

충만한 교회는 지방에 계시는 분들을 위하여 성령치유 집회 CD와 교재를 33종류를 비치하고 있습니다. 과목별 CD는 12시간을 녹음하여 12개입니다. 가격은 2만원입니다. 교재는 과목당 만원입니다. 필요하시면 주문하여 영성을 깊게 하실 수가 있습니다. 교재를 보며 CD를 들으면 현장에서 집회를 참석한 것과 같은 효과가 있습니다. 1)깊은 상처 내적치유(CD/교). 2)성령의 기름부음(CD/교). 3)깊은 영의기도 숙달(CD/교). 4)보혈의 능력과 은혜(CD/교). 5)인생 열두 문제치유(CD/

교). 6)예수님의 권세능력(CD/교). 7)가문의 대물림치유(CD/교). 8)행복한 가정 만들기(CD/교). 9)재정축복 영육치유(CD/교). 10)부부문제 내적치유(CD/교). 11)5차원의 영적세계(CD/교). 12)영적전쟁 축사사역(CD/교). 13)영들을 분별하라(CD/교). 14)능력 오는 영의기도(CD/교). 15)바른 성령의 은사(CD/교). 16)영의사람 육의 사람(CD/교). 17)5차원 영성을 삶에(CD/교). 18)꿈 해석과 내면치유(CD/교). 19)영적전이 성령역사(CD/교). 20)영육질병 신유사역(CD/교). 21)영안을 열어라(CD/교). 22)갑절 영감 영력(CD/교). 23)작은 교회 성장(CD/교). 24)내적치유사역비결(CD/교). 25)예언은사기름부음(CD/교). 26)깊은 영성 깊은 치유(CD/교). 27)교회성장성령치유(CD/교). 28)영의통로 열어라(CD/교). 29)성령의 능력사역(CD/교). 30)하나님 음성듣기(CD/교). 31)성령치유종합사역(CD/교). 32)성령치유목회적용(CD/교). 33)전문신유사역기술(CD/교). 전화는 02-3474-0675. 신청은 번호를 알려주시면 됩니다. 메일주소는 kangms113@hanmail.net 를 이용하여 신청이 가능합니다(필요CD/교재번호. 주소. 전화전호. 우편번호).

   *과목별 상세한 내용은 홈페이지 www.ka0675.com 에 들어 오셔서 확인 바랍니다. 홈피에 보시면 계좌번호와 과목별 상세목록을 확인하실 수 있습니다.

6장 대적기도로 기적체험하는 비밀

(행16:18)"이같이 여러 날을 하는지라 바울이 심히 괴로워하여 돌이켜 그 귀신에게 이르되 예수 그리스도의 이름으로 내가 네게 명하노니 그에게서 나오라 하니 귀신이 즉시 나오니라"

아담이 선악과를 따먹었을 때 세상의 신은 사단이 되었습니다. 따라서 이 세상은 하나님의 지배하에 있지만 실제적으로 사단의 영역 아래 있습니다. 아이가 태어날 때부터 귀신들이 왕래를 하면서 귀신의 밥을 만드는 세상입니다. 하지만 우리가 예수님을 믿기로 작정하는 순간 우리는 주님께서 보혈의 피 값으로 사신 바가 된 존재가 됩니다.

즉 예수님을 믿음으로 소속사가 세상의 신인 사단에게서 예수님으로 바뀝니다. 속이는 자인 사단은 넌 "내 밥이다" 하고 덤비지만 우리는 담대히 고백할 수 있습니다.

"나는 예수님께서 피 값으로 사신 바 되었다. 나는 너와 상관없다. 그리고 너를 제압할 권세가 이미 나에게 주어졌다. 예수님의 이름으로 명령한다. 나에게서 떠나갈지어다." 이렇게 대적기도를 하여 하나님의 권세를 사용하여 이 땅에 하나님의 나라를 만들어야 합니다.

1. 바르지 못한 대적기도

하나님은 말씀을 듣고 행하는 자가 되라고 말씀하십니다. 많은 성도들이 말씀을 듣고 행하는 자가 되는 방법을 잘 모르는 것이 사실입니다. 왜냐하면 샤머니즘의 신앙의 잔재가 남아있기 때문입니다. 샤머니즘의 신앙이 신이 문제를 해결하여 주기를 기다리는 것이기 때문입니다.

기독교는 문제가 있을 때 하나님께 기도하여 하나님의 음성(레마)대로 순종해야 문제가 풀어지는 것입니다. 자신이 하나님께 기도하여 하나님께서 알려주시는 말씀(레마)대로 순종하면 성령의 역사가 골리앗을 잡는 것입니다.

하나님께서 자신 앞에 있는 문제를 해결하시는 것입니다. 가데스바네아에서 가나안을 정찰한 10지파 사람들이 가나안에 들어가지 못하고 죽은 것은 매사를 자신이 한다는 불신앙 때문에 광야에서 죽은 것입니다. 하나님께서 하신다는 믿음이 없었기 때문입니다. 이스라엘 민족을 애굽에서 이끌어내어 가나안으로 인솔하는 모세를 생각하면 쉽습니다. 모세는 문제가 나타날 때마다 하나님께서 기도하여 하나님의 말씀대로 순종하여 문제를 해결합니다. 이렇게 하는 것이 하나님의 말씀을 듣고 행하는 것입니다. 하나님께 기도하여 하나님께서 하라는 대로 순종하는 것이 말씀을 듣고 행하는 것입니다. 그래서 예수님은 마가복음 3장 35절에서 "누구든지 하나님의 뜻대로 행하는 자가 내 형제요 자매요 어머니이니라" 말씀하신 것입니다.

이것을 설명하면 하나님은 예수를 믿는 자녀를 통하여 이 땅에 하나님의 나라를 건설하여 가십니다. 그렇기 때문에 하나님이 직접 문제를 해결하여 주시지 않습니다. 이를 쉽게 설명하면 하나님께 기도하여 하나님의 레마를 듣고 순종할 때 성령의 역사로 문제가 해결된다는 것입니다. 세상 샤머니즘의 신앙과는 완전하게 다른 것입니다. 세상에서 세상 신을 따를 때는 세상 신이 문제를 해결하여 주기를 고대하면서 해주세요. 고쳐주세요. 하면서 신에게 부탁하면서 빌면서 매달렸습니다. 그런데 예수를 믿으면 하나님의 음성을 듣고 자신에게 부여한 권세를 주장하면서 대적해야 문제가 해결이 되는 것입니다.

대적기도는 예수님의 대행권자의 권능으로 직설화법을 이용하여 권세를 선포해야 합니다. 고로 "예수님 두렵지 않게 해주세요…. 예수님 귀신을 쫓아 주세요…." 이런 식의 기도는 약한 기도로 효과가 적습니다. 이것은 예수님에게 물어보지도 않고 자기 마음대로 일을 다 저질러 놓고 안 되니까, "예수님 제 문제 좀 해결하여 주세요."라고 기도하는 것과 같습니다. 예수님은 응답하십니다. "나는 모른다. 자네가 조치하라!" 즉 우리가 해야 할 일과 주님이 하실 일이 있는데 귀신과 싸우는 것은 우리가 할 일입니다. 예수님께서 십자가에 돌아가심으로 귀신을 제압할 권세를 우리에게 주셨습니다. "믿는 자들에게는 이런 표적이 따르리니 곧 그들이 내 이름으로 귀신을 쫓아내며 새 방언을

말하며."(막16:17). 이미 우리는 그 권세를 받았으므로 감사함
으로 쓰기만하면 됩니다. 따라서 "두려움의 영은 예수님의 이름
으로 명하노니 결박을 받고 떠나갈 지어다!!"하고 기도를 하는
편이 훨씬 효과적인 기도입니다.

2. 대적기도 방법

악한 영은 성령으로 장악이 되어야 떠나가는 것입니다. 앞에
서도 설명 했지만 무조건 떠나라고 한다고 떠나는 것이 아닙니
다. 오히려 더 악랄하게 덤빌지도 모릅니다. 고로 육신적인 것
이 강하여 악한 영으로 강하게 묶인 자는 아무리 떠나가라고 해
도 떠나가지 않습니다. 악한 영이 떠나갈 수 있는 영적인 조건
이 되지 않았으므로 악한 영이 떠나가지를 않는 것입니다.

그러므로 대적 기도할 때 강하게 묶인 자는 "내가 예수 이름
으로 명하노니 저 사람을 통하여 나를 괴롭히는 귀신은 결박을
받을 지어다." 하고 결박을 해야 합니다. 자꾸 결박을 해야 합니
다. "예수 이름으로 명하노니 더러운 영은 결박될지어다." 자꾸
예수 이름으로 명령을 하면 귀신이 힘을 일어서 악한 영의 영향
을 받는 사람이 몸이 아플 수도 있습니다.

왜냐하면 악한 영이 예수 이름을 묶어서 마음대로 자기 힘을
발휘하지 못하니 장악하고 있는 사람을 괴롭히기 때문입니다.
이때 예수를 전하여 교회에 데리고 와서 축사하면 됩니다. 그러

나 성령으로 장악되어 귀신이 떠나갈 수 있는 영적인 조건이 되었으면 "내가 나사렛 예수 이름으로 명하노니 저 사람을 통하여 나를 괴롭히는 원수 귀신은 떠나갈지어다." 하며 대적기도를 해야 합니다. 문과 문 사이에서 대적기도해도 효과가 있습니다. "저기 안 방에 있는 악한 영에 시달리는 사람에게 역사하는 귀신은 예수 이름으로 명하노니 떠나갈지어다." 자꾸 명령하면 떠나가는 것입니다.

실제로 어느 성도는 싸움을 하는 사람들이 있어서 멀리서서 "예수 이름으로 싸우게 하는 영은 결박을 받을지어다." 하고 대적 기도하니 싸움을 하지 못하더라고 간증한 성도도 있습니다. 그러므로 예수 이름으로 하는 대적기도는 강한 힘을 발휘하는 것입니다. 중요한 것은 소리만 크게 한다고 악한 영이 물러가는 것이 아닙니다. 큰 소리로 "떠나가라." "떠나가라." 한다고 귀신이 떠나가는 것이 아닙니다. 만약에 소리가 커야 귀신이 떠나간다면 목소리가 작은 여성들은 귀신을 쫓아낼 수 있겠습니까? 오히려 성령으로 세례 받고, 깊은 영의기도로 다듬어진 여성의 대적기도에 귀신들이 더 잘 도망갑니다. 성령의 권능으로 귀신이 떠나가는 것입니다. 그러므로 이렇게 하시기를 바랍니다.

성령의 깊은 임재 하에 영에서 나오는 소리로 나에게 역사하는 혈기의 영아 떠나가라. 혈기 영아 떠나가라. 이렇게 대적기도를 하라는 것입니다. 우리가 바르게 알아야 할 것은 성령으로 세례를 받고, 치유된 영에서 나오는 권능으로 대적기도 할 때 귀신이 떠나가는 것입니다.

대적기도의 순서는 이렇습니다. 첫째, 성령의 임재를 요청합니다. 둘째, 성령의 임재 하에 원인을 찾습니다. 셋째, 원인에 따라 회개하거나 용서합니다. 넷째, 대적합니다. 축귀합니다. 다섯째, 반대 영을 공급합니다. 예를 든다면 불안하다. 반대는 평안의 영을 요청하여 채우라는 것입니다. 여섯째, 지속적으로 성령 충만합니다.

3.효과적인 대적기도의 방법

대적기도를 하여 문제를 해결하려면 성령의 임재가 중요합니다. 마귀를 대적하여 몰아내야 합니다. 마귀를 대적하여 몰아내려면 성령의 권능을 힘입어야 합니다. 성령의 권능을 힘입으려면 성령으로 세례를 받아야 합니다. 성령으로 세례를 받은 후에 상처와 자아와 혈통의 영육의 문제를 치유 받으면 영의 통로가 열립니다. 영의 통로가 열리면 심령에서 성령의 권능이 나옵니다. 심령에서 나오는 성령의 권능을 가지고 대적해야 악령들이 떠나가는 것입니다.

우리가 마귀의 정체를 분명히 알아야 대적할 수 있는 것입니다. 골로새서 2장 13절로 15절에 "너희의 범죄와 육체의 무 할례로 죽었던 너희를 하나님이 그와 함께 살리시고 우리에게 모든 죄를 사하시고 우리를 거스리고 우리를 대적하는 의문에 쓴

증서를 도말하시고 제하여 버리사 십자가에 못 박으시고 통치자와 권세를 벗어버려 밝히 드러내시고 십자가로 승리하셨느니라" 이 말씀은 주님께서 십자가를 통하여 우리 죄를 대신 다 청산하시고 우리를 정죄하는 율법을 십자가에서 폐지해 버리셨습니다. 그 다음 마귀의 나라의 무장을 해제해 버렸다는 것입니다. 마귀는 그리스도의 십자가를 통하여 무장이 해제되었습니다. 쫓겨나지는 않았지만 무장이 해제 되었는데 이제는 무장이 해제된 것을 알지 못하는 우리에게 협박과 공갈로 사로잡으려고 하는 것입니다. 창세기 3장 15절에 마귀의 나라 무장을 해제할 것을 예언하여 말하기를 "네가 너로 여자와 원수가 되게 하고 너의 후손도 여자의 후손과 원수가 되게 하리니 여자의 후손은 네 머리를 상하게 할 것이요 너는 그의 발꿈치를 상하게 할 것이니라 하시고"고 했습니다.

요한일서 3장 8절에 "죄를 짓는 자는 마귀에게 속하나니 마귀는 처음부터 범죄함이니라 하나님의 아들이 나타나신 것은 마귀의 일을 멸하려 하심이니라" 말했습니다. 그러므로 마귀는 무장이 해제된 존재라는 것을 우리가 늘 마음속에 알아야 되는 것입니다. 마귀는 교활한 생각으로 우리를 사로잡지 무장은 해제된 마귀인 것입니다. 마귀의 행위는 요한복음 10장 10절에 "도적이 오는 것은 도적질하고 죽이고 멸망시키려는 것뿐이요 내가 온 것은 양으로 생명을 얻게 하고 더 풍성히 얻게 하려는 것이라"고 말한 것입니다. 마귀는 도적질합니다. 우리에게 와서 우리의 뜨거운 신앙의 열정을 도적질합니다. 어떻게 해요. 서로 참소하고 서로 손가락질하게 해서 시험에 들게 하고, 그래서 우리의 마음에 뜨거운 신앙을 도적질합니다. 욥에 보면 욥이 하나님 앞에 나와서 욥을 참소하지 않습니까? 욥의 순진하고 정직하여 하나님을 올바르게 섬기는 것을 꼬집어 참소해서 욥이 시험에 들게 만든 것을 알 수 있습니다. 마음의 기쁨도 **빼앗아** 가고 평안도 도둑질하고 믿음도 도둑질하고 소망, 사랑, 건강을 도둑질하는 마귀의 도적의 왕이라는 것을 우리가 알아야 되는 것입니다. 마태복음 13장 19절에 "아무나 천국 말씀을 듣고 깨닫지 못할 때는 악한 자가 와서 그 마음에 뿌리운 것을 **빼앗나니** 이는 곧 길 가에 뿌리운 자요"라고 말했습니다. 말씀을 듣고 우리가 깨닫지 못하고 그대로 있으면 마귀가 신속히 와서 말씀을 깨닫지 못하게 빼앗아 가는 도적이 되는 것입니다.

마귀가 하는 행위는 그 이름과 같습니다. 마귀는 히브리어로 사탄인데 송사자, 대적자란 말이고 헬라어로는 디아볼로스인데 훼방자, 거짓의 아비란 뜻을 가지고 있습니다.

다시 말해서 마귀가 하는 말은 모두 거짓이요, 끊임없이 하나님 앞에서 우리를 참소합니다. 그리고 마귀는 죽입니다. 마귀는 죽인다는 것은 타락시킨다는 것입니다. 마음에 고통을 가져와서 마음을 죽이고 좌절시키고 절망시키고 공포를 갖다 주고 미움과 시기와 분노와 질투와 방탕을 가져와서 마음을 죽이고 영을 죽이는 것입니다.

히브리서 2장 14절에 "자녀들은 혈육에 함께 속하였으매 그도 또한 한 모양으로 혈육에 함께 속하심은 사망으로 말미암아 사망의 세력을 잡은 자 곧 마귀를 없이 하시며"라고 말했습니다.

사망의 세력을 가지고 와서 마음에 믿음, 소망, 사랑, 의, 희락은 다 생명 아닙니까? 그런데 믿음도 빼앗고, 소망도 빼앗고, 사랑도 빼앗고, 의도 빼앗고, 평안도 빼앗고, 기쁨도 빼앗고, 마음에 죽음을 가져옵니다. 사는 희망을 다 없애 버리고 살아갈 용기와 힘을 빼앗아 버리는 것은 마귀의 일인 것입니다. 누가복음 21장 34절에 "너희는 스스로 조심하라 그렇지 않으면 방탕함과 술취함과 생활의 염려로 마음이 둔하여지고 뜻밖에 그 날이 덫과 같이 너희에게 임하리라" 주님 오실 때 준비하지 못하게 해서 마음을 둔하게 만드는 것이 마귀의 일인 것입니다.

그리고 마귀의 종국적인 목적은 멸망시키는 것입니다. 멸망은 완전히 주님을 버리고 타락하게 하는 것입니다. 다른 신을 섬기게 하고 우상을 섬기게 하거나 무신론자가 되거나 인본주의자가 되도록 만드는 것입니다. 처음 예수를 믿어 잘 출발했다가 마귀에 잡혀서 도적질 당하고 죽임을 당하고 멸망의 길에 들어간 사람이 많습니다. 다른 신을 섬기는 사람, 우상 섬기고 무신론자나 인본주의자가 된 사람도 많지요.

디모데전서 4장 1절에 "그러나 성령이 밝히 말씀하시기를 후일에 어떤 사람들이 믿음에서 떠나 미혹케 하는 영과 귀신의 가르침을 좇으리라 하셨으니"고 말한 것입니다. 그러므로 우리는 이 마귀를 성령의 임재 가운데 단호하게 대적해야 되는 것입니다. 내버려 두면 안 됩니다. 가만히 있으면 안 떠나가는 것입니다. 베드로전서 5장 8절로 9절에 "근신하라 깨어라 너희 대적 마귀가 우는 사자 같이 두루 다니며 삼킬 자를 찾나니 너희는 믿음을 굳게 하여 저를 대적하라 이는 세상에 있는 너희 형제들도 동일한 고난을 당하는 줄을 앎이니라" 우리의 대적인 귀신을 성령의 힘을 덧입고 대적해야 되는 것입니다.

마태복음 4장 10절에 "이에 예수께서 말씀하시되 사단아 물러가라 기록되었으되 주 너의 하나님께 경배하고 다만 그를 섬기라 하였느니라" 사탄아 물러가라고 대적을 해야 되는 것입니다. 우리는 어떻게 대적할까요? 성경에는 말하기를 너희가 내 이름으로 귀신을 쫓아내겠다고 말한 것입니다. "믿는 자들에게는 이런 표적이 따르리니 곧 저희가 내 이름으로 귀신을 쫓아내며 새 방언을 말하며" 라고 말했습니다.

야고보서 4장 7절에 "그런즉 너희는 하나님께 순복할찌어다 마귀를 대적하라 그리하면 너희를 피하리라" 성령께서 마귀가 나에게 역사한다고 느낌을 줄 때 우리는 예수 그리스도의 이름으로 대적해야 됩니다. 마귀는 예수 그리스도의 이름을 두려워합니다. 예수 그리스도 이름 앞에 떱니다. 왜냐하면 예수님이 십자가에서 마귀의 모든 무장을 해제하고 예수님은 우리 예수 믿는 사람에게 그 이름을 사용할 수 있는 권리를 주셨기 때문입니다. 우리는 예수 그리스도의 이름으로 대리권 행사를 할 수 있는 권리를 주었습니다.

우리가 사건이 생기면 변호사에게 대리권 행사를 하도록 합니다. 변호사가 우리를 대신하여 법정에 가서 변호해 주는 것처럼 우리는 이 세상에서 예수님을 대리해서 마귀를 쫓아낼 대리권 행사를 할 수가 있는 것입니다. 바로 그것이 너희가 내 이름으로 귀신을 쫓아내라고 대리권 행사를 할 권한을 주었기 때문에 우리는 당당하게 예수님의 고난을 이양 받았으므로 예수 이름으로 원수마귀를 대적해야 되는 것입니다.

반드시 성령의 임재 하에 나사렛 예수 이름으로 명하노니 너희 원수귀신아 물러가라! 원수마귀는 떠나가라! 끊임없이 마귀를 쫓아내야 되는 것입니다. 오늘날 예수 믿는 사람의 신앙이 언제나 미지근해지고 타락하는 이유는 마귀와 타협하고 마귀를 내어 쫓지 않기 때문인 것입니다. 우리가 생각하는 것보다 더 무시무시하게 마귀가 우리를 도적질하고 죽이고 멸망시키려고 하기 때문에 끊임없이 대적하는 삶을 살아야 되는 것입니다.

또한 성령의 임재 하에 보혈과 말씀으로 마귀를 대적해야 됩니다. 요한계시록 12장 10절로 11절에 "내가 또 들으니 하늘에 큰 음성이 있어 가로되 이제 우리 하나님의 구원과 능력과 나라와 또 그의 그리스도의 권세가 이루었으니 우리 형제들을 참소하던 자 곧 우리 하나님 앞에서 밤낮 참소하던 자가 쫓겨났고, 또 여러 형제가 어린 양의 피와 자기의 증거하는 말을 인하여 저를 이기었으니 그들은 죽기까지 자기 생명을 아끼지 아니하였도다" 라고 말한 것입니다. 예수님의 보배로운 피는 마귀가 제일 싫어하고 무서워하는 것입니다.

이스라엘 백성이 애굽에서 나올 때 어린양을 잡아 문설주에 발라 놓을 때는 죽음의 사자가 그 집에 들어가지 못했습니다. 예수 그리스도의 보혈을 우리 마음속에 간직하고 있으면 마귀가 그 피를 보고 도망을 치는 것입니다. 피는 말합니다. 예수 그리스도의 피는 고함쳐서 말을 합니다. 어린양의 피보다 더 낫게 말하는 예수 그리스도의 피입니다. 그러므로 우리가 성령의 임재 하에 예수 그리스도의 보혈을 의지하고 예수님의 보혈로 명하노니 원수귀신아 물러가라고 명령 할 때 원수마귀는 떨고 물러가게 되는 것입니다.

그리고 말씀에 서야 되는 것입니다. 말씀은 성령의 검입니다. 말씀은 하나님이십니다. 그러므로 마귀는 거짓의 아비이기 때문에 마귀가 정죄감을 가져올 때 나는 예수의 보혈로 구원함을 받았다고 담대하게 고백하면 마귀는 물러가는 것입니다. 병이 들어와서 우리를 괴롭힐 때 기록하였으되 저가 채찍에 맞음으로 내가 나음을 입었느니라. 말씀은 마귀의 거짓말을 밝혀 버리고 마는 것입니다. 우리가 어려움을 당할 때 나는 축복받은 사람이다. 그리스도께서 나를 위하여 저주를 받은바 되사 나는 율법의 저주에서 해방되었다.

그러므로 나는 복 받은 사람이다. 너희 귀신아 물러갈찌어다고 고백해야 합니다. 성령의 임재 하에 영으로 선포하는 말씀은 초자연적인 능력이 있습니다. 우리가 예수 그리스도의 이름과 보혈과 말씀에 의지해서 마귀를 물리치고 기도하면 하나님의 역사가 나타나는 것입니다.

마가복음 9장 28절로 29절에 귀신을 쫓아 내지 못하고 좌절한 제자들에게 주님 말씀했습니다. "집에 들어가시매 제자들이 조용히 묻자오되 우리는 어찌하여 능히 그 귀신을 쫓아 내지 못하였나이까 이르시되 기도 외에 다른 것으로는 이런 유가 나갈 수 없느니라 하시니라" 마태복음 21장 22절에 "너희가 기도할 때에 무엇이든지 믿고 구하는 것은 다 받으리라 하시니라" 우리가 기도하고 기도가 약하면 금식하면서 기도하면 어떠한 강한 마귀도 쫓겨 나가게 되는 것입니다. 일반적인 대적기도로 쫓겨 나가지 아니하면 금식기도하고 성령으로 충만하여 대적기도하고 나가면 마귀는 한길로 왔다가 일곱 길로 도망치게 되는 것입니다. 이렇게 성령의 권능을 힘입고 대적기도를 하면 흑암은 광명으로 환란과 풍파는 평안으로 변하고 마는 것입니다. 하나님은 우리가 성령의 권세를 사용할 때 우리의 문제를 해결하여 주십니다. 그래서 성도가 밝히 알고 행해야 할 것은 하나님의 권세를 사용하는 비결입니다.

이 책을 통하여 하나님이 주신 권세를 사용하는 비결을 터득하여 권세있는 삶을 살아가며 하나님에게 쓰임을 받기를 바랍니다. 하나님의 권세를 가지고 대적하여 날마다 기적을 체험하시기를 바랍니다.

4. 대적기도 일반적인 순서

1) 성령의 임재를 요청합니다. 성령의 임재가 귀신을 물러가게 하기 때문입니다. 반드시 성령으로 장악이 되어야 합니다.

2) 영적상황, 증상을 살핍니다. 악한 영의 활동 증상을 지각하거나 감지하는 것입니다. 혈기. 분노. 환경. 물질. 믿음생활 방해. 질병. 환란풍파. 부부자녀문제 등등 비정상적인 일들. 영상기도를 하면서 자신과 주변의 상황을 그림으로 그립니다. 한 단계 깊은 영의 차원에서 진단하라는 말입니다.

3) 예수 이름으로 악한 영의 활동에 대적 기도합니다. 성령으로 장악이 되지 않아 마음이 강퍅하고 육이 강하다. "내가 나사렛 예수 이름으로 명하노니 ○○○은 결박될 지어다. 결박을 받을 지어다." 성령으로 장악되거나 성령의 임재가 되었다. "내가 나사렛 예수 이름으로 명하노니 ○○○은 나에게서 떠나가라."

4) 떠나간 자리에 성령의 능력과 ○○○으로 채워질지어다. 반대 영을 공급하는 것입니다. 예를 들면 혈기가 심하다면, 혈기는 떠나고 유순한 영이 임할지어다. 불안떠나고 평안임할지어다.

5) 떠나간 마귀는 항상 다시 찾아오기 위하여 취약상황을 노립니다. "더러운 귀신이 사람에게서 나갔을 때에 물 없는 곳으로 다니며 쉬기를 구하되 쉴 곳을 얻지 못하고, 이에 이르되 내가 나온 내 집으로 돌아가리라 하고 와 보니 그 집이 비고 청소되고 수리되었거늘, 이에 가서 저보다 더 악한 귀신 일곱을 데

리고 들어가서 거하니 그 사람의 나중 형편이 전보다 더욱 심하게 되느니라 이 악한 세대가 또한 이렇게 되리라.(마12:43-45)" 그래서 떠나보낸 다음에 관리가 아주 중요합니다.

충만한 교회는 말씀과 성령으로 성도들을 치유하여 성령의 인도를 받는 영적인 성도가 되도록 하는 목회를 합니다. 충만한 교회 목회 방향은 성도들을 목회자 그늘에서 믿음 생활을 하는 나약한 성도가 되지 않도록 하는 것입니다.

말씀과 성령으로 치유 받아 영의 통로를 열고 하나님과 직접 관계를 열어 교통하면서 세상 어디를 가더라도 자신 안에 임재하신 하나님께 기도하여 응답을 받으면서 세상을 살아가도록 합니다. 악한 영들을 권능으로 대적하여 환경을 변화시킬 수 있는 성도가 되도록 합니다.

영적인 자립을 하는 것을 목표로 훈련합니다. 하나님께서 부여하신 권능을 사용하여 세상을 장악하게 합니다. 그래서 주일날도 강한 성령의 역사가 일어나는 예배를 드립니다. 예배 시간은 1부 11:00-/ 2부 13:30-입니다. 영적인 눈이 열리고 사고가 영적으로 변하는 말씀을 준비하여 교재로 제공하고 설교를 합니다.

기도를 40분 이상 하면서 담임 목사가 일일이 안수하여 성령으로 충만 받도록 합니다. 필요한 성도는 토요일 날 개별집중치유를 하여 문제를 치유하고 영성을 깊게 합니다. 자신의 영을 자신이 지킬 수 있는 강한 성도가 되게 훈련하고 있습니다.

2부 일상생활에서 대적기도

(히 5:12-14)"때가 오래 되었으므로 너희가 마땅히 선생이 되었을 터인데 너희가 다시 하나님의 말씀의 초보에 대하여 누구에게서 가르침을 받아야 할 처지이니 단단한 음식은 못 먹고 젖이나 먹어야 할 자가 되었도다. 이는 젖을 먹는 자마다 어린 아이니 의의 말씀을 경험하지 못한 자요. 단단한 음식은 장성한 자의 것이니 그들은 지각을 사용함으로 연단을 받아 선악을 분별하는 자들이니라."

어린 아이가 자라면서 낯선 사람을 인식하게 되면서 낯을 가리게 되듯이, 영적으로 성장하면서 주변 환경에 대해 민감하게 반응하기 시작합니다. 이런 현상을 영적 각성(spritual sensitiveness)이라고 하며, 속된 표현으로는 '영적 낯가림' 또는 '영의 깨어남'이라고 부릅니다. 사람은 의식이 성장하면서 주변 환경에 대해서 반응하기 시작합니다. 사람은 제일 먼저 몸의 반응이 나타나기 시작합니다. 이는 원시 사회에서 생존하기 위해서 주어진 본능적인 적응의 결과라고 봅니다. 환경에 대해 몸이 민감하게 반응을 보임으로써 몸에 해로운 환경에서 보호받게 되는 것입니다. 성장하여 의식이 발달하면 의식적 판단을 하여, 옳고 그름을 깨닫게 됩니다.

위험한 것을 깨닫고, 그 곳에서 피하거나 접근하지 않게 됩니다. 이 의식을 성장하면서 고도로 발달하게 됩니다. 이처럼 우리의 영은 불로 거듭나면 주변 환경에 대해 민감하게 반응하기 시작합니다. 이 작용이 사람에게 여러 가지 현상으로 나타나는데 그 가운데 하나가 영적 감응(spiritual sensibilities)이라고 불리는 민감성의 발달을 들 수 있습니다. 그래서 우리가 성령께서 감동하신대로 대적기도를 하여 자신을 보호하는 것입니다.

영적 각성을 경험하는 사람에게 나타나는 여러 가지 영적 현상 가운데 특히 주목해야 할 부분이 영적 감응 현상입니다. 어떤 낯선 사람을 만나게 되거나 낯선 장소에 가게 되면 경험하게 되는 것인데; 매우 정신이 맑아지거나 혼미해지는 현상을 말합니다. 처음 사람을 대할 때 정신이 매우 맑아지거나 반대로 정신이 흐려지는 것을 느낄 것입니다. 함께 잠을 자게 되는 경우 정신이 맑아져서 잠을 들 수 없게 됩니다. 이와 같이 어떤 낯선 장소에서 잠을 자려고 하면 정신이 또렷해지면서 쉽게 잠을 이루지 못하며 잠이 들어도 깊은 잠을 잘 수 없는 경우가 있습니다.

사람의 경우 처음 대하는 사람에게서 느끼는 이와 같은 영적 감응 중 매우 정신이 맑아지는 경우부터 살펴보기로 합니다. 신앙심이 좋고 경건한 삶을 사는 사람을 만나면 이와 같은 현상을 경험하게 됩니다. 그런데 간혹 불신자를 만나는 경우에도 이 같은 현상을 경험한다면 그 상대방은 타 종교에 깊이 관여된 사람일 수 있습니다. 예를 들면 불교의 신실한 신자이거나 그 종교의 지도자일 경우입니다. 이런 사람에게 역사하는 악한 영의 영향이 강하기 때문에 자신의 영안에 계신 성령께서 알아차리고 경계 하도록 혼과 육체에 알려주시는 것입니다. 이런 사람을 만나면 나의 영이 긴장하게 되기 때문에 이런 영적 감응을 느끼게 됩니다. 이단에 속한 사람을 만나는 경우에도 이와 같은 현상을 느끼게 됩니다. 이는 영적 전쟁을 치르기 위해서 우리 영이 자신의 의식에게 신호를 보내는 것입니다.

정신이 매우 흐려지는 경우에는 그 사람이 예수를 믿는 사람일 경우 그 직분에 상관없이 영적으로 매우 혼탁한 사람입니다. 육적인 사람으로 아직 거듭나지 못했거나, 거듭난 경험을 가진 사람이라도 육신적 삶에 치우쳐 있는 경우입니다. 믿지 않는 사람의 경우 악한 영에 사로잡혀 있거나, 삶이 질서가 없고 사회로부터 인정받지 못하는 일에 종사하는 사람일 가능성이 높습니다. 이런 사람에게는 특별히 경계가 필요하다는 점을 알리는 경고입니다. 정신이 흐려지는 사람과 경계가 없이 가까이 하는 것은 자신의 영적 삶에 큰 손상을 입을 수 있습니다.

다음은 장소에 대한 것을 살펴보겠습니다. 낯선 장소에 가면 어린 아이는 즉각 반응을 보이고 매우 낯을 가리고 때로는 울기도 합니다. 이는 그 장소가 자신에게 익숙하지 못하기 때문입니다. 물을 갈아 마시면 배탈이 나는 등 신체적으로 예민한 사람이 있습니다. 이와 같이 낯선 장소에서 잠을 자려고 하면 좀처럼 잠에 들지 못하고 뒤척입니다. 몸은 매우 피곤한데 정신은 맑아져서 도무지 잠을 쉽게 이루지 못하는 것은 이 장소가 영적으로 문제가 있는 곳일 수 있습니다.

체질적으로 낯선 장소에 가면 쉽게 잠을 들지 못하는 영적 과만증 환자의 경우는 예외이겠으나, 그렇지 않은 사람이라면 그 장소는 지금 자신에게 영적 손상을 입힐 수 있는 것들이 존재하고 있다는 증거입니다.

이런 경우를 만나면 일단 성령의 임재를 요청합니다. 그리고 대적하여 악한 영들을 몰아내는 것입니다. 우리는 이것을 생활에 습관이 되게 해야 합니다.

예외적으로 낮에 영적 전쟁을 치렀다면, 예를 들어 귀신을 쫓아내는 축사사역을 하였다거나 치유를 위한 기도회를 인도했을 경우 밤에 잠을 이루지 못하는 경우가 있습니다. 이 경우는 낮에 치른 영적 전쟁으로 인해서 입은 영의 손상으로 인해서 느끼는 감응입니다. 이 경우에 영의 손상을 회복하기 위한 충분한 기도를 한 뒤에 잠들면 쉽게 잠을 들 수 있습니다. 돌아가서, 이 낯선 장소가 자신의 영에 어떤 문제를 가져올 수 있다는 신호로 주어지는 영적 민감함을 처리해야 합니다. 그 장소에 대한 주님의 지식의 말씀을 구하고 그에 따라서 적당한 조치(성령의 임재와 대적기도)를 취하고 잠에 드는 것이 안전합니다. 지식의 말씀을 받는데 다소 서툰 사람이 있을 수 있습니다. 그런 경우 이 장소로부터 받을 수 있는 모든 악한 영향으로부터 자신을 보호

해주시기를 간구하는 보호 기도를 드리고 잠에 들도록 하십시오. 한결 쉽게 잠들 수 있습니다. 간혹 그런 조치를 취했음에도 불구하고 각성현상이 사라지지 않아 잠들기가 어려운 경우가 있습니다. 이는 그 장소가 자신의 힘으로 처리하기에는 너무 힘든 곳일 것입니다. 이런 경우 곁에 일행이 있으면 함께 합심하여 기도하거나, 혼자일 경우 주께서 자신을 보호해 주시기를 계속 간구하면 자신도 모르는 사이에 잠에 들게 됩니다.

잠에서 깨어나 그 장소를 나오기 전에 이 장소로부터 받은 모든 영적 손상이 완전히 치유될 것을 명하는 명령기도를 하십시오. 이 기도는 이렇게 하면 됩니다. "이 장소(구체적으로 장소의 이름을 거명합니다.)에서 받은 모든 영적 손상은 예수의 이름으로 온전히 치유되었음을 명하노라. 따라서 이 장소의 모든 악한 영은 이후에 내게 어떤 영향도 줄 수 없음을 예수의 이름으로 선포하노라"라고 기도합니다.

영적 각성 현상은 우리가 수시로 경험하게 되는 일반적인 일입니다. 그런데 이런 현상을 전혀 경험하지 못하는 무감각한 사람이 있습니다. 같은 장소에서 다른 사람은 경험하는데 자신은 전혀 느끼지 못한다면 이는 자신의 영적 감각에 문제가 있는 것입니다. 그 장소에 대한 어떤 영적 손상도 입지 않을 정도의 영적 능력이 강한 경우에는 아무런 느낌을 받지 않을 수 있습니다. 이 경우 지금 민감한 증상을 느끼는 사람을 위해서 보호 기도를 해주십시오. 그러면 그 사람의 증상이 사라질 것입니다.

기도를 하였음에도 불구하고 그 사람에게서 증상이 사라지지 않는다면 이 경우 자신이 영적으로 매우 둔하다는 사실을 인식해야 합니다.

영적 둔감은 자신이 둔하다는 사실을 깨달아야만 치유될 수 있는 일종의 영적 질병입니다. 영적 성장에 따라서 자동적으로 나타나는 증상을 느끼지 못하는 것은 자신이 그만한 수준의 영적 성장이 실제적으로 이루어지지 않았거나, 영적으로 무딘 경우입니다. 신체적으로도 사람에 따라 매우 민감하게 느끼는 사람이 있는 반면에 둔한 사람이 있듯이 영적으로도 그렇습니다. 영적 둔감은 치유되어야 합니다. 그러기 위해서는 자신이 영적으로 다소 무디다는 사실을 깨닫고 민감함을 느끼도록 노력해야 합니다. 그렇기 위해서는 영적으로 민감한 사람과 함께 하도록 하십시오. 유유상종 법칙에 의하여 영적으로 민감한 사람과 가까이 하게 되면 영적 감응도가 높아집니다.

영적으로 민감해지는 것은 한편으로는 불편할 수 있습니다. 육체적으로 신경이 예민한 사람을 보면 그 예민함으로 인해서 고통을 당하기도 합니다. 이런 경우 신경과민이라고 합니다. 영적 민감 역시 이와 같습니다. 너무 심각할 정도로 예민하면 영적 과민증일 수 있습니다. 이 과민증에 걸리면 삶이 한 쪽으로 치우치게 됩니다. 이 과민증으로 인해서 고통을 겪고 자유함이 없어진다면 이는 치유되어야 합니다.

영적 성장을 이루는 초기 단계에서 이 민감함에 너무 치우치고 이런 증상을 일종의 우월감으로 인식하여 자랑하거나, 감응에만 매달려 만나는 사람마다 영적 감응을 살피고 낯선 장소에 가면 그 장소에 대한 감응을 지나치게 살피는 행동은 위험합니다. 이런 행동에 집착하면 과민증 증상에 빠지게 됩니다. 모든 것에 절제가 필요합니다. 또한 지혜가 있어야 합니다.

일체의 영적 현상은 성장에 따라서 생기는 자연적인 증상이며, 개중에는 성장하면 사라지는 것도 있습니다. 어린 아이는 낯을 가리지만 그 아이가 성장하면 더 이상 낯을 가리지 않지요. 계속 낯을 가린다면 그 아이는 성장한 아이가 아니라 병든 아이이지요. 이처럼 성장의 과정에서 나타나는 현상들 가운데 그 시기가 지나면 자연적으로 성숙되는 증상들이 있는 것과 같이 영적 현상 또한 마찬가지입니다.

영적으로 성장하면 이 민감한 증상들이 보다 성숙하게 됩니다. 필요에 따라서 주님이 자신에게 증상들을 이용하여 우리에게 유익한 정보를 제공합니다. 이런 증상을 경험할 때 성숙한 대응을 해야 합니다. 낯선 장소에 들어갈 때 간단하게 기도하십시오. 주님, 제가 이 생소한 장소(구체적으로 장소의 이름을 거명합니다.)에 오늘 머무르게 되었습니다.

주님 이 장소에서 저를 안전하게 보호해 주시고 이 장소가 주님으로 인해 복된 곳이 되기를 바라며, 이곳을 출입하는 모든 사람들에게 주님의 보호하심이 임하는 복된 장소가 되기를 바랍니다. "내가 예수님의 이름으로 명하노니 이곳에 역사하는 더러운 영은 물러갈지어다. 떠나갈지어다. 천사들아 이 건물과 나를 둘러진을 칠지어다. 지켜 보호할지어다"예수 이름으로 기도합니다. 아멘. 이렇게 간단히 기도하고 그 장소를 주님에게 맡기도 편안히 머무르십시오.

이와 같은 기도는 일상이 되어야 합니다. 주님은 어떤 장소에 들어가면 그 장소에 대해 복을 빌라고 하셨지요. 우리가 사는 이 세상에서 우리는 항상 영적 전쟁을 치러야 하는 주의 군대입니다. 영적 전쟁을 위해서 부리심을 받은 주의 병사들에게 주님은 그 전쟁을 승리로 이끌기 위해서 우리에게 끊임없이 정보를 제공합니다. 이 정보를 제공하는 한 방법이 영적 민감성입니다. 영적으로 민감하지 않으면 이 귀한 정보를 잃게 됩니다. 과민은 병입니다. 둔감도 병입니다. 우리는 적절한 수준의 민감함을 지닐 때 센스가 있는 사람이 됩니다. 영적 센스를 지닌 매력 있는 사람이 되어야 하지 않겠습니까? 과민하지도 않고 둔감하지도 않은 매력적인 주의 군대가 되기를 바랍니다.

성령의 인도를 받아 순간순간 대적기도를 해야 합니다. 악한 영들을 수시로 우리를 공격하기 때문에 방심은 금물입니다. 항상 깨어서 기도함으로 영적 민감성을 개발해야 영적전쟁에 승리할 수가 있습니다.

1장 혼탁한 사람과 대화 후 대적기도

세상에 나가 세상 사람들과 대화를 하다가 보면 나도 모르는 사이에 세상 것들이 들어올 수가 있습니다. 이는 우리가 육을 가지고 있기 때문입니다. 성령의 깊은 임재 하에 깊은 호흡이나 명상기도로 영의 활동을 강화하여, 나도 모르게 들어온 세상 것들을 정리하는 것입니다. 우리가 세상 사람들과 대화를 하다가 보면 머리가 무겁고 속이 거북스러울 때가 있습니다. 이는 세상 것이 나에게 들어온 것을 나의 영이 알아차린 것입니다. 이를 그대로 두면 나에게 집을 짓게 되고 나의 영은 무디어지게 됩니다. 성령의 임재 하에 세상 것들을 몰아내고 영을 밝게 해야 합니다. 이는 습관이 되어야 한다. 악한 영이 침입하여 집을 짓기 전에 풀어내는 것이 중요합니다.

대적 기도는 이렇게 합니다. 성령이여 임하소서. 호흡을 깊게 들이쉬고 내쉬면서 성령의 임재를 요청합니다. 성령의 임재가 충만해지면 아랫배에 손을 얹고 호흡을 깊게 들이쉬고 내쉬면 악한 기운들이 성령의 역사로 하품이나 기침이나 재채기를 통하여 떠나갑니다. 머리가 맑아지고 편안해질 때까지 지속적으로 하여 마음을 정화합니다.

이때 배에서 나오는 소리로 명령을 합니다. "내가 나사렛 예수의 이름으로 명하노니 속이 거북스럽게 하는 것은 떠나가라." 말을 하는데 너무나 에너지를 소비할 필요는 없습니다. 성령의 역사만 일으키면 자동으로 떠나갑니다.

2장 길을 가다가 놀랐을 경우 대적기도

길은 가다가 차 소리나 기타 등등으로 깜작 놀랄 경우가 있습니다. 나의 경험으로 보아 이런 일이 있은 후 며칠이 지나면 가슴이 답답해지고 기도가 잘 되지 않는 경우가 있었습니다. 이는 놀랄 때 악한 영이 침입을 한 것입니다. 영적인 세력이 집을 지은 것입니다. 가슴이 답답하고 기도가 안 되는 것은 영의 능력이 약화되었다는 신호입니다. 이를 예방하기 위하여 이렇게 하세요. 호흡을 깊게 들이쉬고 내쉬면서 성령의 임재를 요청하세요. 성령의 임재가 충만해지면 마음으로 명령을 하세요. "내가 놀랄 때 들어온 악한 영은 예수 이름으로 명하노니 떠나갈지어다." "내가 놀랄 때 들어온 악한 영은 예수 이름으로 명하노니 떠나갈지어다." 이렇게 기도하여 마음에 평안이 찾아오면 떠나간 것입니다.

무엇보다도 성령의 임재가 중요합니다. 성령의 역사로 악한 영이 떠나가는 것이기 때문입니다. 어찌 하든지 성령의 역사가 자신의 속에서 올라와야 합니다. 이를 위하여 자신의 영성을 깊게 해야 합니다.

3장 불안 두려움이 엄습할 경우 대적기도

불안이나 두려움이 자신을 주장한다면 영적으로 문제가 생긴 것입니다. 왜냐하면 성령이 역사하면 평안합니다. 성령이 자신을 장악했기 때문에 육으로 평안을 느끼게 되는 것입니다. 자신이 이유 없이 불안하고 두려움이 엄습할 경우는 악한 기운이 나에게 역사하고 있는 것을 성령께서 자신에게 알려주는 것입니다. 이때에는 호흡을 들이쉬고 내쉬면서 성령의 임재를 요청합니다. 성령의 임재가 충만해지면 마음으로 명령을 하라. "나를 불안하게 하는 악한 영은 예수 이름으로 명하노니 떠나갈지어다." "나를 불안하게 하는 악한 영은 예수 이름으로 명하노니 떠나갈지어다." 자꾸 호흡을 하면서 대적기도를 합니다. 이때 중요한 것은 성령의 임재 하에 부드럽고 가벼운 소리로 명령을 합니다. 악을 쓰면서 떠나라. 떠나라. 하는 기도는 육성이 강하므로 귀신이 떠나가지 않습니다. 소리가 크다고 귀신이 떠나가는 것이 아닙니다. 자신의 속에서 올라오는 성령의 권능으로 귀신이 떠나가는 것입니다. 성령의 임재 하에 부드러운 영의 소리로 가볍게 명령하면 떠나갑니다.

4장 잠이 잘 오지 않을 경우 대적기도

밤에 잠이 잘 들지 않는 다는 것은 보이지 않은 영육에 장애가 있는 것이 분명합니다. 이때에는 이렇게 하세요. 편안하게 눕거나 소파나 안락의자에 앉아서 기도를 합니다. 양손을 배에 대고 호흡을 들이쉬고 내쉬면서 성령의 임재를 요청합니다. 잡념에 관심을 두지 말고 자신 안에 계신 하나님에게 집중하는 것입니다. 자꾸 잡념에 관심을 두니까, 잠을 자지 못하는 것입니다. 한마디로 악한 영의 역사에 동조하는 것입니다. 관심을 하나님에게 돌리는 것입니다. 성령의 임재가 충만해지면 지속적으로 마음의 기도를 합니다. "성령님 사랑합니다." "성령님 도와주세요." "성령님 사랑합니다." "성령님 도와주세요." 의식을 아랫배와 마음에 두고 지속적으로 호흡을 들이쉬고 내쉬면서 마음의 기도를 합니다.

그러면 잠을 이루지 못하게 하는 악한 기운이 성령의 권능으로 밀려 나갑니다. 그러면서 마음이 평안해집니다. 지속적으로 하다가 보면 잠이 들게 됩니다. 중요한 것은 마음의 기도를 하면서 다른 생각을 하거나 잡념에 빠지면 안 됩니다.

5장 좋지 못한 꿈을 꾼 경우 대적기도

많은 분들이 좋지 못한 꿈을 꾸고 영적으로 눌림을 당하는 경우가 있습니다. 꿈에 뱀을 보았다든지, 죽은 사람이 나타나는 꿈을 꿉니다. 이는 성령께서 나에게 좋지 못한 영들이 역사하는 것을 알려주신 것입니다. 이러한 꿈을 꾼 후에 반드시 대적기도

하며 축귀를 해야 합니다. 나는 이러한 좋지 못한 꿈을 꾼 후 조
치를 하지 않고 방치했다가 큰일을 당한 분들을 다수 치유하여
보았습니다. 좋지 못한 꿈을 꾼 다음에 이렇게 해서 축귀하세
요. 제일 좋은 것은 꿈속에서 대적 기도하는 것입니다. 만약 그
렇게 하지 못했을 경우는 이렇게 해서 귀신을 축귀하세요. 호흡
을 들이쉬고 내쉬면서 성령의 임재를 요청하세요. 성령의 임재
가 충만해지면 영상기도로 꿈속에서 보이던 모습을 그리는 것
입니다. 꿈속에서 나타난 영성을 보면서 명령을 합니다.

이때 명령하는 음성은 영에서 나오는 음성으로 명령을 합니
다. "꿈속에서 나타났던 조상의 악한 영은 예수 이름으로 명하
노니 떠나갈지어다." "꿈속에서 뱀의 모습으로 나타났던 귀신
은 예수 이름으로 명하노니 떠나갈지어다." "꿈속에서 나타났던
조상의 악한 영은 예수 이름으로 명하노니 떠나갈지어다." "꿈
속에서 뱀의 모습으로 나타났던 귀신은 예수 이름으로 명하노
니 떠나갈지어다." 호흡 기도를 지속적으로 하면서 꿈의 모습을
보면서 지속적으로 명령하세요. 그러면 하품이나 기침이나 재
채기를 통해서 떠나갑니다. 악귀가 떠나가면 머리가 시원해지
고 마음에 평화가 임하기도 합니다. 어느 때는 성령께서 마음에
감동하시기를 악한 영이 떠나갔다. 하면서 알려주시기도 합니
다. 꼭 좋지 못한 꿈을 꾼 다음에 대적 기도하여 악한 기운을 몰
아내는 것을 습관화하세요. 이렇게 하므로 자신의 영을 지킬 수
가 있습니다. 그리고 성령님과 인격적인 관계가 될 수가 있습니

다. 더 자세한 것은 "꿈 환상 해석통한 상담과 치유비결"을 읽어서 영적인 수준을 높이시기를 바랍니다.

6장 길을 가다가 놀랄 때 대적기도

저는 종종 이런 일을 체험합니다. 내가 사는 방배동에는 조그마한 사찰도 있습니다. 무당이 사는 집도 있습니다. 새벽에 기도를 마치고 운동을 하기 위해서 걸어갈 때 사찰이나 무당집을 지나게 됩니다. 그때 갑자기 무엇이 호흡을 통해서 쑥 들어옵니다. 그러면 영락없이 머리가 띵해집니다. 성령으로 충만하여 민감한 나의 영육이 귀신이 들어온 것을 알아차린 것입니다. 내 안에 귀신이 들어왔다는 것입니다.

그러면 나는 이렇게 합니다. 절대로 당황하지 않고 호흡을 들이쉬고 내쉬면서 "야! 더러운 영아 여기가 어디인 줄 알고 감히 들어왔어 예수이름으로 명하노니 떠나가라." 하면 재채기가 나오면서 떠나갑니다. 방금 들어온 것이므로 쉽게 잘 떠나갑니다.

어느 때는 호흡 기도를 하지 않고 방언기도를 해도 떠나갔습니다. 좌우지간 나에게 귀신이 들어온 것을 아는 것이 중요합니다. 떠나가고 나면 머리가 시원해집니다. 귀신이 떠난 것을 느낌으로 알 수가 있습니다.

7장 기도 중 성령이 감동하실 때 대적기도

자신에게 역사하던 귀신이 떠나갈 때가 되면 성령께서 알려주십니다. 기도를 하는데 성령께서 너를 괴롭히는 질병의 영을 몰아내라. 이렇게 감동하실 수가 있다는 것입니다. 그러면 성령께서 알려주신 것이므로 쉽게 귀신이 잘 떠나갑니다. 호흡을 들이쉬고 내쉬면서 성령의 임재를 요청합니다.

성령의 임재가 충만해지면 마음으로 명령을 하세요. "나에게 와서 질병을 일으키고 있는 악한 영은 예수 이름으로 명하노니 떠나갈지어다." "나에게 와서 물질을 손해나게 하는 악한 영은 예수 이름으로 명하노니 떠나갈지어다." 자꾸 호흡을 하면서 대적기도를 합니다.

그러면 어느 때는 아랫배가 아프면서 떠나가기도 합니다. 어느 때는 가슴이 답답해지다가 재채기나 하품을 하므로 떠나갑니다. 좌우지간 귀신은 인격적인 존재이므로 떠날 때 조용하게 떠나가지 않습니다. 분명하게 떠나가는 것을 본인이 느끼게 됩니다.

성령께서 감동하시는 대로 영에서 나오는 소리로 명령을 하면 떠나갑니다. 절대로 소리를 지르지 말고 영에서 나오는 소리로 명령하세요.

8장 혼탁한 장소 출입 후 대적기도

귀신이 좋아하는 장소나 환경이나 사람을 통하여 영적전이 (轉移)됩니다(행19:13-20, 마8:28-34.). 영적전이란 어떤 영이 자신에게 들어와 자신에게 영의 특성을 나타내는 것을 말합니다. 귀신에 접한 자에게 안수를 받든지, 환자를 안수하다가 사역자에게 전이되기도 합니다. 귀신 섬기는 곳, 절이나 사당, 제사 지내는 곳. 굿하는 현장, 축사(逐邪)현장. 음침한 물가. 환자 임종 시. 더럽고 음침한 곳. 지하실. 굴속. 포르노 영화관이나 변태적인 성적 유회가 벌어지는 곳과 같은 음란한 곳, 뉴 에이즈들이 광란하는 곳, 무덤이나, 울창한 숲속, 한적한 고가(古家), 굴속. 고목나무…. 등 기타 귀신들이 좋아하는 장소가 있습니다.

할 수만 있으면 이런 장소는 피하는 것이 좋습니다. 정 피할 수가 없다면 강하게 내면에서 올라오는 능력기도로 무장하고 출입해야 합니다. 장소에 들어갔다가 나와서 반드시 대적기도로 침입한 귀신을 축귀해야 합니다. 축귀하지 않으면 들어온 귀신이 자신 안에 집을 지을 수도 있습니다. 축사할 때 이런 곳에 있다가 들어갔다는 말을 합니다. 주로 음침하게 느껴지고 소름이 끼치거나 으스스하게 느껴지거나 불쾌하거나 골치가 아파옵니다. 영적으로 민감한 사람은 영감으로 느껴지기도 하고 환상으로 보이기도 합니다. 그러나 이러한 장소나 접촉을 통한 전이가 이루어지더라도 전부가 다 되는 것이 아니라, 귀신이 전이되기 쉬운 상태와 조건에 있는 사람일 경우에 그렇게 됩니다. 상처가 많이 있거나 임산부나 병중에 있는 환자나 체력이 허약한 사람과 자신의 집안에 무당이 있거나 우상을 숭배하여 영이 열린 영매체질인 사람들에게 잘 전이 됩니다.

실제로 안양에서 목회하시는 목사님이 한동안 다니시면서 치유와 능력을 받았습니다. 그러던 어느날 영적전이와 성령의 역사에 대한 강의를 하고 자신에게 악한 영의 전이가 있다고 생각하는 분 앞으로 나와서 안수기도를 받으라고 했습니다. 목사님이 저에게 와서 하는 말이 자신이 고등학교 2학년 때 베트남에 수학여행을 갔답니다. 토속종교시설을 견학하고 나왔는데 눈이 충혈이 되고 머리가 어지러워서 고생을 했다는 것입니다. 잊고 지냈는데 오늘 갑자기 생각이 났답니다. 그래서 내가 머리에 손을 얹고 "성령이여 임하소서! 사로잡아 주옵소서." 성령의 임재가 된 후에 "내가 나사렛 예수 이름으로 명하노니 베트남 토속종교시설 들어갔을 때 침입한 귀신은 정체를 밝힐지어다."했더니 벌~ 벌~ 벌~ 떠는 것입니다. 그러다가 윅~ 윅~ 윅~ 하면서 귀신이 떠나갔습니다. 20년 전에 들어온 귀신이 그때야 떠나간 것입니다.

이렇게 자신도 모르는 사이에 전이된 악한 영은 예배나 말씀이나 찬송이나 기도나 능력자의 축사로 추방이 비교적 쉬운 편입니다. 그러나 침입 당한 것을 모르고 잠복된 체 오랫동안 계속 눌려 지내게 되거나 깊이 침입 당하게 되면 이 역시 추방이 힘들게 됩니다. 그래서 성령으로 자신을 분별해야 합니다. 어떤 사람은 기도 굴에서…. 어떤 사람은 무덤 옆을 지나다가…. 어떤 사람은 절에서 공부를 하다가…. 어떤 사람은 스님에게 침을 맞으러 다니다가…. 어떤 사람은 교회 옆에 절이 있어 계속 염불 외우는 소리에 눌려서…. 어느 사람은. 굿하는 것을 구경하다가. 혹은 어떤 사람은 텔레비전의 충격적인 장면을 보다가….등 악한 영의 전이는 이루 헤아릴 수 없습니다.

그리고 예기치 않은 뜻밖의 현상이나 형체(사찰, 신사, 토속 종교시설, 공동묘지나 상엿집, 시체 등)를 목격하였을 때, 일시에 음산한 기운, 즉 소름이 끼치는 상황이 엄습하여, 온몸에 전율을 느끼면서, 등골이 오싹해지거나, 간담이 서늘해지고, 머리가 쭈뼛해지며, 사지에 힘이 쭉 빠지고, 온몸이 오그라들며, 다리가 후들거려 꼼짝 달 싹을 못 하고, 귀에서는 이상한 소리가 들리며, 헛것을 보고 헛소리를 내는 등의 이상 현상을 체험했을 경우는 악한 영의 영적전이가 이루어 진 것입니다. 이런 경험을 했는데 방임하고 지낸 분들은 필히 전문사역자의 축귀를 받아야 합니다.

이런 곳에 출입하고 나와서 대적기도는 이렇게 하시기 바랍니다. 성령이여 임하소서. 성령의 임재가 깊어지면 명령하세요. 이때 소리는 크게 할 필요가 없습니다. 영에서 나오는 소리로 명령하세요. "사찰에서 들어온 더러운 영은 예수 이름으로 명하노니 떠나갈지어다." "토속종교시설에서 들어온 귀신은 예수 이름으로 명하노니 떠나갈지어다." "토속종교시설에서 들어온 귀신이 떠난 자리에 성령의 권능이 임할지어다. 평안의 영이 임할 지어다. 성령님 강하게 저를 사로잡아 주옵소서. 충만하게 하옵소서" 하면서 지속적으로 참 평안을 찾을 때까지 의지를 가지고 대적기도를 해야 합니다. 호흡 기도를 지속적으로 하면서 대적하고 명령하세요. 그러면 하품이나 기침이나 재채기를 통해서 특정장소에서 들어와 역사하던 영들이 떠나갑니다. 성령의 역사가 항상 자신에게 충만하도록 기도하십시오. 깊은 영의 기도와 찬양을 하십시오. 자세한 것은 "하나님의 복을 전이받는 법"과 "영의전이 피해를 예방하라"를 읽어보세요.

9장 성령사역 후 자기정화 대적기도

우리 성령치유 사역자는 자기의 영성 관리를 잘해야 합니다. 저는 치유집회를 인도하고 반드시 호흡 기도를 하면서 정화작업을 합니다. 요즈음에는 체험이 많고 관리를 잘해서 그런 일이 드물지만, 몇 년 전만 하더라도 집회를 끝나고 나면 여러 가지 이해하지 못하는 현상으로 고생을 했습니다. 그러면 나는 이렇게 합니다. 양손을 아랫배에 대고 호흡을 강하게 들이쉬고 내쉽니다. 상당한 시간동한 이렇게 기도합니다. 그러면 배가 아프면서 하품을 통하여 사역 간에 들어온 악한 세력들이 떠나갑니다. 그러면 머리가 맑아지면서 기분이 깨어납니다. 가슴도 시원하고 마음도 평안합니다. 거의 한 시간 정도를 하는 편입니다. 왜냐하면 나를 관리하기 위해서 입니다. 이렇게 관리하지 않으면 더러운 것들이 사역 간에 나에게 타고 들어와 집을 짓게 됩니다. 집을 짓기 시작을 하면 여러 가지로 이해하기 힘든 일들이 생깁니다. 졸음이 오기도 하고 기력이 떨어지기도 합니다. 정신이 맑아져서 밤에 잠을 잘 자지 못하기도 합니다.

그러므로 그 때 그 때 깊은 영의 기도로 자신의 심령을 정화하여 악한 영이 자리를 잡지 못하게 해야 합니다. 자꾸 쌓이면 사역을 하지 못할 수도 있습니다. 성령사역에 대하여 더 자세한 것은 "강력한 성령치유 핵심요약" 과 "치유사역 전문인이 되는 비밀"을 읽어서 영적인 수준을 높이시기를 바랍니다.

10장 스스로 축귀하는 대적기도

자신에게 이상증세가 나타나면 지나치지 말고 반드시 자기 축귀를 해야 합니다. 자기 축귀는 이런 방법으로 하세요. 호흡을 들이쉬고 내쉬면서 성령의 임재를 요청하세요. 성령의 임재가 충만해지면 영상기도를 하세요. 자신에게 일어나는 상태를 마음의 그림으로 나타나게 하라는 것입니다. 원인을 성령님에게 물어보세요. 원인을 알아야 처방을 할 수 있기 때문입니다. 원인에 따라 회개하거나 용서를 합니다. 만약에 조상이나 자신이 우상을 숭배하여 귀신이 들어온 것이라면 회개해야 합니다. 성령의 임재 가운데 죄를 짓는 모습을 영상으로 보면서 깊은 회개를 해야 합니다. 깊은 회개를 한 후에 그때 들어온 귀신들에게 명령을 하세요. "조상 대대로 내려와 나에게 고통을 주는 악한 영의 줄은 끊어질지어다." "조상이 우상숭배 할 때 들어온 귀신은 예수 이름으로 명하노니 떠나갈지어다." "떠나간 자리에 말씀과 성령으로 채워질지어다." 이렇게 지속적으로 대적기도를 합니다. 만약에 다른 사람이 자신에게 상처를 주어 고통을 당한다면 용서를 해야 합니다. 성령의 깊은 임재 하에 상처받는 모습을 보면서 용서합니다. 그리고 성령의 임재 하에 영에서 올라오는 영의 소리로 명령하세요. "내가 상처받을 때 들어온 귀신은 예수 이름으로 명하노니 떠나갈지어다." 지속적으로 평안이 임할 때까지 해야 합니다.

자신이 스스로 축귀하는 것이 제일 좋은 방법입니다. 그러나 자신이 스스로 축귀할 만큼의 영성이 깊어지려면 상당한 기간을 훈련해야 합니다. 영성을 깊게 하려면 일단 성령의 역사가 강하고 영성이 깊은 사역자가 인도하는 집회에 참석하여 영성을 길러야 합니다. 사역자의 도움을 받으면서 영성을 깊게 하는 것입니다. 그것이 제일 빠른 방법입니다. 혼자 책을 읽고 하는 것은 실수가 있을 수가 있고 시간이 많이 걸립니다. 먼저 성령의 역사가 강하고 영성이 깊은 사역자의 도움을 받아 영의 통로를 연 다음에 스스로 하면 좀 더 쉽게 할 수가 있습니다.

3부 자신을 위한 대적기도

(롬6:13)"또한 너희 지체를 불의의 무기로 죄에게 내주지

말고 오직 너희 자신을 죽은 자 가운데서 다시 살아난 자 같이

하나님께 드리며 너희 지체를 의의 무기로 하나님께 드리라"

하나님은 우리가 하나님이 원하시는 심령 수준이 되기를 원하십니다. 말씀과 성령으로 자신의 영적인 상태를 분별할 수 있는 모두가 되시기를 바랍니다. 우리 몸의 질병 가운데 그 증상이 갑자기 나타나는 급성질환이 있고, 서서히 나타나는 만성질환이 있습니다. 이와 마찬 가지로 영적 질병에도 급성과 만성이 있습니다. 영적 질병 가운데 가장 극심한 것이 귀신들림인데, 이 질병에도 급성과 만성이 있습니다.

어느 집사가 상담을 요청했습니다. 어느 부흥집회에서 자신에게 귀신이 들어와 한동안 고통을 당했다는 것입니다. 왜냐고 물어보니 강사 목사님이 이상했다는 것입니다. 집회도중에 강사목사가 불 들어간다. 하고 명령했을 때 자신에게 귀신이 들어왔다는 것입니다. 그래서 어떻게 알았느냐고 물었더니, 순간 두려움이 찾아왔었다는 것입니다. 제가 상세하게 설명을 해주었습니다. 당신이 성령으로 충만했으면 귀신이 틈타지 못하는데 그렇지 못하여 그런 현상이 일어난 것입니다. 앞으로 원망

이나 핑계를 대지 말고 성령으로 충만 하려고 노력하세요. 라고 권면했습니다. 이런 경우는 자신이 영육으로 혼탁한 경우와 상처가 많이 있을 경우, 악한 영이 틈을 타고 들어올 수가 있는 것입니다. 반대로 자신 안에 잠복하여 있던 귀신이 성령의 권능으로 드러난 경우입니다. 그러므로 성령이 충만한 가운데 자신의 심령에서 성령의 권능이 나타나도록 뜨겁게 기도하며 안수를 받아야 합니다. 반드시 사역자가 치유되고, 여러 영적인 체험이 있는 전문적인 사역자에게 안수를 받아야 합니다. 귀신은 우리 몸에 들어오려면 반드시 그에 따른 합법적인 절차와 발판이 있어야 합니다. 아무에게나 무턱대고 들어올 수 있는 것이 아닙니다. 질병 역시 우리 몸에 들어오려면 우리의 면역체계와 건강상태에 문제가 있어야만 가능한 것처럼, 영적 질병 역시 그런 이유가 있어야 들어오게 되는 것입니다.

그런데 급성질환은 이런 합법적인 것을 무시하고 들어오는 것입니다. 그러므로 이 귀신은 우리 몸에 계속 머무를 수 있는 권리가 없기 때문에 우리가 알아차리고 대항하면 바로 나가게 됩니다. 그래서 대적기도를 하라는 것입니다.

만성적 질환은 그 증상이 나타나기까지 매우 오랜 기간 동안 잠복해 있다가 시기가 되면 외부로 나타나게 되는 것입니다. 만성적 질환은 고질병이라고 하듯이, 그 치료가 만만치 않습니다. 이와 같이 영적 만성질환 역시 치유가 쉽지 않습니다. 이런 만성적 질환은 그 병증을 조기에 발견하는 것만이 치유의 지름

길임은 우리 모두가 다 잘 알고 있습니다. 만성적 질환은 오로지 정기적인 검사를 받는 것이 최상의 치료법이듯이, 영적 만성 질환 역시 정기적인 검진을 통해서 질병을 조기에 발견하고, 적절한 치료를 받아야 합니다. 그래서 성도는 성령이 충만한 교회에 다니면서 수시로 자신을 점검해야 하는 것입니다.

마귀의 가장 심각한 질환인 귀신들림 중에 만성적 귀신들림은, 그 원인이 되는 귀신이 어떤 이유로 해서, 환자의 몸에 침투해서, 오랫동안 잠복해 있다가 결정적인 때에 외부로 그 증상을 나타내는 것입니다. 귀신들림의 증상이 외부로 나타났다면 이는 이미 병증이 상당히 진행되어 만성화하였다고 보아야 합니다. 그렇기 때문에 증상이 나타나는 경우에 그 치유가 간단하지 않습니다. 병증의 잠복기에는 몇 가지 증상들이 나타납니다. 이런 증상을 소홀히 하면 만성화되어 치유가 어렵게 됩니다. 마귀와 귀신은 그 속성과 역할이 다르기 때문에 이를 혼동해서는 안 됩니다. 귀신은 우리에게 합법적으로 또는 불법적으로 들어오면 잠복하게 됩니다. 합법적인 경우는 우리의 죄가 처리되지 않은 경우입니다. 죄의 처리가 되지 않으면 그 기간 동안 귀신은 우리를 괴롭힐 수 있는 권리를 취득하게 됩니다. 유전된 죄의 경우도 마찬가지입니다. 불법적인 경우는 우리의 무지에 기인합니다. 영적 관리를 소홀히 하거나 귀신의 존재를 무시하고 행동하는 경우, 또는 축사의 현장에서 부주의로 귀신이 들어오는 경우입니다.

귀신이 들어와 잠복하는 동안, 그 사람은 물론 주변의 사람들도 이 사실을 눈치 채지 못하면 귀신은 그 사람의 영에 서서히 영향을 주기 시작합니다. 그 영을 사로잡기 위해서, 매우 서서히 작업을 진행하는 것입니다. 그 속도가 느리기 때문에 당사자는 물론, 가족들조차 이를 알아차리지 못하는 것입니다. 이 잠복기간에 여러 가지 증상들이 나타납니다. 우선 당사자가 무언가 영적으로 불편한 것을 느낍니다. 성령으로 충만하고 체험이 있는 거듭난 사람이라면 이 증상을 민감하게 느낄 수 있지만, 체험이 없는 성도나 불신자의 경우 거의 그 의미를 알지 못합니다. 영적 충돌을 경험하면서 이것이 단순한 성격이나 감정적인 것으로 여기고 대수롭지 않게 생각합니다.

영적 충돌이란 하나님의 말씀이 싫어지고, 교회에 가기가 싫어지며, 영적인 일에 흥미가 생기지 않고 사람들과 대립이 자주 발생하는 것을 말합니다. 그리고 부정적인 생각이 자주 생기고, 짜증이 나며, 삶의 의미가 없어지고, 무기력해지기 시작합니다. 의욕이 사라지고 쉽게 실증을 느낍니다. 몸을 움직이기 싫어지고, 게을러지며, 다른 사람들 일에 관심이 없어집니다. 가위눌림이 자주 나타나고 간혹 환상이 보입니다. 환청도 경험하게 됩니다. 말하는 것이 부정적이고, 사람에게 짜증이 나게 만듭니다. 화를 자주 내고 의심이 많아지며 혼자 있는 것을 좋아합니다. 이런 증상들은 마귀의 영향을 받는 사람과 같기 때문에 초기에는 마귀와 혼동하기 쉽습니다.

평소의 모습과 서서히 달라지기 시작하지만, 당사자가 청소년인 경우 부모는 사춘기이거나 입시 압박으로 감정이 예민해져서 그럴 것이라고 생각하고 대수롭지 않게 여기게 됩니다. 상당수 귀신들린 사람이 청소년기에 그 증상이 나타나기 시작했다는 점을 볼 때, 이 시기가 잠복기에 들기 쉬운 기간입니다. 청소년기에 귀신들림이 시작되어, 수년간의 잠복기를 거쳐 청년기에 또는 성인이 되어서 발병하는 경우가 대부분입니다. 만성적 귀신들림은 이처럼, 오랜 기간을 거쳐 서서히 진행되기 때문에 주변 사람들이 눈치를 채지 못하는 경우가 대부분입니다.

특히 청소년기는 아직 성장하는 때이므로 자녀의 변화를 성장에 따른 자연적인 현상으로 여기고, 대응하지 않은 경우가 대부분입니다. 자녀의 성장과 귀신의 잠복을 제대로 구분하기란 전문가가 아니면 쉽지 않은 일입니다. 자녀의 성장에 따른 변화와 귀신들림의 진행을 구분하기 위해서 주기적인 검사를 받을 필요가 있습니다. 주기적인 검사란 성령이 충만한 사역자의 안수를 받는 것입니다. 안수를 받아서 악한 영이 자리를 잡지 못하게 하는 것입니다.

귀신들림으로 인해서 계속 자살 충동에 시달리다가 마침내 자살하는 청소년들이 점점 늘어가고 있습니다. 어느날 갑자기 찾아온 불행 그 속에는 귀신의 잠복이라는 무서운 질병이 있는 것입니다. 자녀가 일반적인 또래 청소년들과 다른 행동을 한다면, 반드시 영적 검진을 받아야 합니다. 청소년기에 생기는 정체성(identity)의 확립에 따른 변화와 귀신들림의 증상을 분명하게 구분하기란 쉬운 일이 아닙니다. 사회 과학적인 접근으로는 심리적 변화와 정체성 변화를 진단할 수 있지만, 귀신들림의 전조는 발견하기란 불가능합니다. 그 증상이 동일하기 때문입니다. 영적 증상은 오로지 영적으로만 구분이 가능합니다. 귀신이 점거하고 있으면 반드시 귀신의 냄새가 납니다. 귀신은 귀신만이 가지고 있는 특별한 냄새를 풍깁니다. 이것은 감출 수 없는 것입니다.

귀신의 냄새는 동물이 썩는 냄새와 같은 악취를 풍깁니다. 귀신은 영적 존재입니다. 그러므로 귀신이 있는 곳에는 영적 에너지의 흐름이 있습니다. 이 기(spirit)의 흐름은 성령의 흐름과 구별됩니다. 소름이 끼치고 갑갑하고 답답하며, 어두운 분위기를 느끼게 하며, 그늘지게 합니다. 당사자의 얼굴에 어두운 그림자가 깔려있고 그늘지게 보입니다. 귀신은 그 존재로 인해서 주변에 영향을 주게 됩니다. 소극적이고 가라앉는 분위기를 만듭니다. 일시적으로 귀신이 자신의 존재를 위장하여 아무런 낌새도 보이지 않으려 하지만 오래 가지 않습니다. 결국에는 자신의 존재를 드러내는 증상들을 보이게 됩니다.

아이가 혼자 방을 쓰는 경우, 방안 공기가 탁하고 방에서 나쁜 냄새가 많이 납니다. 몸을 씻는 것을 싫어합니다. 그래서 악취가 납니다. 아이와 마주 대하면 순간적으로 까닭 모르게 불안해지고, 두려운 생각이 듭니다. 간헐적으로 누군가가 곁에서 자신들을 노려보고 있다는 느낌을 받습니다. 방안에 들어가면 섬뜩한 냉기가 돕니다. 문득 문득 아이의 눈빛에서 이상한 빛을 보거나 느낄 수 있습니다. 말에 가시가 있고 비꼬기도 합니다. 간혹 엉뚱한 소리를 하거나 자주 죽겠다는 말을 합니다. 감정이 극단적으로 변합니다. 감정의 변화폭이 나무 크다는 것을 느낍니다. 허풍을 떨기도 하고 오래 침묵하기도 합니다.

영적 점검은 영분별의 은사를 가진 사람이어야 정확히 진단할 수 있는 일입니다. 목회자라고 해서 모두 분별할 수 있는 일이 아닙니다. 물론 이미 그 증상이 심각하게 나타날 때는 구분할 수 있을 것입니다. 그러나 초기에 나타나는 증상들은 단순한 심리적 변화와 혼동할 수 있기 때문에 실수할 수 있습니다. 모든 질병이 초기에 발견하는 것이 치유의 효과를 높이는 지름길이듯이 귀신들림 역시 초기에 발견하면 쉽게 치료가 되고 후유증도 없습니다. 초기에 발견하기 위하여 성령으로 충만한 곳에서 신앙생활을 하라는 것입니다. 귀신이 성령이 충만한 곳에서는 자신의 정체를 숨기지 못하고 폭로하게 되어있습니다.

귀신들림의 가장 효과적인 치유 시기는 감염 후 3년 이내입니다. 이 기간에 치유를 하면 후유증이 없기 때문에 100% 치유가 가능합니다. 그러나 3년 이상이 되면 귀신에 의해서 몸이 악습에 물들어버리기 때문에 귀신은 쫓아내고 난 후에도 일정 기간 동안 후유증 치유를 반드시 해야 합니다. 이 치유는 정신과의 몫입니다. 약물과 심리치유를 통해서 후유증을 없애야 완

쾌되는 것입니다. 귀신들림이 확인되면 전문가의 조치를 받아야 합니다. 경험이 많은 축사자를 통해서 단번에 처리해야 합니다. 서투른 아마추어가 다루면 귀신은 축사를 피하는 요령을 터득하게 됩니다. 축사자를 속이는 기술이 생기게 됩니다. 경험이 부족한 의사가 항생제를 과다하게 투여하면 환자에게 항생제 내성이 생겨 이후에 치유를 더욱 어렵게 만들듯이 초기에 올바르게 대응하는 것이 매우 중요합니다. 섣부른 대응은 많은 후유증을 만들어내고, 귀신을 더욱 약게 만드는 결과를 가져오게 되어 치유가 어려워집니다.

여러 차례 축사에 실패한 환자를 다루어보면 이런 점을 절실히 느낍니다. 실패한 경험이 많은 환자일수록 축사하기에 매우 힘이 듭니다. 의료 처치에서도 마찬가지로 여러 병원을 전전한 사람의 병은 만성이 되어 치료가 제대로 되지 않는 경우와 같습니다. 이 사람 저 사람에게서 서툰 축사를 해 온, 만성 귀신들림은 참으로 치유가 힘들고, 여러 날과 많은 노력이 들어가게 됩니다.

영적 질병은 반드시 잠복기를 가지고 있습니다. 이 기간 동안에는 정상적으로 보입니다. 그러나 이 잠복기가 끝나 병증이 표면으로 나타나게 되면 그 때에야 심각함을 깨닫고, 치유를 위해서 동분서주합니다. 심각하게 만성화된 질환을 치유할 수 있는 상당한 능력과 경험을 가진 사역자를 만난다는 것은 매우 힘듭니다. 주변에 온통 능력 사역자가 널려 있는 것 같지만, 정작 자신의 질병을 치유해줄 수 있는 사역자를 찾기란 해변에서 단추

찾기만큼이나 어렵다는 것을 그 때야 절실히 느끼지만 이미 늦었습니다.

우리 몸의 만성적 질병이 걸리면 수많은 병원과 의사들이 있지만, 다 소용이 없어 한숨만 짓듯이 후회해도 소용이 없는 일입니다. 우리의 건강을 위해서 평소에 건강관리에 신경을 쓰고 운동을 해야 하듯이, 영적 건강을 위해서 우리는 평소에 성령의 인도와 하나님의 말씀에 따른 삶을 살아서, 마귀와 귀신에게 빌미를 제공하는 일을 만들지 말아야 하며, 주기적으로 영적 검진을 받아 건강한 영적 삶을 살아야 할 것입니다.

충만한 교회는 말씀과 성령으로 성도들을 치유하여 성령의 인도를 받는 영적인 성도가 되도록 하는 목회를 합니다. 영적인 자립을 하는 것을 목표로 훈련합니다. 하나님께서 부여하신 권능을 사용하여 세상을 장악하게 합니다. 그래서 주일날도 강한 성령의 역사가 일어나는 예배를 드립니다.

예배 시간은 1부 11:00-/ 2부 13:30-입니다. 영적인 눈이 열리고 사고가 영적으로 변하는 말씀을 준비하여 교재로 제공하고 설교를 합니다. 기도를 40분 이상 하면서 담임 목사가 일일이 안수하여 성령으로 충만 받도록 합니다. 필요한 성도는 토요일 날 개별집중치유를 하여 문제를 치유하고 영성을 깊게 합니다. 자신의 영을 자신이 지킬 수 있는 강한 성도가 되게 훈련하고 있습니다.

1장 짜증과 신경질의 영의 대적기도

짜증과 신경질이 많은 사람이 있습니다. 제가 지금 십년이 넘게 성령치유 사역을 하면서 체험한 바로는 마음에 상처가 있는 사람이 짜증과 신경질이 많았습니다. 태아 때나 유아시절에 상처가 많이 있던 분들이 보편적으로 짜증과 신경질이 심했습니다. 이는 마음에 평안이 없다는 증거입니다. 심장이 약해서 오는 현상이기도 합니다. 심장이 약하니 받은 스트레스를 생리현상을 통해서 해소하지 못하고 마음에 쌓이는 것입니다.

마음에 스트레스가 항상 포화 상태가 되니 남의 말을 받아들이지 못하고 짜증과 신경질을 많이 내는 것입니다. 짜증과 신경질의 영을 찾아 근원을 제거하십시오. 왜냐하면 영적으로도 좋지 못하지만 육체적으로도 문제가 많습니다. 짜증과 신경질이 많은 분들이 순환기 질환이 많습니다. 중풍이나 뇌경색이 발생하는 빈도가 정상적인 사람보다 많습니다. 여성은 갱년기 질환으로 고생을 많이 하게 됩니다. 다른 사람보다 배는 더 고생을 합니다.

주변에 짜증과 신경질을 잘 내는 사람이 있습니까? 잘 관찰해 보시기를 바랍니다. 여러 가지 육체적인 질환으로 고생을 많이 합니다. 짜증과 신경질은 악한 영들입니다. 짜증과 신경질은 다른 사람과의 인간관계에 치명적입니다. 사람들이 자신에게 접근하지 않으려고 합니다. 저것이 언제 짜증과 신경질을 낼지 모른다고 경계심을 갖습니다. 외톨이가 되기 쉽습니다. 내 안에 있는 짜증과 신경질을 대적하십시오. 그들은 내 안에서 나를 피곤하게 하고 지치게 하는 영들입니다. 짜증과 신경질이 많은 분들은 대적기도 한다고 해결이 되지 않습니다. 먼저 성령의 깊은 임재 하에 짜증과 신경질이 나게 하는 원인이 어디에 있는지 찾아야 합니다.

원인을 찾아 내적치유를 해야 합니다. 원인에 따라 회개할 것은 회개하고, 용서할 것은 용서해야 합니다. 일단 원인에 대한 조치를 해야 영의 통로가 열리기 시작하여 입술에서 나오는 대적기도가 효과가 나타나기 시작을 하는 것입니다. 치유에 대해 자세한 것은 "귀신축사 알고보니 쉽다"와"귀신축사 차원높게 하는 법"과 "우울증 정신질병 치유 비밀"책을 참고 하시기를 바랍니다.

대적기도는 이렇게 하시기 바랍니다. 성령이여 임하소서. 성령의 임재가 깊어지면 명령하세요."나로 하여금 짜증과 신경질을 나게 하는 더러운 영은 예수 이름으로 명하노니 떠나갈지어다." "나로 하여금 짜증과 신경질을 나게 하는 귀신은 예수 이름으로 명하노니 떠나갈지어다."

"나로 하여금 짜증과 신경질을 나게 하는 귀신이 떠난 자리에 성령의 은혜가 임할지어다. 화평의 영이 임할 지어다" 지속적으로 변화가 나타날 때까지 의지를 가지고 대적기도를 해야 합니다. 호흡 기도를 지속적으로 하면서 대적하고 명령하세요. 그러면 하품이나 기침이나 재채기를 통해서 짜증과 신경질을 나게 하는 영들이 떠나갑니다. 성령의 역사가 항상 자신에게 충만하도록 기도하십시오. 찬양을 하십시오.

2장 불안의 영을 분별하고 대적기도

성령이 충만하면 마음이 평안한 것이 특성입니다. 성령은 평안의 영이기 때문입니다. 이는 사람 안에 임재하신 성령이 육을 뚫고 나타났기 때문에 실제로 평안을 느끼는 것입니다. 그래서 하나님이 우리 안에 계실 때 경험할 수 있는 것은 '마음의 평화'입니다. 반대로 악한 영이 우리 안에 있을 때 드는 생각은 마음의 불안입니다. 사람이 하나님과 교통하려면 영적인 상태가 되어야 가능한 것입니다. 하나님이 영이시기 때문입니다. 불안하면 육의 상태이기 때문에 하나님과 교통할 수가 없습니다. 불안할 때 당연하게 마귀가 역사하는 것입니다. 불안감을 대적하십시오. 불안감은 악한 영들이 움직이고 있다는 증거입니다. 불안하면 어떤 일도 되지 않습니다.

불안함은 새로운 일을 시작할 때 불안함이 있고, 자신이 몸이 아플 때 중한 병에 걸렸으면 어떻게 하나하고 불안해하는 것이 있습니다. 또 가족이 몸이 아플 때 불안해지는 것이 있습니다. 이 모두는 질병으로 가족 중 누가 잘못되는 것을 보고 마음에 상처가 된 것입니다. 또 사업이나 직장생활을 하는 사람은 직장에서 해고되면 어쩌나 구조 조정을 한다는 데 구조조정에 걸면 어쩌나 사업이 조금 안되면 이러다 망하면 어쩌나 하고 불안해합니다. 괜히 일어나지도 않은 일을 상상하면서 불안해합니다. 불안에 빠지면 잠도 잘 자지 못합니다. 나중에 불면증에 걸릴 수도 있습니다. 불안을 대적하고 과감하게 행동하세요. 의식 수준으로 끌어올려서 치유해야합니다. 원인을 찾아서 치유해야 합니다. 그래야 하나님과 교통하면서 살아갈 수가 있는 것입니다.

불안은 대적기도 한다고 해결이 되지 않습니다. 먼저 성령의 깊은 임재 하에 불안하게 하는 원인이 어디에 있는지 찾아야 합니다. 원인을 찾아 내적치유를 해야 합니다. 원인에 따라 회개할 것은 회개하고, 용서할 것은 용서해야 합니다. 일단 원인에 대한 조치를 해야 영의 통로가 열리기 시작하여 입술에서 나오는 대적기도가 효과가 나타나기 시작을 하는 것입니다. 치유에 대해 자세한 것은 "내적치유 쉽게 하는 법"과 "내적성처를 스스로 치유하는 기도문"을 참고 하시기를 바랍니다.

대적기도는 이렇게 하시기 바랍니다. 성령이여 임하소서. 성령의 임재가 깊어지면 명령하세요."나로 하여금 불안하게 하는 더러운 영은 예수 이름으로 명하노니 떠나갈지어다." "나로 하여금 불안하게 하는 귀신은 예수 이름으로 명하노니 떠나갈지어다." "나로 하여금 불안하게 하는 귀신이 떠난 자리에 성령의 은혜가 임할지어다. 평안의 영이 임할 지어다" 지속적으로 변화가 나타날 때까지 의지를 가지고 대적기도를 해야 합니다. 호흡기도를 지속적으로 하면서 대적하고 명령하세요. 그러면 하품이나 기침이나 재채기를 통해서 불안의 영들이 떠나갑니다. 성령의 역사가 항상 자신에게 충만하도록 기도하십시오. 깊은 영의 기도와 찬양을 하십시오.

3장 외로움과 고독의 영의 대적기도

성령이 충만한 사람은 외롭거나 고독을 느끼지를 못합니다. 왜냐고요. 항상 자신 안에 임재하신 성령하나님과 교통하기 때문입니다. 임재하신 성령님과 마음으로 항상 대화를 합니다. 외로움을 느끼지 못합니다. 고로 외로움과 고독을 느끼는 사람은 예수를 믿었어도 성령으로 충만하지 못한 육의 사람입니다. 육의 사람은 사람에게 위로를 받으려고 합니다. 사람에게서 모든 것을 얻으려고 하기 때문에 주변에 자신과 대화하는 사람이 없으면 외로움과 고독을 느끼는 것입니다. 이것을 인정해야 외로움과 고독을 쉽게 해결할 수가 있습니다. 외로움과 고독은 육으로부터 오는 것입니다. 좀 더 깊이 생각하면 마귀에게서 오는 것입니다. 사람의 육에 역사하는 것은 마귀입니다. 외로움과 고독의 영을 몰아내십시오.

주로 내성적인 사람, 사색을 좋아하는 사람들은 외로움과 고독에 빠지기 쉽습니다. 하지만 외로움과 고독은 마귀로부터 옵니다. 호흡을 들이쉬고 내쉬면서 주님의 이름을 부르면 고독과 외로움은 순식간에 사라집니다. 하나님과 기도하며 대화하는 습관을 들이시기를 바랍니다. 영적인 만족이 있으면 외롭거나 불안하지 않습니다. 외로움과 고독이 찾아오는 것은 영적으로 만족을 갖지 못한 증거입니다. 의지적으로 성령으로 충만 하려고 하십시오.

외로움과 고독을 자주 느끼는 분들은 대적기도 한다고 해결이 되지 않습니다. 먼저 성령의 깊은 임재 하에 외롭고 고독하게 하는 원인이 어디에 있는지 찾아야 합니다. 원인을 찾아 내적치유를 해야 합니다. 원인에 따라 회개할 것은 회개하고, 용서할 것은 용서해야 합니다. 일단 원인에 대한 조치를 해야 영의 통로가 열리기 시작하여 성령이 역사하니 입술에서 나오는 대적기도가 효과가 나타나기 시작을 하는 것입니다. 성령의 충만에 대한 자세한 것은 "성령의 불로 불세례를 받는 법"과 "성령의 불로 충만 받는 법"를 참고 하시기를 바랍니다.

대적기도는 이렇게 하시기 바랍니다. 성령이여 임하소서. 성령의 임재가 깊어지면 명령하세요. "나로 하여금 외로움과 고독하게 하는 더러운 영은 예수 이름으로 명하노니 떠나갈지어다." "나로 하여금 외로움과 고독하게 하는 귀신은 예수 이름으로 명하노니 떠나갈지어다." "나로 하여금 외로움과 고독하게 하는 귀신이 떠난 자리에 성령의 은혜가 임할지어다. 평안의 영이 임할 지어다. 성령님 강하게 저를 사로잡아 주옵소서. 충만하게 하옵소서"하면서 지속적으로 변화가 나타날 때까지 의지를 가지고 대적기도를 해야 합니다. 호흡 기도를 지속적으로 하면서 대적하고 명령하세요. 그러면 하품이나 기침이나 재채기를 통해서 육에 역사하던 영들이 떠나갑니다. 성령의 역사가 항상 자신에게 충만하도록 기도하십시오. 깊은 영의 기도와 찬양을 하십시오.

4장 분노의 영의 대적기도

분노는 어떤 문제가 발생하거나 어떤 생각이 떠오를 때 일어납니다. 이 분노는 충동적인 행동을 유발시키거나 감정적인 격분을 유발시키거나 생각을 자극하여 몸을 상하게 하거나 환경이나 인관 관계를 파탄 나게 만듭니다. 앞에서도 말씀 드렸지만 안정된 심성이 깨어지므로 영이신 하나님과 교통할 수가 없습니다. 반대로 마귀의 올무에 걸릴 수가 있습니다. 사람이 화를 내게 되면 인체에 많은 물리적이고 화학적인 변화가 일어납니다. 화가 폭발하면 혈압이 230까지 상승하며, 심장 박동은 심지어 220 이상으로 높게 뜁니다. 또한 혈압이 상승하여 그것이 뇌 속에 가느다란 핏줄이나 정상적이지 못한 동맥을 파괴시키면 뇌일혈이 생기거나 심장마비가 올 수 있습니다.

분을 내면 정상적인 때보다 혈액응고가 빨라지며, 근육이 긴장하여 아드레날린의 분비가 많아지는 현상이 일어나고, 동공이 팽창하면서 어떤 행동을 유발하도록 자극합니다. 그래서 충동적이고 어떤 돌발적 사고를 저지르게 됩니다. 또한 분을 품고 있으면 특히 위장 아래 부분의 근육이 팽팽하게 수축되어 소화가 잘 되지 않고, 장의 통증까지 느끼게 되어 신경성 위장병을 유발시킵니다. 더구나, 화를 해소하지 못하고, 억누르는 상태에서 참으면 가슴앓이나 억장이 막힌다는 표현을 쓰게 되는 울화통이 생기도 합니다. 두통에서 치질까지 여러 증세를 가져오거나, 잠재되어 노출되지 않았던 질병이 나타나거나 기존의 병을 심하게 악화시킬 수 있습니다. 이와 같이 분노는 타인을 파괴시키며, 나아가 자기 자신의 심령과 육체마저 크게 병들게 하는 것이며 영적으로는 크나큰 손실을 가져옵니다.

그럼 분노가 죄인가? 아닌가? 성경적으로 말하면 죄는 아닙니다. 엡4:26 "분을 내어도 죄를 짓지 말며"라고 했기 때문입니다. 이것은 분을 내는 것과 죄를 짓는 것은 별개라는 것입니다. 다시 말하면 분을 낸다고 꼭 죄를 범하게 되는 것은 아니라는 말입니다. 분을 마음에 품고만 있다고 죄가 되는 것이 아니 다는 뜻도 됩니다.

시7:11 "하나님은 매일 분노하시는 하나님"이시라고 했습니다. 만약 분노 그 자체가 죄라고 한다면 하나님은 매일 죄를 범하신다는 결론이 나오게 됩니다. 그러므로 분노 그 자체는 죄가 되지 않는다고 할 수가 있습니다.

그러나 분노를 통하여 죄를 범할 수는 있습니다. 내가 가진 분노로 다른 사람에게 상처를 주거나 조절되지 않고 폭발할 때 그것은 분명히 죄가 됩니다.

사랑이 어떤 대상을 끌어당기는 것이라면, 분노는 이와 반대로 어떤 대상을 공격하고 밀어내는 것입니다. 분노를 대적하십시오. 분노는 마귀로부터 오는 아주 강한 감정입니다. 분노의 기운은 주변에 있는 사람들을 고통스럽게 하며 죽이고 파괴하는 영입니다. 분노할 때 첫째는 자신이 죽고, 둘째는 가까이에 있는 가족이 피해를 당합니다. 그러나 당신이 미워하는 사람은 피해를 입지 않습니다. 자신만 망가집니다. 하나님에게 기도하십시오. 성령의 임재 하에 분노의 원인을 찾아서 치유하십시오. 분노는 하나님과 멀어지게 합니다. 거기다가 분노는 자신의 건강에도 좋지를 않습니다. 분노하면 혈액에 염증이 생깁니다. 중풍, 당뇨의 원인이 됩니다. 분노는 불면의 원인이 되기도 합니다. 분해서 밤을 잘 못 잡니다. 영성을 유지하는데 가장 좋지 못한 것이 분노입니다.

자주 분노하는 분들은 대적기도 한다고 해결이 되지 않습니다. 먼저 성령의 깊은 임재 하에 분을 내도록 조장하는 원인이 어디에 있는지 찾아야 합니다. 원인을 찾아 내적치유를 해야 합니다. 원인에 따라 회개할 것은 회개하고, 용서할 것은 용서해야 합니다. 일단 원인에 대한 조치를 해야 영의 통로가 열리기 시작하여 성령이 역사하니 입술에서 나오는 대적기도가 효과가 나타나기 시작을 하는 것입니다.

　대적기도는 이렇게 하시기 바랍니다. 성령이여 임하소서. 성령의 임재가 깊어지면 명령하세요."나로 하여금 분노하게 만드는 더러운 영은 예수 이름으로 명하노니 떠나갈지어다." "나로 하여금 분을 내게 만드는 귀신은 예수 이름으로 명하노니 떠나갈지어다." "나에게 역사하는 분노의 영이 떠난 자리에 성령의 은혜가 임할지어다. 화평의 영이 임할 지어다. 성령님 강하게 저를 사로잡아 주옵소서. 충만하게 하옵소서"하면서 지속적으로 변화가 나타날 때까지 의지를 가지고 대적기도를 해야 합니다. 마음속의 상처가 치유되도록 의지적인 노력을 해야 합니다. 호흡 기도를 지속적으로 하면서 대적하고 명령하세요. 그러면 하품이나 기침이나 재채기를 통해서 육에 역사하던 분노의 영들이 떠나갑니다. 성령의 역사가 항상 자신에게 충만하도록 기도하십시오. 성령이 충만하면 분노의 영은 떠나갑니다. 성령으로 충만하기 위하여 깊은 영의 기도와 찬양을 하십시오.

5장 자신에게와 있는 우울의 영의 대적기도

　갑자기 비정상적으로 마음이 초조하고, 불안해지고, 두려워지고, 두려워할 이유도 없는데 공포증이 밀려오고, 조그마한 일에도 화가 버럭 나고, 집안 식구들을 못 살게 굴고, 화를 내는 경우는 우울의 영이 역사하기 시작한 것입니다.

잘 살아오다가 갑자기 살고 싶지 않습니다. "그만 죽었으면 좋겠다." 하는 말들을 하고 또 사람들 만나기를 좋아하지 않고 하루 종일 멍하니 혼자 있기를 좋아하고 그리고 전에 하지 않던 행동들을 하기 시작합니다.

술도 마시고 약을 사서 먹기도 합니다. 그리고 많은 시간 동안 잠만 자기도 합니다. "도대체 저 사람이 저렇지 않았는데 왜 저런 상황이 되었을까?"하고 사람들이 질문할 것입니다. 이 정도면 심각한 우울증에 걸린 것입니다. 악한 영에 눌릴 때도 이런 증상이 나타나는 경우가 있습니다.

특별한 문제가 있는 것도 아닌데 그냥 마음이 심란하고 우울해질 때가 있습니다. 이 우울함은 마귀가 가장 많이 사용하여 우리를 속이는 무기입니다.

누가 죽었다고 소식을 들으면 우울하고, 남편이나 부인이 조금 섭섭한 말을 해도 우울하고, 자녀들이 조금만 섭섭하게 해고 우울하고, 직장동료나 친한 성도가 조금 섭섭하게 대하면 우울하다면 우울의 영이 있는 것입니다.

이 나이가 들도록 내가 무엇을 하였는가, 내가 세상을 헛살았구나 하며 우울해합니다. 자신을 비관하며 우울해합니다. 그러다 높은 곳에서 뛰어 내리는 것입니다. 우울함을 대적하십시오. 우울함은 하나님의 생각도 아니고 나의 생각도 아닙니다. 마귀의 생각입니다. 정상적인 그리스도인들은 밝고 맑게 살아야 하며 어두운 마음과 우울한 마음을 대적하여 쫓아내야 합니다.

절대로 하나님은 우울하게 하시는 분이 아닙니다. 우울하다는 것은 벌써 영적인 상처가 깊어졌다는 것입니다. 정확한 원인을 찾아 내적치유를 해야 합니다. 하루라도 빨리하는 것이 좋습니다. 성령의 임재 가운데 마음 안에 쌓인 상처를 제거해야 합니다. 그래서 마음을 넓혀야 합니다. 성령으로 만 가능합니다.

우울한 마음이 자신을 주장하는 분들은 대적기도 한다고 해결이 되지 않습니다. 먼저 성령의 깊은 임재 하에 우울하게 상황을 조성하는 원인이 어디에 있는지 찾아야 합니다. 원인을 찾아 내적치유를 해야 합니다. 원인에 따라 회개할 것은 회개하고, 용서할 것은 용서해야 합니다. 일단 원인에 대한 조치를 해야 영의 통로가 열리기 시작하여 성령이 역사하여 마음에서 나오는 대적기도가 효과가 나타나기 시작을 하는 것입니다. 마귀는 성령의 초자연적인 역사가 일어나야 떠나가기 때문입니다. 우울증 치유에 대하여 좀 더 자세하게 알고 싶으면 "우울증 정신질병 치유 비밀"을 참고 하시기를 바랍니다.

대적기도는 이렇게 하시기 바랍니다. 성령이여 임하소서. 성령의 임재가 깊어지면 명령하세요."나로 하여금 우울하게 만드는 더러운 영은 예수 이름으로 명하노니 떠나갈지어다." "나로 하여금 우울한 생각에 사로잡히게 하는 귀신은 예수 이름으로 명하노니 떠나갈지어다." "나에게 역사하는 우울의 영이 떠난 자리에 성령의 은혜가 임할지어다. 화평의 영이 임할 지어다. 넓은 마음이 될지어다. 성령님 강하게 저를 사로잡아 주옵소서. 충만하게 하옵소서"하면서 지속적으로 변화가 나타날 때까지 의지를 가지고 대적기도를 해야 합니다. 마음속의 상처가 치유되도록 의지적인 노력을 해야 합니다. 바르게 내적치유 하는 곳에 가서서 말씀과 성령으로 전문적인 치유 받는 것이 좋습니다. 치유를 받은 후에 대적기도하면 효과가 배가 되기 때문입니다. 호흡 기도를 지속적으로 하면서 대적하고 명령하세요. 그러면 하품이나 기침이나 재채기를 통해서 육에 역사하던 우울의 영들이 떠나갑니다. 성령의 역사가 항상 자신에게 충만하도록 기도하십시오.

성령이 충만하면 우울의 영은 떠나갑니다. 성령으로 충만하기 위하여 깊은 영의 기도와 찬양을 하십시오.

6장 슬픔과 서러움의 영의 대적기도

제가 지금까지 성령치유 사역을 하다가 체험한 바로는 슬픔과 눈물이 많아도 문제입니다. 내가 전주에서 부흥회를 인도하는데 어느 집사님이 수요일 밤에 집회를 참석하여 은혜를 받았습니다. 기도 시간에 그렇게 서럽게 우는 것입니다. 그래서 내가 머리에 손을 얹고 성령님에게 물어보았습니다. 성령님 이분이 왜 이렇게 서럽게 웁니까? 성령님께서 서러움이 있어서 운단다. 그래서 서러움의 영을 축사했습니다. 끝난 다음에 담임 목사님에게 그 집사에 대하여 물어보았습니다. 담임목사님 하시는 말씀이 우리 교회에서 제일로 은혜를 잘 받는 분이라고 소문이 났습니다. 예배 때마다 은혜 받고 잘 울기 때문입니다. 이러는 것입니다. 그래서 목사님 그분이 서러움의 영이 있어서 그렇게 우는 것입니다. 아마 큰 충격적인 상처가 있을 것입니다. 치유되면 울지 않습니다. 제가 지금까지 성령치유 사역을 하면서 체험한 바로는 배우자나 부모나 자녀가 갑자기 죽은 경우에 서러움의 영이 역사했습니다. 지속적으로 치유를 하면 울지 않습니다. 저 경상도 섬에서 목회하시는 사모님이 치유를 받으러 오셨습니다. 기도 시간만 되면 그렇게 서럽게 우는 것입니다.

그래서 사모님에게 물어보았습니다. 사모님 왜 기도시간에 그렇게 서럽게 우십니까? 목사님 저도 잘 모르겠습니다. 기도만 하려면 서러움이 올라옵니다. 사모님 인생을 살아오시다가 누가 갑자기 돌아가신 분이 있습니까? 예 있습니다. 아버지가 갑자기 돌아가셨습니다. 그때 너무나 큰 충격을 받았습니다. 그래서 성령의 임재를 요청하고 서러움의 영을 축사하기 시작하였습니다. 몇 주지 나니까, 울지 않는 것입니다. 이렇게 서럽게 우는 것에는 이유가 있습니다.

많은 슬픔과 눈물이 어두운 곳에서 옵니다. 슬픔의 영을 대적하십시오. 천국은 슬픔과 눈물의 장소가 아니고 기쁨과 행복이 가득한 곳입니다. 슬픔을 뽑아내야 합니다. 이것이 어디에서 왔는지 찾아보아야 합니다. 태아 시절인지, 아니면 유아시절인지, 소년 시절인지, 학교에서 받은 상처인지, 결혼 생활 간 받은 상처인지를 찾아서 대적하고 치유해야합니다. 기도하다가도 무조건 우는 사람이 있습니다. 물론 성령의 은혜로 우는 것은 좋은 일이지만, 시도 때도 없이 우는 것은 문제가 됩니다. 찾아서 치유하시기를 바랍니다. 서러움의 영을 대적하여 몰아내십시오.

대적기도는 이렇게 하시기 바랍니다. 성령이여 임하소서. 성령의 임재가 깊어지면 명령하세요. "나로 하여금 슬픔과 서러움에 빠지게 하는 더러운 영은 예수 이름으로 명하노니 떠나갈지어다." "나로 하여금 슬픔과 서러움에 빠지게 하는 귀신은 예수 이름으로 명하노니 떠나갈지어다." "나에게 역사하는 슬픔과 서러움에 빠지게 하는 영이 떠난 자리에 희락의 영이 임할지어다. 화평의 영이 임할 지어다. 넓은 마음이 될지어다. 성령님 강하게 저를 사로잡아 주옵소서. 충만하게 하옵소서"

하면서 지속적으로 변화가 나타날 때까지 의지를 가지고 대적기도를 해야 합니다. 마음속의 상처가 치유되도록 의지적인 노력을 해야 합니다. 바르게 내적치유 하는 곳에 가서서 말씀과 성령으로 전문적인 치유 받는 것이 좋습니다. 치유를 받은 후에 대적기도하면 효과가 배가 되기 때문입니다. 호흡 기도를 지속적으로 하면서 대적하고 명령하세요. 그러면 하품이나 기침이나 재채기를 통해서 육에 역사하던 서러움의 영들이 떠나갑니다. 성령의 역사가 항상 자신에게 충만하도록 기도하십시오. 성령이 충만하면 슬픔과 서러움의 영은 떠나갑니다. 성령으로 충만하기 위하여 깊은 영의 기도와 찬양을 하십시오.

7장 복수심의 영의 대적기도

하나님은 용서의 주인이십니다. 용서는 하나님이 하시는 것입니다. 남을 미워하며 복수심을 가지면 자신의 심령만 멍이 드는 것입니다. 남을 미워하고 복수심을 가지면 자신도 그 사람과 똑 같아질 수가 있습니다. 사람은 생각하고 추구하는 대상을 닮아가기 때문입니다. 결코 복수심은 자신에게 유익을 끼치지 못합니다. 복수심의 영을 찾아 뿌리를 뽑으십시오. 우리나라 사람들은 한이 많습니다. 그것은 일종의 복수심인데, 그것은 약자들의 특성이기도 합니다. 필자는 이 복수심을 약한자의 신음소리라고 표현하기도 합니다. 악한 영은 연약한 사람의 심리를 이용해서 복수심을 자극합니다. 속지 마십시오. 복수심에 빠지면 그것은 마귀에게 복종하는 것입니다. 복수심을 대적하여 물리치십시오. 원수를 오히려 사랑하게 될 때 영적으로 강한 사람이 됩니다.

한은 화병을 말합니다. 조그만 상처를 받아도 밤에 잠을 자다가 숨이 꽉꽉 막히고 어떤 사람만 생각하면 가슴이 답답하고 숨쉬기가 거북스러워집니다. 이는 그 사람과 같은 유형의 사람으로부터 상처를 받은 것입니다. 태아 시절일 수도 있으니 성령의 임재 하에 찾아서 치유해야합니다. 성령의 임재 하에 근원을 찾아 내적치유를 먼저하고 대적기도를 해야 효과가 배가 됩니다.

대적기도는 이렇게 하시기 바랍니다. 성령이여 임하소서. 성령의 임재가 깊어지면 명령하세요. "나로 하여금 복수심에 사로잡히게 만드는 더러운 영은 예수 이름으로 명하노니 떠나갈지어다." "나로 하여금 복수심에 사로잡히게 하는 귀신은 예수 이름으로 명하노니 떠나갈지어다." "나에게 역사하는 복수심의 영이 떠난 자리에 성령의 용서하고 관용하는 은혜가 임할지어다. 평안의 영이 임할 지어다. 넓은 마음이 될지어다. 성령님 강하게 저를 사로잡아 주옵소서. 충만하게 하옵소서" 하면서 지속적으로 변화가 나타날 때까지 의지를 가지고 대적기도를 해야 합니다. 마음속의 상처가 치유되도록 의지적인 노력을 해야 합니다. 바르게 내적치유 하는 곳에 가서서 말씀과 성령으로 전문적인 치유 받는 것이 좋습니다. 치유를 받은 후에 대적기도하면 효과가 배가 되기 때문입니다. 호흡 기도를 지속적으로 하면서 대적하고 명령하세요. 그러면 하품이나 기침이나 재채기를 통해서 육에 역사하던 복수심을 유발하는 악한 영들이 떠나갑니다. 성령의 역사가 항상 자신에게 충만하도록 기도하십시오. 성령이 충만하면 복수심을 유발하는 영은 떠나갑니다. 성령으로 충만하기 위하여 깊은 영의 기도와 찬양을 하십시오.

기도를 깊게하면 성령이 충만해짐으로 마음이 평안해집니다. 기도가 깊어짐에 따라 복수심을 점점 작아질 것입니다. 복수심이 불타는 것은 자신의 영이 약하다는 신호입니다.

8장 아픈 기억의 영의 대적기도

과거의 아픈 기억을 생각나게 하는 영을 대적하라는 것입니다. 성령은 앞을 보고 가게하십니다. 마귀는 과거의 아픈 기억을 끌어안고 살다가 패망하게 합니다. 과거 아픈 기억은 마귀로부터 오는 것입니다. 말씀과 성령으로 찾아내어 치유해야 합니다. 왜냐하면 과거의 아픈 기억은 두고두고 고통의 근원이 됩니다. 육의 상태에서 아픈 기억이 생각나는 것입니다. 악한 영이 육체에 역사하는 증거입니다. 마음 아픈 상처를 당할 당시 우리 안에 들어온 악한 영이 지금까지 떠나가지 않고 자리를 잡고 사는 것입니다.

성령의 임재 하에 그때 상황으로 가서 그때 들어온 악한 영들을 부르고 대적하고 초토화시키십시오. 그것들을 깨끗이 처리하십시오. 더 이상 과거의 어떤 기억들 때문에 고통을 겪지 마십시오. 깊은 기도를 하면서 찾아내어 용서하고 회개하고 풀어내십시오.

대적기도는 이렇게 하시기 바랍니다. 성령이여 임하소서. 성령의 임재가 깊어지면 명령하세요. "나로 하여금 과거의 아픈 기억이 생각나게 하는 더러운 영은 예수 이름으로 명하노니 떠나갈지어다." "나로 하여금 과거의 아픈 기억이 생각나게 하는 귀신은 예수 이름으로 명하노니 떠나갈지어다." "나로 하여금 과거의 아픈 기억이 생각나게 하는 영이 떠난 자리에 평안의 영이 임할지어다. 화평의 영이 임할 지어다. 넓은 마음이 될지어다. 성령님 강하게 저를 사로잡아 주옵소서. 충만하게 하옵소서"하면서 지속적으로 변화가 나타날 때까지 의지를 가지고 대적기도를 해야 합니다. 마음속의 상처가 치유되도록 의지적인 노력을 해야 합니다.

바르게 내적치유 하는 곳에 가서서 말씀과 성령으로 전문적인 치유 받는 것이 좋습니다. 치유를 받은 후에 대적기도하면 효과가 배가 되기 때문입니다. 호흡 기도를 지속적으로 하면서 대적하고 명령하세요. 그러면 하품이나 기침이나 재채기를 통해서 육에 역사하던 과거의 아픈 기억이 생각나게 하는 영들이 떠나갑니다. 성령의 역사가 항상 자신에게 충만하도록 기도하십시오. 성령이 충만하면 악하고 더러운 영은 떠나갑니다. 성령으로 충만하기 위하여 깊은 영의 기도와 찬양을 하십시오.

9장 불순한 언어의 영의 대적기도

악한 영의 영향을 받으면 언어가 날카롭고 불순합니다. 제가 지금까지 성령치유 사역을 하다가 체험한 바로는 상처가 많은 분들이 언어가 날카로웠습니다. 사람은 마음에 있는 것을 입을 말하는 것입니다. 마음 안에 더러움과 악함이 있기 때문에 그대로 언어로 나오는 것입니다. 날카롭고 비수와 같은 언어의 영을 대적하십시오. '말이 비수와 같이 꽂힌다.'는 말은 사실입니다.

사람의 말에는 어떤 형태의 에너지가 있습니다. 부드럽고 따뜻한 말을 할 때는 구름과 같은 몽실몽실한 에너지의 형태가 상대방의 영혼을 부드럽게 감싸주어서 행복감을 줍니다. 그러나 비난하며 공격하는 악한 말은 문자 그대로 비수와 같습니다. 날카로운 화살이나 칼과 같은 것이 상대방의 가슴을 그대로 관통하는 것입니다. 상대방의 말이 가슴에 잘 맺히는 사람은 자신에게 문제가 있습니다. 원인을 찾아야합니다. 내적치유 해야 합니다. 남의 말에 상처를 잘 받는 사람도 마찬가지입니다. 말씀과 성령으로 원인을 찾아 내적치유 해야 합니다. 내적치유 후에 대적기도를 해야 효과가 있습니다. 지속적으로 영적 전쟁해야 합니다.

대적기도는 이렇게 하시기 바랍니다. 성령이여 임하소서. 성령의 임재가 깊어지면 명령하세요."나로 하여금 더럽고 악한 말을 하게 하는 영은 예수 이름으로 명하노니 떠나갈지어다." "나로 하여금 더럽고 악한 말을 하게 하는 귀신은 예수 이름으로 명하노니 떠나갈지어다." "나로 하여금 더럽고 악한 말을 하게 하는 영이 떠난 자리에 유순한 말을 하게 하는 영이 임할지어다. 말을 지혜롭게 잘하게 하는 영이 임할 지어다. 넓은 마음이 될지어다. 성령님 강하게 저를 사로잡아 주옵소서. 충만하게 하옵소서"하면서 지속적으로 변화가 나타날 때까지 의지를 가지고 대적기도를 해야 합니다. 마음속의 상처가 치유되도록 의지적인 노력을 해야 합니다.

바르게 내적치유 하는 곳에 가셔서 말씀과 성령으로 전문적인 치유 받는 것이 좋습니다. 치유를 받은 후에 대적기도하면 효과가 배가 되기 때문입니다. 호흡 기도를 지속적으로 하면서 대적하고 명령하세요. 그러면 하품이나 기침이나 재채기를 통해서 육에 역사하던 영들이 떠나갑니다. 성령의 역사가 항상 자신에게 충만하도록 기도하십시오. 성령이 충만하면 더러운 말을 하게하는 영은 떠나갑니다. 성령으로 충만하기 위하여 깊은 영의 기도와 찬양을 하십시오.

10장 근심하게 하는 영의 대적기도

하나님은 내일 일을 염려하지 말라고 하셨습니다. 내일 일을 염려하고 근심하게 하는 것은 더러운 영들입니다. 절대로 근심은 성령하나님에게서 온 것이 아닙니다. 근심하게 하는 영을 찾아 뿌리를 뽑으십시오. 항상 근심에 잠겨 사는 이들은 어두움의 창조자들입니다. 이들은 근심의 영을 가지고 있기 때문에 항상 나쁜 일을 끌어당겨, 어디에 가든지 안 좋은 일을 만나게 됩니다. 근심은 지옥에서 옵니다. 천국에는 근심이 없습니다. 평소에 두려움과 근심이 임할 때 그것을 시인하고 고백하지 말고 그것을 물리치십시오. 말씀과 성령으로 근심하게 하는 원인이 무엇인지 찾아서 뿌리를 뽑는 것도 중요합니다.

대적기도는 이렇게 하시기 바랍니다. 성령이여 임하소서. 성령의 임재가 깊어지면 명령하세요."나로 하여금 근심하게 만드는 더러운 영은 예수 이름으로 명하노니 떠나갈지어다." "나로 하여금 불길한 생각과 근심에 사로잡히게 하는 귀신은 예수 이름으로 명하노니 떠나갈지어다." "나에게 역사하는 근심하게 하는 영이 떠난 자리에 기쁨의 영이 임할지어다. 평안의 영이 임할 지어다. 넓은 마음이 될지어다. 성령님 강하게 저를 사로잡아 주옵소서. 충만하게 하옵소서"하면서 지속적으로 변화가 나타날 때까지 의지를 가지고 대적기도를 해야 합니다. 마음속의 상처가 치유되도록 의지적인 노력을 해야 합니다.

바르게 내적치유 하는 곳에 가서서 말씀과 성령으로 전문적인 치유 받는 것이 좋습니다. 치유를 받은 후에 대적기도하면 효과가 배가 되기 때문입니다. 호흡 기도를 지속적으로 하면서 대적하고 명령하세요. 그러면 하품이나 기침이나 재채기를 통해서 육에 역사하던 근심의 영들이 떠나갑니다. 성령의 역사가 항상 자신에게 충만하도록 기도하십시오. 성령이 충만하면 근심의 영은 떠나갑니다. 성령으로 충만하기 위하여 깊은 영의 기도와 찬양을 하십시오.

11장 무기력하게 하는 영의 대적기도

날씨가 무더우면 아무것도 하기 싫고 마냥 쉬고만 싶은 것과 같이 영적으로 무기력해질 때가 있습니다. 이러한 현상이 왜 생길까요. 한마디로 영적인 능력이 소진 되었을 때 일어나는 현상입니다. 저는 항상 이렇게 강조합니다. 영적인 일은 하나님으로부터 생명(권능)을 받은 만큼 사용하라고 합니다. 이렇게 영적인 밸런스를 유지하지 못하면 영적인 무기력에 빠질 수가 있습니다. 영적인 무기력이 찾아오면 기도하기가 싫어집니다. 예배를 드리더라고 집중하기가 힘이 듭니다. 영적인 말씀이 귀에 들어오지 않고 졸리기만 합니다. 기도를 하려고 하면 잡념이 자신을 주장하기 때문에 기도 줄을 잡지를 못합니다. 한마디로 지금 영적인 취약시기가 찾아온 것입니다. 육성이 강하여 악한 영의 역사가 자신을 주장하고 있는 것입니다. 이런 상태가 오래 지속되면 영은 잠자고 육체의 질병이 생기기도 합니다. 여기까지 진전이 되지 않도록 관리를 해야 합니다. 성령의 임재 하에 무기력하게 하는 영을 대적하십시오.

대적기도는 이렇게 하시기 바랍니다. 성령이여 임하소서. 성령의 임재가 깊어지면 명령하세요."나로 하여금 영육으로 나른하게 하는 영은 예수 이름으로 명하노니 떠나갈지어다." "나로 하여금 영육으로 무기력하게 하는 귀신은 예수 이름으로 명하노니 떠나갈지어다." 호흡을 들이쉬고 내쉬면서 배에서 나오는 소리로 주여! 주여! 하면서 소리를 내는 방법도 있습니다. 영으로 찬양을 하는 방법도 있습니다. 자신이 제일 자신 있게 부를 수 있는 영의 찬양을 일절만 지속적으로 하면 마음이 열리고 성령이 역사하기 시작합니다. 성령이 역사하기 시작하면 다시 대적기도를 하세요. "나로 하여금 나른하게 하는 영은 예수 이름으로 명하노니 떠나갈지어다." "나로 하여금 무기력하게 하는 귀신은 예수 이름으로 명하노니 떠나갈지어다.""나에게 역사하는 영적 무기력의 영이 떠난 자리에 성령의 충만이 임할 지어다. 생기로 충만해질 지어다. 기도의 영이 임할 지어다. 평안의 영이 임할 지어다. 넓은 마음이 될지어다. 성령님 강하게 저를 사로잡아 주옵소서. 충만하게 하옵소서" 하면서 지속적으로 변화가 나타날 때까지 의지를 가지고 대적기도를 해야 합니다. 마음속의 상처가 치유되도록 의지적인 노력을 해야 합니다.

자신이 노력을 해도 무기력증이 해소되지 않는다면 바르게 내적치유 하는 곳에 가서서 말씀과 성령으로 전문적인 치유 받는 것이 좋습니다. 치유를 받은 후에 대적기도하면 효과가 배가되기 때문입니다. 호흡 기도를 지속적으로 하면서 대적하고 명령하세요. 그러면 하품이나 기침이나 재채기를 통해서 육에 역사하던 무기력의 영들이 떠나갑니다. 성령의 역사가 항상 자신에게 충만하도록 기도하십시오. 성령이 충만하면 근심의 영은 떠나갑니다. 성령으로 충만하기 위하여 깊은 영의 기도와 찬양을 하십시오.

12장 교만의 영 대적기도

교만의 영을 찾아 근원을 제거하십시오. 교만은 지옥의 중심에 속하는 악입니다. 모든 종류의 죄를 짓는 사람들이 구원을 받고 주님께 가까이 나아갈 수 있으나 교만한 사람들은 아주 어렵습니다. 그것은 마귀의 본질과 거의 흡사하기 때문입니다. 모든 질병에 자각증상이 있지만, 교만에는 자각증상이 없어서 교만한 사람일수록 자기가 겸손하다고 생각합니다. 자신을 정확하게 보는 것은 성령으로 가능합니다. 말씀과 성령으로 충만하여 자신을 볼 수 있는 눈이 열려야 합니다. 자신의 상태를 정확하게 보는 눈을 열어 달라고 성령님에게 기도하십시오.

무엇보다도 자신을 바르게 보는 눈이 열려야 합니다. 영안은 하나님의 눈으로 자신을 보는 눈이 열린 것입니다. 자신의 부족을 바라보고 치유하십시오. 하나님이 우리에게 성령의 권능을 주시는 것은 자신을 치유하라고 주시는 것입니다. 자신을 먼저 치유하고 가정을 치유하여 천국을 만들라고 권능을 주시는 것입니다. 교만을 증오하고 저주하십시오. 사람에게 높임 받는 것은 하나님께 미움 받는 것입니다. 교만의 영을 물리치고 이길 수 있다면 다른 대부분의 마귀의 공격은 쉽게 분별하여 물리칠 수 있습니다.

대적기도는 이렇게 하시기 바랍니다. 성령이여 임하소서. 성령의 임재가 깊어지면 명령하세요. "나로 하여금 교만하게 역사하는 더러운 영은 예수 이름으로 명하노니 떠나갈지어다." "나로 하여금 교만하게 하는 귀신은 예수 이름으로 명하노니 떠나갈지어다." 성령의 임재를 요청하며 성령이 역사하기 시작하면 다시 대적기도를 하세요. "나로 하여금 교만하게 하는 영은 예수 이름으로 명하노니 떠나갈지어다." "나로 하여금 거만하게 하는 귀신은 예수 이름으로 명하노니 떠나갈지어다." "나에게 역사하는 교만의 영이 떠난 자리에 겸손의 영이 임할 지어다. 나에게 역사하는 교만의 영이 떠난 자리에 겸손의 영이 임할 지어다. 성령님 강하게 저를 사로잡아 주옵소서. 충만하게 하옵소서"하면서 지속적으로 자신에게서 체험적인 변화가 나타날 때까지 의지를 가지고 대적기도를 해야 합니다. 마음속의 근원적인 상처가 치유되도록 의지적인 노력을 해야 합니다. 자신이 노력을 해도 치유되지 않는다면 바르게 내적치유 하는 곳에 가셔서 말씀과 성령으로 전문적인 치유 받는 것이 좋습니다.

치유를 받은 후에 대적기도하면 효과가 배가 되기 때문입니다. 호흡 기도를 지속적으로 하면서 대적하고 명령하세요. 그러면 하품이나 기침이나 재채기를 통해서 육에 역사하던 교만의 영들이 떠나갑니다. 성령의 역사가 항상 자신에게 충만하도록 기도하십시오. 성령이 충만하면 거만하게 하고, 교만하게 하는 영은 떠나갑니다. 성령으로 충만하기 위하여 깊은 영의 기도와 찬양을 하십시오.

13장 비판의 영의 대적기도

성령의 역사는 모든 것이 자기의 탓이라고 합니다. 반대로 마귀의 역사는 모든 것이 상대방 탓으로 돌립니다. 성령은 자신을 바르게 보게 하기 때문이지요. 마귀는 남을 보게 하기 때문입니다. 그러므로 비판을 잘한다는 것은 악한 영이 자신에게 역사한다는 증거입니다. 고로 남을 비판하게 하는 비판의 영을 분별하십시오. 성령으로 충만한 사람은 남을 판단하는 것을 두려워합니다. 그들은 남에 대하여 함부로 말하지 않습니다. 남의 약점과 죄와 잘못된 것을 보는 것은 비판의 영이 그 안에 있기 때문입니다. 높은 마음을 가지고 있는 이들은 남들을 함부로 비판하면서 자기의 미래에는 아무 일도 없을 것이라고 착각합니다. 비판의 도구가 되지 마십시오. 이는 마귀가 자신을 이용하는 것입니다. 오직 사람을 축복하고 격려하며 모든 심판을 주님께 맡기십시오. 남을 비판하기 전에 자신을 바르게 보는 눈이 열려야 합니다.

비난의 영은 비판의 영보다 더 악질입니다. 교만과 비판이 하나님을 대적하고 자신을 높이는 것이라면 비난은 스스로 심판자가 되어서 자신의 영을 살인하는 것입니다. 모든 비난은 날카로운 창과 같고 화살과 같아서 사람들의 가슴과 영혼에 깊은 상처와 충격을 줍니다. 비판은 주로 논리적인 논쟁으로 끝나는 경우가 많지만 비난은 비판 위에 정죄가 더해져서 나중에는 저주에까지 이릅니다.

남을 비난하는 경우는 "누구 때문에 이렇게 되었다." "당신 때문에 우리가정이 이렇게 고생한다." "당신이 하나님에게 잘못해서 이렇게 우리가 고통을 당한다." "당신이 이것을 잘못해서 자녀들이 모두 저 모양이다." 이런 것이 비난입니다.

자신을 비난하는 경우는 "내게는 미래가 없다. 꿈도 없다." 나는 장차 아무것도 못한다. 나에게 아무 좋은 일도 생겨나지 아니할 것이다. 나는 절망적인 존재라고 생각하게 하는 것입니다. 나는 죄인이다. 내 죄가 얼마나 크냐? 버림받은 놈이다. 대적하여 몰아냅시다. 그리고 어디에서 생겨났는지 원인을 찾아 치유합시다.

대적기도는 이렇게 하시기 바랍니다. 성령이여 임하소서. 성령의 임재가 깊어지면 명령하세요. "나로 하여금 남을 비판하게 하는 영은 예수 이름으로 명하노니 떠나갈지어다." "나로 하여금 남을 비난하게 하는 귀신은 예수 이름으로 명하노니 떠나갈지어다." 호흡을 들이쉬고 내쉬면서 배에서 나오는 소리로 주여! 주여! 하면서 소리를 내서 성령으로 충만하게 하십시오. 성령이 역사하기 시작하면 다시 대적기도를 하세요. "나로 하여금 다른 사람을 비판하게 하는 영은 예수 이름으로 명하노니 떠나갈지어다." "나로 하여금 다른 사람을 비난하게 하는 귀신은 예수 이름으로 명하노니 떠나갈지어다." "나에게 역사하는 다른 사람을 비난하게 영이 떠난 자리에 나를 정확하게 보는 눈이 열릴 지어다. 성령이 충만해질 지어다. 기도의 영이 임할 지어다. 넓은 마음이 될지어다. 성령님 강하게 저를 사로잡아 주옵소서. 충만하게 하옵소서" 하면서 지속적으로 변화가 나타날 때까지 의지를 가지고 대적기도를 해야 합니다. 마음속의 상처가 치유되도록 의지적인 노력을 해야 합니다. 자신이 노력을 해도 비난이나 비판을 계속한다면 바르게 내적치유 하는 곳에 가셔서 말씀과 성령으로 전문적인 치유 받는 것이 좋습니다. 치유를 받은 후에 대적기도하면 효과가 배가 되기 때문입니다. 호흡 기도를 지속적으로 하면서 대적하고 명령하세요. 그러면 하품이나 기침이나 재채기를 통해서 육에 역사하던 비판의 영들이 떠나갑니다. 성령의 역사가 항상 자신에게 충만하도록 기도하십시오. 성령이 충만하면 비난의 영은 떠나갑니다. 성령으로 충만하기 위하여 깊은 영의 기도와 찬양을 하십시오.

14장 이기주의 영의 대적기도

예수님은 우리를 사랑하여 자신의 생명을 십자가에서 초개와 같이 버려서 믿는 우리를 구원하셨습니다. 반대로 마귀는 사람들의 영혼을 빼앗아가는 악한 영입니다. 한없이 경배를 받으려고 합니다. 우리가 잘 알고 있듯이 이기주의는 자기만을 아는 것을 말합니다. 고로 이기주의자는 악한영의 영향을 받는다는 것을 스스로 노출하고 있는 것입니다. 이기주의 영에 영향을 받으면 가정에서도 한 없이 자기만 생각하여 주기를 바랍니다. 교회에서도 한없이 자기만을 생각하고 위로하여 주기를 바랍니다. 어디를 가나 자기 위주로 매사를 생각합니다. 이기주의

자가 있으면 조직은 붕괴됩니다. 개인주의가 됩니다. 모래위에 세운 집이 됩니다. 하나님은 하나가 되기를 원하십니다. 이기주의 영을 대적해야 합니다. 그래야 가정과 교회와 직장이 하나가 되어 하나님의 역사를 이룰 수가 있습니다. 영안을 열어 자신의 영을 분별합시다.

대적기도는 이렇게 하시기 바랍니다. 성령이여 임하소서. 성령의 임재가 깊어지면 명령하세요. "나에게 역사하는 이기주의 영은 예수 이름으로 명하노니 떠나갈지어다." "나에게 역사하는 이기주의 귀신은 예수 이름으로 명하노니 떠나갈지어다." 호흡을 들이쉬고 내쉬면서 배에서 나오는 소리로 주여! 주여! 하면서 소리를 내서 성령으로 충만하게 하십시오. 자신의 영의 상태가 바르게 분별되게 하세요. 성령이 역사하기 시작하면 다시 대적기도를 하세요. "나에게 역사하는 이기주의 영은 예수 이름으로 명하노니 떠나갈지어다." "나에게 역사하는 이기주의 귀신은 예수 이름으로 명하노니 떠나갈지어다." "나에게 역사하는 이기주의 영이 떠난 자리에 다른 사람을 위하여 배려하는 영이 임할지어다. 성령이 충만해질 지어다. 마음이 넓어질 지어다. 평안의 영이 임할 지어다. 깊은 마음이 될지어다. 성령님 강하게 저를 사로잡아 주옵소서. 충만하게 하옵소서" 하면서 지속적으로 변화가 나타날 때까지 의지를 가지고 대적기도를 해야 합니다. 마음속의 상처가 치유되도록 의지적인 노력을 해야 합니다. 자신이 노력을 해도 이기주의적인 생각을 한다면 바르게 내적치유 하는 곳에 가셔서 말씀과 성령으로 전문적인 치유 받는 것이 좋습니다. 치유를 받은 후에 대적기도하면 효과가 배가 되기 때문입니다. 호흡 기도를 지속적으로 하면서 대적하고 명령하세요. 그러면 하품이나 기침이나 재채기를 통해서 육에 역사하던 나만 알게 하는 영들이 떠나갑니다. 성령의 역사가 항상 자신에게 충만하도록 기도하십시오. 성령이 충만하면 남을 배려하는 영이 임합니다. 성령으로 충만하기 위하여 깊은 영의 기도와 찬양을 하십시오.

15장 천덕꾸러기 영의 대적기도

제가 내적치유 사역을 하다가 보니 의외로 천덕꾸러기 영에 의하여 인생이 꼬이는 분들이 있습니다. 천덕꾸러기 영은 막내에게 많이 역사합니다. 요즈음에는 늦둥이가 생기면 환영을 하지만, 옛날에는 그리 환영받지 못한 것이 사실입니다. 천덕꾸러기 영은 이런 경우에 들어옵니다. 어머니가 나이가 마흔이 넘었는데 어느날 갑자기 생각지도 않은 아이가 들어선 것입니다. 지금까지 자녀들을 다섯 이상 출산을 했는데 실수로 임신이 되었기 때문에 귀찮은 존재가 됩니다. 그래서 태중에서부터 자꾸 싫다. 귀찮다. 보기 싫다. 심지어 원수 같다. 하다가 보니 천덕꾸러기 영이 자리를 잡게 됩니다. 자신에게 천덕꾸러기 영이 역사하면 어디를 가나 천덕꾸러기 영이 역사하여 사람들에게 환영을 받지 못하게 합니다. 심지어 결혼을 할 때도 영향을 미칩니다. 상대방은 너무 좋아하는데 부모님에게 인사를 시키면 천덕꾸러기 영이 역사하여 강력하게 거부하게 만듭니다. 그래서 결혼을 하지 못하는 분들을 다수 보았습니다. 자신에게 천덕꾸러기 영이 없는 가 분별하여 제거하십시오. 가는 곳마다 사람들에게 미움을 받고 왕따 당하고 천덕꾸러기가 되는 사람이 있습니다. 특별한 이유도 없고 잘못한 일도 없기에 본인은 이런 대우를 받는 게 억울하기만 합니다. 학대의 영은 어릴 때 부모를 통해서 들어오는 경우가 많습니다.

부모가 자식들을 꾸짖고 미워하고 구박하고 미워하면 아이의 마음 안에 그런 것들을 담는 그릇이 생겨서 평생토록 사람들에게 그렇게 미움을 받으며 살게 됩니다. 반대로 부모가 자식을 맘껏 사랑하고 축복하면 사랑을 담는 그릇이 생겨 평생 사람들의 사랑을 받으며 살게 됩니다.

자신에게 천덕꾸러기 영이 역사한다면 내적치유와 축귀를 받는 것이 좋습니다. 전문적으로 치유하는 곳에서 장기간 치유를 받아야 천덕꾸러기 영이 떠나갑니다.

대적기도는 이렇게 하시기 바랍니다. 성령이여 임하소서. 성령의 임재가 깊어지면 명령하세요. "나에게 역사하는 천덕꾸러기 영은 예수 이름으로 명하노니 떠나갈지어다." "나에게 역사하는 천덕꾸러기 취급당하게 하는 귀신은 예수 이름으로 명하노니 떠나갈지어다." 호흡을 들이쉬고 내쉬면서 배에서 나오는 소리로 주여! 주여! 하면서 소리를 내서 성령으로 충만하게 하십시오. 자신의 영의 상태가 바르게 분별되게 하세요. 성령이 역사하기 시작하면 다시 대적기도를 하세요. "나에게 역사하는 천덕꾸러기 영은 예수 이름으로 명하노니 떠나갈지어다." "나에게 역사하는 천덕꾸러기 취급을 받게 하는 귀신은 예수 이름으로 명하노니 떠나갈지어다." "나에게 역사하는 천덕꾸러기 영이 떠난 자리에 귀엽게 보게 하는 영이 임할 지어다. 어디를 가나 귀하게 여김을 받게 하는 영이 임할지어다. 좋은 배우자를 만나 결혼하는 역사가 일어날 지어다. 성령이 충만해질 지어다. 마음이 넓어질 지어다. 평안의 영이 임할 지어다. 깊은 마음이 될 지어다. 성령님 강하게 저를 사로잡아 주옵소서. 충만하게 하옵소서"하면서 지속적으로 변화가 나타날 때까지 의지를 가지고 대적기도를 해야 합니다. 마음속의 상처가 치유되도록 의지적인 노력을 해야 합니다. 자신이 노력을 해도 천덕꾸러기 영이 역사한다고 생각이 된다면 바르게 내적치유 하는 곳에 가셔서 말씀과 성령으로 전문적인 치유 받는 것이 좋습니다. 치유를 받은 후에 대적기도하면 효과가 배가 되기 때문입니다. 호흡 기도를 지속적으로 하면서 대적하고 명령하세요. 그러면 하품이나 기침이나 재채기를 통해서 육에 역사하던 천덕꾸러기 영들이 떠나갑니다. 성령의 역사가 항상 자신에게 충만하도록 기도하십시오. 성령이 충만하면 남을 배려하는 영이 임합니다. 성령으로 충만하기 위하여 깊은 영의 기도와 찬양을 하십시오.

16장 영적 게으름의 영의 대적기도

영적 지각(spiritual conscience)은 성도들에게 주어진 가장 강력하고 예민한 열쇠입니다. 이것은 무력함과 죄에 대한 근본적인 원인을 파헤치는 열쇠입니다. "게으른 영"(slumbering spirit)이란 우리의 속사람이 충분히 깨어나지 못한 상태에 머물러 있게 하도록 영향을 끼치는 악한 영을 말합니다. 이런 영의 영향을 받는 사람은 그의 삶이 마치 조는 사람(dormant)같이 선명하지 못하고 흐립니다. 깨어있는 사람은 그의 신앙생활이 분명하고 활기차고 기쁨이 넘칩니다. 비록 외형적으로 가진 것이 없고 자랑할 것이 없는데도 말입니다. 그리고 예배를 드릴 때도 어떤 사람은 즐거워하고 신이 나서 찬양도 힘차고 기도도 유창한데 이 영의 지배를 받는 사람은 시큰둥합니다.

이 영의 영향을 받는 사람은 자기 통제력이 약합니다. 즉 의지가 약한 것처럼 보이지요. 해야 하는 것인 줄 뻔히 알면서도 하지 못합니다. 일을 방해하는 것도 없는데 속에서 힘이 나오지 않는 것이지요. 반대로 해서는 안 될 일들은 분별없이 합니다. 예를 들면 사치한다든가, 성적 충동에 빠지거나 유혹에 쉽게 넘어간다든가 합니다. 이런 부분에 상식이 부족한 사람처럼 보입니다. 성경에서 게으른 영에 대해서 언급하고 있는 부분이 상당히 많습니다(롬 13:11~14).

게으른 영이 우리 가운데 역사하게 되는 까닭은 크게 두 가지가 있습니다. 첫째는 영이 깨어나 본 경험이 전혀 없는 사람입니다. 경험이 없기 때문에 영에 대한 자각이 전혀 없습니다. 이런 사람은 자신의 주변에서 일어나는 현상을 오로지 육안으로만 판단하고 대응합니다. 둘째는 깨어난 경험은 있지만 어떤 이유로 인해서 영이 침체되고 힘을 잃어 거의 죽은 것 같은 사람입니다.

성령님은 물과 같아서 우리 심령에 잔잔하게 흘러 들어옵니다. 때로는 격랑과 같이 급하게 돌진해 오기도 하지만 이런 것은 예외적이고 일반적으로는 스미듯이 그렇게 살며시 다가옵니다. 그러므로 영이 깨어있지 못하면 이런 것을 제대로 느끼지 못합니다. 영의 흐름을 느끼지 못하는 마음을 굳어진 마음(hardened heart)이라고 합니다. 영이 바위처럼 굳어져서 물이 스미지 못하고 흘러가 버리는 것이지요.

게으른 영은 영이 제대로 성장해야 할 시기에 성장을 멈춘 까닭에 생긴 영적 질환입니다. 영적 성장은 일생에 걸쳐 이루어지는 일이며, 긴 세월 속에 어떤 시점에서든지 이런 영적 게으름에 빠질 위험은 누구나 가지고 있는 것입니다. 모든 질환이 그러하듯이 스스로 고치기가 쉽지 않고 본인과 지도자가 함께 노력하여야 합니다. 시간도 걸리고 힘도 들지만 반드시 극복해야 합니다. 그리스도인의 90%가 이 영의 지배를 받거나 심하면 사로 잡혀 있다고 합니다. 이처럼 많은 사람이 가지고 있는 이 영적 게으름에서 여러분 모두 자유하게 되기를 바랍니다. 지금은 아니라 하더라도 언제든지 이 영의 영향을 받을 수 있다는 점도 이해해야 합니다. 날마다 건강하기 위해서 꾸준히 운동하고 건강에 유의해야 하듯이 언제 어떻게 찾아올지 모르는 이 불청객을 방지하기 위해서 항상 성령님의 인도하심에 예민해야 합니다.

자신에게 영적으로 게으름의 영이 역사한다면 내적치유와 축귀를 받는 것이 좋습니다. 전문적으로 치유하는 곳에서 장기간 치유를 받아야 영적으로 게으름의 영이 떠나갑니다.

대적기도는 이렇게 하시기 바랍니다. 성령이여 임하소서. 성령의 임재가 깊어지면 명령하세요. "나에게 역사하는 영적으로 게으름의 영은 예수 이름으로 명하노니 떠나갈지어다." "나에게 역사하는 영적으로 게으르게 하는 귀신은 예수 이름으로 명하노니 떠나갈지어다." 소리는 크게 하려고 하지 말고 성령으로 충만한 가운데 영에서 나오는 소리로 명령하세요. 호흡을 들이쉬고 내쉬면서 배에서 나오는 소리로 방언기도나 주여! 주여! 하면서 소리를 내서 성령으로 충만하게 하십시오. 자신의 영의 상태가 바르게 분별되게 하세요. 성령이 역사하기 시작하면 다시 대적기도를 하세요. "나에게 역사하는 영적으로 게으름의 영은 예수 이름으로 명하노니 떠나갈지어다." "나에게 역사하는 영적으로 게으르게 하는 귀신은 예수 이름으로 명하노니 떠나갈지어다."

"나에게 역사하는 영육으로 게으르게 하는 영이 떠나고 영이 깨어날지어다. 성령으로 충만해질지어다. 기도의 영이 임할 지어다. 깊은 영의기도가 될 지어다. 성령이 충만해질 지어다. 평안의 영이 임할 지어다. 깊은 마음이 될지어다. 성령님 강하게 저를 사로잡아 주옵소서. 충만하게 하옵소서" 하면서 지속적으로 변화가 나타날 때까지 의지를 가지고 대적기도를 해야 합니다. 마음속의 상처가 치유되도록 의지적인 노력을 해야 합니다. 자신이 노력을 해도 영적으로 게으름의 영이 역사한다고 생각이 된다면 바르게 내적치유 하는 곳에 가서서 말씀과 성령으로 전문적인 치유 받는 것이 좋습니다. 치유를 받은 후에 대적기도하면 효과가 배가 되기 때문입니다. 호흡 기도를 지속적으로 하면서 대적하고 명령하세요. 그러면 하품이나 기침이나 재채기를 통해서 육에 역사하던 영적으로 게으름의 영들이 떠나갑니다. 성령의 역사가 항상 자신에게 충만하도록 기도하십시오. 성령이 충만하면 기도가 열리고 영이 깨어날 것입니다. 성령으로 충만하기 위하여 깊은 영의 기도와 찬양을 하십시오.

17장 기도를 방해하는 영의 대적기도

예수를 믿고 성령으로 거듭난 우리에게 제일 좋은 것은 기도의 영이 임하는 것입니다. 기도는 성령으로 충만하게 하는 기본적인 수단입니다. 기도는 영혼의 호흡입니다. 인간이 호흡을 하지 않으면 죽는 것과 같이 기도를 하지 않으면 하나님과 멀어집니다. 기도는 하나님과 사귀는 것입니다. 하나님과 가까이 하는 것입니다. 하나님과 함께 시간을 보내는 행위이며, 하나님과 사랑을 나누는 시간입니다. 하나님께 사랑을 고백하고 감사하는 시간입니다. 우리의 삶에서 가장 깨어있는 시간, 하나님의 소리를 듣는 시간이며, 나를 치료하는 시간인 것입니다. 마귀는 우리가 기도를 못하도록 기를 쓰고 방해를 합니다. 기도할 때 잡념을 줍니다. 소리 내어 기도를 하지 못하도록 상처로 영의 통로를 막습니다. 기도가 되지 않으면 성령으로 충만을 받지 못하므로 영의 통로를 열어야 합니다.

영의 통로가 열리게 하려는 그 조건과 상태는 여러 가지이지만 첫째 의지를 발동해야 합니다. 본인이 영의 통로를 열겠다는 의지를 발동하여 불같은 성령으로 세례를 받는 것이 제1의 원리요. 그 다음은 말씀과 성령으로 내적 치유하는 것이 제2의 원리요. 귀신 추방이 제3 원리입니다. 이 모든 것은 혼자의 영력이나 힘으로는 불가능합니다. 성령 충만하고 체험이 많은 사역자의 도움을 받는 것이 좋습니다. 아니 그렇게 하는 것이 빨리 영의 통로가 열리게 할 수 있습니다. 그리하여 생각이 영적으로 바뀌고, 마음이 감동되어, 마음의 열려야 합니다. 마음이 열리면 성령이 역사하시니 영적인 믿음이 생겨서, 본인의 의지가 발동이 되는 것입니다. 그래서 본인의 원하는 대로 기도가 되고 몸과 마음이 움직여지는 것입니다. 이런 적극적인 행동으로 옮겨지는 과정을 거쳐야 합니다. 이 영적 원리는 모든 것에 적용이 됩니다.

영의 통로를 뚫는 방법은 호흡을 들이 쉬면서 내쉬면서 방언이나 발성 기도를 하면서 내 영 안에서 역사하는 성령의 불과 밖에서 역사하는 성령을 불을 내 것으로 만드는 기도 방법입니다. 성령은 내 영 안에 계시고, 성령으로 충만한 성도들이 모여 있는 장소에 계시고, 성령으로 충만한 상태에서 영으로 말씀을 듣거나 읽을 때 말씀 안에 계신다고 했습니다. 이 성령의 역사를 호흡을 들이쉬고 내쉬면 방언기도나 발성의 기도로 성령의 임재를 깊이 느끼고 유지해야 합니다.

능동적으로 성령의 불을 끌어당기는 기도를 합니다. 숨을 깊이 들이쉬면서 밖에서 역사하는 성령의 불을 끌어들이는 것입니다. 깊은 호흡을 하면서 성령의 불을 끌어들이기 바랍니다. 이때 강하고 크게 자신의 육체의 한계를 넘어서는 강력한 기도를 해야 합니다. 의지를 다해서 강력하게 해야 합니다. 절대로 힘이 든다고 나약하게 부르짖는 기도를 하면 더 강한 성령의 불을 끌어 들일 수가 없습니다. 이를 위해서 복식 호흡법을 활용하여 배에서 올라오는 소리로 힘껏 소리를 지르고 온몸으로 부르짖는 기도를 해야 합니다(최소한 30분 이상). 그래야 목에 피로가 안 오고 목이 상하지 않게 됩니다. 필자가 지금까지 수많은 기도 세미나를 인도했는데 이렇게 기도한 분들은 절대로 목이 상하지 않았습니다. 기도하면서 목이 상하는 분들은 자신의 기도 방법을 빨리 바꾸어야 합니다. 배에서 올라오는 소리로 기도를 하라는 말입니다.

막힌 기도문을 여는 방법은 호흡을 하면서 배에서 올라오는 소리로 "주여!" "주여!" "주여!"를 크게 부르면서 배에서 나오는 소리로 기도를 해야 합니다. 그리고 방언을 하는데 숨을 들이쉬고 내 품으면서 최대한 강하고 깊게 계속하세요. 자신의 힘의 역량을 최대한 발휘하여 깊고 강하게 해야 합니다. 자신의 능력의 한계를 넘는 기도를 하려고 해야 영의 통로가 열립니다. 좌우지간 배에서 나오는 소리로 막힌 기도를 열어야 합니다. 절대로 잡념에 져서 넘어지면 안 됩니다. 의지를 다하여 호흡을 들이쉬고 내쉬면서 기도의 통로를 뚫어야 합니다. 더 자세한 것은 "방언기도의 오묘한 신비"책을 참고하세요.

18장 생각을 주장하는 영의 대적기도

생각은 영의 입구입니다. 가롯 유다도 예수님을 팔려는 생각을 하니 귀신이 따라 들어왔습니다. 결국 마귀의 조종을 받고 예수님을 팔아버립니다. 그래서 우리는 생각관리를 잘해야 합니다. 항상 하나님을 기쁘시게 할 생각을 한다면 얼마나 좋겠습니까? 생각을 관리하세요. 마귀도 우리의 생각을 주장하려고 기를 씁니다. 하나님도 우리의 생각에 따라 역사하십니다. 고로 생각에 따라 모든 것이 이루어집니다. 난잡하고 음란하거나 더러운 생각의 영을 대적하십시오. 보통 상처가 많은 분들이 생각을 복잡하게 합니다. 그래서 불면증이나 우울증에 잘 걸립니다. 잡스러운 생각이 자신을 주장한다면 내적치유를 전문적으로 하는 곳에서 치유를 받는 것이 좋습니다.

음란하고 난잡하고 더러운 생각이나 공상을 일으키는 것은 귀신이 하는 짓입니다. 주님께서는 생각으로만 간음하여도 그것은 실제로 간음이라고 하셨습니다. 음란죄를 이기기 위해서 음란한 생각과 충동을 대적하여 내 안에서 몰아내십시오. 그런 영을 공급하는 매체와 절대로 가까이 하지 마십시오. 다윗도 솔로몬도 삼손도 이 문제로 넘어졌음을 기억하십시오. 간절하게 순결함과 거룩함과 아름다움과 깨끗함을 허락하여 주실 것을 구하십시오.

대적기도는 이렇게 하시기 바랍니다. 성령이여 임하소서. 성령의 임재가 깊어지면 명령하세요. 절대로 악을 쓰면 안 됩니다. 영에서 나오는 소리로 명령을 하세요."나의 생각을 주장하는 더러운 영은 예수 이름으로 명하노니 떠나갈지어다." "나에게 역사하며 잡념에 빠지게 하는 귀신은 예수 이름으로 명하노니 떠나갈지어다." 호흡을 들이쉬고 내쉬면서 배에서 나오는 소리로 주여! 주여! 하면서 소리를 내서 성령으로 충만하게 하십시오. 자신의 영의 상태가 바르게 분별되게 하세요. 성령이 역사하기 시작하면 다시 대적기도를 하세요. "나에게 역사하며 잡념에 빠지게 하는 더러운 영은 예수 이름으로 명하노니 떠나갈지어다." "나의 생각을 주장하는 귀신은 예수 이름으로 명하노니 떠나갈지어다." "나의 생각을 주장하는 더러운 영이 떠난 자리에 기도의 영이 임할 지어다. 깊은 기도가 열릴 지어다. 성령으로 충만해질지어다. 하나님에게 몰입하는 역사가 일어날 지어다. 마음이 넓어질 지어다. 평안의 영이 임할 지어다. 깊은 마음이 될지어다. 성령님 강하게 저를 사로잡아 주옵소서. 충만하게 하옵소서"하면서 지속적으로 변화가 나타날 때까지 의지를 가지고 대적기도를 해야 합니다. 마음속의 상처가 치유되도록 의지적인 노력을 해야 합니다. 자신이 노력을 해도 기도를 방해하는 영이 역사한다고 생각이 된다면 바르게 내적치유 하는 곳에 가셔서 말씀과 성령으로 전문적인 치유 받는 것이 좋습니다. 치유를 받은 후에 대적기도하면 효과가 배가 되기 때문입니다. 호흡 기도를 지속적으로 하면서 대적하고 명령하세요.

그러면 하품이나 기침이나 재채기를 통해서 잡념을 들게 하던 귀신들이 떠나갑니다. 배에서 나오는 소리로 주여! 주여! 주여! 를 하면서 막힌 영의 통로를 뚫으려고 의지적인 노력을 해야 합니다. 성령이 충만하면 잡념이 떠나가고 하나님에게 집중할 수 있습니다. 성령으로 충만하기 위하여 깊은 영의 기도와 찬양을 하십시오.

19장 죄책감이 빠지게 하는 영 대적기도

마귀는 어찌하든지 죄책감에 빠지게 합니다. 죄책감에 사로잡혀 기도를 하지 못하게 합니다. 많은 분들이 저희 교회 치유

집회에 참석하여 기도할 때 죄책감에 빠져서 기도를 하지 못하는 분들이 많이 있습니다. 저에게 이렇게 말합니다. 목사님! 내가 지난날 지은 죄가 생각이 나서 기도를 하지 못하겠습니다. 어떻게 하면 좋겠습니까? 하며 하소연을 합니다. 저는 이렇게 대답을 합니다. 죄책감에 빠져드는 것은 마귀의 계략에 넘어가는 것입니다. 죄책감을 주더라도 거기에 마음을 두지 말고 오로지 하나님에게 집중을 하십시오. 호흡을 들이쉬면서 하나님! 내쉬면서 사랑합니다. 오로지 이 기도에만 집중을 하십시오. 자꾸 죄책감에 관심을 두니까, 더 강하게 역사하는 것입니다. 죄책감이 올라오더라도 절대로 거기에 관심을 두지 마십시오. 예수를 믿었으면 모든 죄는 사함을 받은 것입니다. 자꾸 죄책감이 들게 하는 것은 마귀의 간계입니다. 마음을 하나님에게 집중하여, 단순하게 하나님을 찾으세요. 집중적으로 하나님을 찾다가 보면 죄책감에서 이탈되는 것을 느낄 것입니다. 이것은 깊은 기도의 법칙이기도 합니다. 깊은 기도를 하려면 잡념이 들 때가 있습니다. 잡념을 기도를 방해하는 것이라는 생각을 버리고 하나님을 부를 것에 집중을 하는 것입니다. 죄책감에 관심을 두지 않으니 죄책감과 잡념이 물러가는 것입니다. 그리고 죄책감을 가지게 하는 영을 분별하고 몰아내십시오.

대적기도는 이렇게 하시기 바랍니다. 성령이여 임하소서. 성령의 임재가 깊어지면 명령하세요. "나에게 역사하며 죄책감에 빠지게 하는 영은 예수 이름으로 명하노니 떠나갈지어다." "나에게 역사하는 죄책감의 영은 예수 이름으로 명하노니 떠나갈 지어다.” 호흡을 들이쉬고 내쉬면서 배에서 나오는 소리로 주여! 주여! 하면서 소리를 내서 성령으로 충만하게 하십시오. 성령이 역사하기 시작하면 다시 대적기도를 하세요. “나에게 역사하는 더러운 영은 예수 이름으로 명하노니 떠나갈지어다.” “나에게 역사하며 잡념에 빠져들게 하는 귀신은 예수 이름으로 명하노니 떠나갈지어다.” “나에게 역사하는 더러운 영이 떠난 자리에 기도의 영이 임할 지어다. 하나님에게만 집중하는 역사가 일어날 지어다. 성령이 충만해질 지어다. 마음이 넓어질 지어다. 평안의 영이 임할 지어다. 깊은 마음이 될지어다. 성령님 강하게 저를 사로잡아 주옵소서. 충만하게 하옵소서”하면서 지속적으로 변화가 나타날 때까지 의지를 가지고 대적기도를 해야 합니다.

악을 쓰지 말고 영에서 나오는 소리로 대적해야 합니다. 마음속의 상처가 치유되도록 의지적인 노력을 해야 합니다. 자신이 노력을 해도 죄책감에 빠진다면 바르게 내적치유 하는 곳에 가셔서 말씀과 성령으로 전문적인 치유 받는 것이 좋습니다. 치유를 받은 후에 대적기도하면 효과가 배가 되기 때문입니다. 호흡기도를 지속적으로 하면서 대적하고 명령하세요. 그러면 하품이나 기침이나 재채기를 통해서 육에 역사하던 더러운 영들이 떠나갑니다. 성령의 역사가 항상 자신에게 충만하도록 기도하십시오. 성령이 충만하면 하나님에게 집중할 수 있게 됩니다.

성령으로 충만하기 위하여 깊은 영의 기도와 찬양을 하십시오.

20장 영적성장 방해하는 영 대적기도

예수를 믿고 성령으로 거듭난 성도는 믿음이 자라야 합니다. 예수를 믿는 성도는 믿음이 성장해야 합니다. 그러나 아무리 믿음을 성장시키려고 노력해도 마음대로 되지 않는 경우가 많습니다. 이는 심령이 보이지 않는 질병이 생긴 것입니다. 이 혼적인 병은 사소한 영적인 병이 심화되어 혼의 병으로 나타나는 현상으로 육신의 병으로 진행될 뿐만 아니라, 심한 영적인 병으로 진행되어 파멸이나 사망으로 진행될 수 있습니다.

그러므로 이 혼적인 질병을 일으키고 있는 원인을 찾아서 치유해야합니다. 그 원인 중에 하나는 마음에 품고 있는 분노입니다. 분노는 영적으로 크나큰 손실을 가져오며 성령이나 은사를 소멸하는 가장 큰 원인이 됩니다. 그러므로 찾아서 치유해야 합니다.

영적인 침체를 자신이 진단하는 방법입니다. ①믿음이 식어지고 기도가 힘들어지며 봉사가 힘들어 집니다. 봉사하기가 싫어집니다. ②성령(은사)이 소멸되고 심령이 메말라지며 기도가 막히게 됩니다. ③감정의 기복이 심하고 변덕이 심해집니다. ④다른 사람을 무시하고 자기 자랑이 많아집니다. ⑤염려나 근심이 많아지고 낙심이 오고 불안을 느낍니다. 밤잠을 자주 설침니다. ⑥이기적인 사람으로 되어가고 의심과 질투가 많아지며 성격이 날카로워집니다. 다른 사람들과 툭하면 다툽니다. 상처를 잘 받고 잘 주는 사람이 됩니다. ⑦감사가 없어지고 불평과 매사에 험담이 많아집니다. ⑧혈기가 많아지고 악하고 독한 마음으로 욕설을 퍼 붙기도 합니다. ⑨고집이 세지고 마음이 굳어지고 교만해지고 심령이 강퍅해집니다. ⑩방만하고 나약해지며 나태하며 낭비가 많아지고 무책임해집니다.

영적 침체를 극복하는 비결은 이렇습니다. 말씀과 성령으로 심령을 치유하고 죄를 씻음으로 고쳐야 합니다. 살아있는 성령의 역사가 있어야 영적침체가 치유됩니다. 영적침체 뒤에는 악한 영의 역사가 있기 때문입니다. 성령의 역사로 자신이 5차원의 성령의 사람으로 바꿔야 영적침체를 극복할 수가 있는 것입니다.

첫째. 배에서 나오는 소리로 부르짖어 하나님을 찾아야합니다. 성령의 능력으로 혼의 막힘을 뚫어야합니다. 혼의 상처로 인하여 기도가 막힙니다. 상처를 치유하여 성령이 혼의 자리를 뚫고 육의 자리로 나와 영의 통로가 열린 영적인 기도가 되어야 합니다. 깊은 속에서 올라오는 영의 기도가 되어야합니다. "숨을 들이쉬고 내 품으면서 주여! 주여! 주여! 를 반복하면서 뚫어라." 주여! 주여! 방언 통성기도를 하라. 배에서 나오는 큰 소리로 발성 기도를 하라.

둘째. 자신의 무지함과 죄악을 찾아 회개하라. 온전한 회개는 생각과 감정과 의지가 동원되어야 하며 깊은 심령의 회개가 전인적으로 진실하게 동반되어야 합니다. 그러므로 회개하고 싶다고 회개가 되는 것이 아니라, 성령의 깨우침과 도우심을 따라, 성령의 기름부음이 일어나야 자신이 인식하지 못하고 있는 내면의 깊은 영의 부분까지 진정한 회개가 이루어지는 것입니다.

셋째. 자신에게 피해를 끼친 사람을 용서하라. 남을 용서해 주지 못하면 나도 아버지로부터 용서받지 못합니다. 치유사역을 해보면 대개의 성도들이 겉으로는 용서를 했는데 심령 깊은 용서를 하지 않은 부분이 있어 영적 침체와 질병을 앓고 있습니다. 용서는 남에게 입은 상처로 말미암아 원망이나 불평이 내 잠재의식이나 영에 깊이까지 침투되어 있기 때문에 이를 처리하지 않으면 안 됩니다.

예수님의 보혈의 피를 의지하고 용서를 구하면 나의 가슴은 찢어지는 아픔으로 자아가 깨트려지면서 진정 용서가 되면 질병은 온전하게 치유가 됩니다. 주로 은사의 적용과 활용이 이러한 질병의 원인이 잠재의식이나 영에 깊이 감추어진 사실을 깨닫도록 하는 것입니다.

넷째. 충격이나 상처를 치유하라. 충격이나 상처는 질병을 유발하는 가장 큰 영향을 주는 요인으로 이 충격이나 상처의 원인을 본인이 모르는 경우는 환자의 주위를 탐문하여 원인을 알아내던지 그렇지 않으면 성령의 도우심을 신령한 은사를 통하여 알아내야 합니다. 하나님께 물어보면 하나님께서 성령을 통하여 영감이나 환상이나 말씀으로 가르쳐 주실 때가 있습니다.

자기 혼자 힘으로는 어렵습니다. 정확하게 치유하는 것에 가서 전문적인 치유를 받아야 합니다. 영적성장이 안 되는 것은 사사로운 것이 아닙니다. 반드시 원인이 있습니다. 원인을 찾아서 전문적인 치유를 해야 합니다. 그래야 자신이 살고 가정이 살고 교회가 부흥하는 것입니다. 내가 지금까지 체험한 바로는 영적인 성장이 안 되어 방황하던 분들이 성령의 강력한 체험을 하고 심령이 치유되니 정착을 하더라는 것입니다. 마음이 옥토가 되어 하나님의 말씀이 들리니 영적으로 성장하여 방황을 멈추더라는 것입니다. 그러므로 영적인 성장이 안 되는 분들은 성령의 강력한 불세례를 받아 심령을 치유해야 합니다. 하나님과 영의 통로가 열려 기도가 되면 영이 자라기 시작하는 것입니다. 점점 치유되니 영적인 만족을 찾는 것입니다.

대적기도는 이렇게 하시기 바랍니다. 성령이여 임하소서. 성령의 임재가 깊어지면 명령하세요."나에게 역사하며 죄책감에 빠지게 하는 영은 예수 이름으로 명하노니 떠나갈지어다." "나에게 역사하며 영적 성장을 방해하는 영은 예수 이름으로 명하노니 떠나갈지어다." 호흡을 들이쉬고 내쉬면서 배에서 나오는 소리로 주여! 주여! 하면서 소리를 내서 성령으로 충만하게 하십시오. 성령이 역사하기 시작하면 다시 대적기도를 하세요. "나에게 역사하며 영적성장을 방해하는 더러운 영은 예수 이름으로 명하노니 떠나갈지어다." "나에게 역사하며 영적성장을 방해 하는 귀신은 예수 이름으로 명하노니 떠나갈지어다." "나에게 역사하며 나태하게 하는 더러운 영이 떠난 자리에 기도의 영이 임할 지어다. 하나님에게만 집중하는 역사가 일어날 지어다. 날마다 믿음이 자랄지어다. 성령이 충만해질 지어다. 마음이 넓어질 지어다. 평안의 영이 임할 지어다. 깊은 마음이 될지어다. 성령님 강하게 저를 사로잡아 주옵소서. 충만하게 하옵소서"하면서 지속적으로 변화가 나타날 때까지 의지를 가지고 대적기도를 해야 합니다. 악을 쓰지 말고 영에서 나오는 소리로 대적해야 합니다. 마음속의 상처가 치유되도록 의지적인 노력을 해야 합니다.

4부 축복받는 가정되는 대적기도

(엡 6:1-4)"자녀들아 주 안에서 너희 부모에게 순종하라 이것이 옳으니라. 네 아버지와 어머니를 공경하라 이것은 약속이 있는 첫 계명이니, 이로써 네가 잘되고 땅에서 장수하리라. 또 아비들아 너희 자녀를 노엽게 하지 말고 오직 주의 교훈과 훈계로 양육하라"

아마 성도님들 가운데 "테레사 수녀"를 모르는 분은 아무도 없을 것입니다. 18살 때 수녀원에 들어간 테레사 수녀는 36살 때 인도에서 기차를 타고 가다가 '가난한 자들 속으로 들어가라.'는 하나님의 음성을 듣게 됩니다. 그러자 테레사 수녀는 즉시 인도 콜카타에 있는 빈민가로 들어갑니다. 그리고 그곳에서 한 평생 동안 가난하고 병들고 버린 받은 사람들을 위하여 헌신과 희생의 삶을 살았습니다.

그래서 지난 1979년 12월 10일에 노벨 평화상을 수상하게 되었습니다. 그때 어떤 기자가 이렇게 질문을 하였다고 합니다. '수녀님 세계 평화를 위해서 가장 긴급한 일은 무엇이라고 생각하십니까?'라고 물었습니다. 그러자 기자들뿐만 아니라 시상식에 참여한 모든 사람들은 숨을 죽이고 테레사 수녀의 대답에 귀를 기울였습니다.

그때 그녀는 세계 강대국이 보유하고 있는 핵무기를 다 폐기해야 한다고 말하지 않았습니다. 또한 가난한 자들을 위하여 병원과 학교를 더 많이 지어야 한다고 말하지도 않았습니다. 그녀는 아무도 예상치 못한 대답을 하였습니다.

그녀는 웃으면서, '기자 선생님, 세계 평화를 위하여 가장 긴급한 일은 당신이 빨리 집으로 돌아가서 식구들을 사랑하는 것입니다.'고 대답하였습니다. 왜냐하면 이 세상의 모든 일은 사회의 근간인 가정에서부터 시작되기 때문입니다. 따라서 가정이 먼저 평화스러우면 세상은 저절로 평화스럽게 된다는 것입니다.

테레사 수녀가 남긴 이 유명한 말을 되새겨 볼 때에 생각나는 한자성어가 있지 않습니까? 바로 명심보감에 나오는 '가화만사성'이라는 말입니다. 우리가 잘 아는 것처럼, 이 말은 가정이 화목하면 모든 일이 잘 이루어진다는 뜻입니다. 얼마나 좋은 말입니까? 그래서 우리나라 거실에 걸려있는 액자 가운데 많이 볼 수 있는 것이 '가화만사성'입니다.

사실 한 사람의 행복은 '가정의 상태가 어떠하냐'와 직결되어 있다고 해도 과언이 아닌 것 같습니다. 아무리 많은 재산을 모았다 할지라도, 또 아무리 높은 권세를 가졌다고 할지라도 그 가정이 화목하지 않으면 절대로 행복할 수가 없습니다. 그래서 이 땅에 사는 모든 사람들의 공통된 소원이 있다면 행복한 가정을 이루는 것입니다.

그렇다면 우리가 행복한 가정을 이루기 위해서 꼭 필요한 것이 무엇일까요? 오늘 우리에게 주신 본문에서 그 답을 얻을 수가 있습니다. 1절을 보시기 바랍니다. '자녀들아 주안에서 너희 부모에게 순종하라'고 말씀하고 있습니다. 여기서 '순종'이란 낮은 자리에서 귀를 기울여서 듣는다는 뜻을 가지고 있습니다. 그래서 부모님이 하시는 말씀이 아무리 자녀들의 마음에 들지 않는다 할지라도 그 말씀을 무시하지 않고 귀를 기울여서 듣는 것이 바로 순종입니다.

특히 2절에 보면, '네 아버지와 어머니를 공경하라'고 말씀하고 있습니다. 여기서 공경이란 헬라어로 '티마'인데요, '빚을 갚는다.'는 뜻을 가지고 있습니다. 따라서 부모님을 섬길 때에 부모를 불쌍히 여기는 마음으로 섬기는 것이 아니라 '지금 나를 낳으시고 길러주신 부모에게 진 사랑의 빚을 갚는 마음으로 섬겨야 한다는 것입니다.' 잠언 23장 22절에도 보면 '너 낳은 아비에게 청종하고 네 늙은 어미를 경히 여기지 말지니라.'고 말씀하고 있습니다.

그렇다면 하나님은 왜 부모에 대한 효도를 이처럼 강조하셨을까요? 신학자 칼 바르트의 말을 빌리면, 부모는 단순히 나를 낳아주고 길러주신 분이 아니라 "하나님의 대리자"이기 때문입니다. 예를 들면, 하나님은 생명의 주인이지만 우리는 그 생명을 누구를 통하여 얻게 되었습니까? 부모를 통하여 얻었습니다. 그리고 하나님은 우리를 기르시는 분이지만 누구를 통하여 기르십니까? 부모를 통하여 기르십니다. 그러므로 우리는 부모를 공경해야 합니다.

지난 어버이날 때 우리나라의 한 식품회사에서 480명의 부모들을 대상으로 아주 이색적인 설문조사를 하였습니다. 첫 번째 설문 내용은 "어버이날 자녀들에게 가장 많이 하는 거짓말"이었습니다. 1위는 아픈데 없다. 나는 건강하니 걱정 하지마라. 2위는 선물 필요 없다. 3위는 바쁜데 내려오지 마라. 4위는 내가 오래 살면 뭐하니 니들만 고생이지.

그리고 두 번째 설문내용은 "어버이날 가장 받기 싫은 선물"이었습니다. 과연 어떤 대답이 가장 받기 싫은 1위를 차지하였을까요? 놀랍게도 1위는 카네이션이었습니다. 2위는 전자기기이구요, 3위는 놀라지 마십시오, 현금이었습니다.

아마 자녀들은 부모님들의 이러한 대답을 보면서 잘 이해가 되지 않을 것입니다. 왜냐하면 어버이날 마다 달아드리는 카네이션은 장미, 국화, 그리고 튤립과 함께 세계 4대 절화로 여길 만큼 아름다운 꽃이기 때문입니다. 특히 빨간색 카네이션은 사랑과 감사의 꽃말을 가지고 있기 때문에 더욱 이해가 되지 않을 것입니다.

물론 스마트 폰과 같은 전자기기는 작동이 어렵기 이유 때문에 싫어하실 수 도 있습니다. 그런데 이 세상의 모든 사람들이 좋아하는 "현찰"을 싫어하신다는 대답은 도저히 이해가 되지 않습니다. 그렇다면 왜 부모님들은 카네이션이나 현찰을 싫어하실까요? 그 이유는 매년 카네이션을 받다보니 싫증이 나셨거나 아니면 현찰의 액수가 너무 적기 때문이 아닙니다.

그 이유는 가장 중요한 것이 빠졌기 때문입니다. 가장 중요한 것이 무엇입니까? 오늘 성경에서 말씀하고 있는 "순종"과 "공경"입니다. 사실 해마다 카네이션 꽃바구니는 점점 더 크고 화려해져 가지만 그 속에 순종의 마음이 사라지고 있기 때문입니다. 그리고 현찰의 액수도 점점 더 많아지지만 그 속에 공경의 마음도 역시 사라지고 있기 때문입니다. 그래서 어버이날에 꽃한 송이 달아드리고, 현찰 좀 드리면 효도는 다한 것으로 생각하는 사람들이 적지 않은 것 같습니다.

이처럼 우리가 "순종"과 "공경"의 마음으로 부모를 섬기지 않는다면 우리는 부모에게 죄를 지을 뿐만 아니라 하나님에게도 죄를 짓게 됩니다. 왜냐하면 네 부모를 공경하라는 것은 사람의 명령이기 이전에 하나님의 명령이기 때문입니다.

하지만 우리가 하나님의 명령에 온전히 순종할 때는 반드시 놀라운 축복이 따라옵니다. 3절을 보시기 바랍니다. '네가 잘되고 땅에서 장수하리라'고 말씀하셨습니다.

지금부터 약 100년 전에 있었던 일입니다. 미국의 어느 시골 마을에 한 과부가 아들과 함께 살고 있었습니다. 이 과부는 낮에는 양계를 하고, 밤에는 삯바느질을 해서 하나밖에 없는 아들을 공부시켰습니다. 그런데 아들이 고등학교를 수석으로 졸업을 하는데 졸업식에 입고 갈 옷이 없었습니다. 그래서 자기의 누추한 모습 때문에 아들이 민망해할 것 같아 급한 일 때문에 졸업식에 못 간다고 핑계를 대었습니다.

그러자 아들이 울면서 "어머니가 없는 졸업식이 무슨 의미가 있느냐"고 애원하는 바람에 어쩔 수 없이 졸업식에 참석하게 되었습니다. 그 졸업식에서 아들은 졸업생 대표로 연설을 하고 대통령이 주는 메달을 목에 걸었습니다. 그러나 그 어머니는 한쪽 구석에 아무의 눈에도 띄지 않는 곳에 앉아있었습니다. 그 모습을 아들이 용케 발견하고 달려와서 대통령 메달을 어머니에게 걸어주었습니다. 나중에 그 아들이 어떻게 되었는지 아십니까? 그 아들은 프린스턴대학교 총장을 거쳐 미국 28대 대통령이 되었습니다. 그리고 노벨평화상을 수상했습니다. 그가 바로 윌슨 대통령입니다. 그는 대통령으로 있을 때 국회의원들의 마음을 움직여 5월 둘째주일을 어머니날로 정했습니다.

가정이 평안해야 모든 것이 잘 됩니다. 가정은 성령으로 충만하여 평안해야 합니다. 하나님은 하나님이 친히 만든 가정이 천국을 이루기를 원하십니다. 가정이 천국을 이루기 위해 영들을 분별하고 소리관리를 잘하시기를 바랍니다. 가정의 소리와 분위기를 관리하십시오. 소리는 영성과 밀접한 관계가 있습니다. 날카롭고 강퍅하고 사나운 음성은 지옥의 영들이 역사할 수 있는 통로가 됩니다. 그래서 가정의 분위기를 지옥처럼 만듭니다. 비난하는 소리, 잔소리, 권위적인 명령을 할 때, 그러한 목

소리는 항상 그 공간을 지옥적인 분위기로 만듭니다. 그러므로 너무 빠르고 강한 톤으로 사납게 말하는 것은 좋지 않습니다. 부드럽고 맑고 아름다운 음성은 영혼을 부드럽고 풍성하게 만듭니다. 그것은 가정에 천국 적인 분위기와 영적 에너지를 가져옵니다.

그러므로 가정에서는 항상 따뜻하고 부드러우며 정확한 언어를 사용해야 합니다. 빠르고 날카롭고 급하고 강팍한 톤으로 말하면 분노와 혈기의 영이 역사하기가 쉽습니다. 또한 불분명하고 어설프게 말하면 어리석은 영이나 혼란스러운 영이 역사할 수 있습니다. 그러므로 말하는 톤을 부드럽고 맑게 하며 분명하면서도 자연스럽고 편안하게 해야 합니다. 가정에서 말해지는 목소리와 그 톤은 그 가정의 영적 분위기를 형성하는 것입니다. 부부가 말로 심하게 언쟁을 하면 그 공간에는 지옥의 영들이 가득 들어차게 됩니다. 그들의 입에서 나온 악들은 그 공간에 그대로 남아있습니다. 그러므로 아이가 어렸을 때 그렇게 부모가 싸우면 아이는 쉽게 질병에 걸리게 됩니다.

남을 판단하거나 감사하지 않거나 원망, 불평, 근심의 이야기를 해도 입에서 더럽고 악한 기운이 나와서 그 가정을 채우게 됩니다. 그러므로 그 가정에 지옥이 형성됩니다. 그것은 아이들에게 병균을 집어넣는 것과 같습니다. 사람의 입에서 나오는 것은 단순히 소리만이 아닙니다. 입에서 공기, 기운, 호흡도 같이 나오는데 그것은 곧 영적 기운입니다. 그러므로 미움이나 짜증이나 걱정하는 소리 등의 악한 말을 할 때 그 지옥의 기운들이 방안에 가득 차게 됩니다. 사람들은 지옥을 어떤 특정한 장소라고 생각하지만 지옥을 만드는 것은 바로 마음입니다.

그러므로 그렇게 악한 말을 하는 공간은 바로 지옥과 같은 장소가 되는 것입니다. 우리는 입을 사용해서 어느 곳이나 순식간에 지옥을 만들 수 있습니다. 사람들은 쉽게 아무것도 아닌 일에 짜증을 내는데 그러고 나면 나쁜 기운이 집안에 가득하게 되고, 지옥의 마귀가 집안을 점령하게 되며, 그래서 온갖 나쁜 일이 생기게 된다는 것을 잘 모릅니다.

한국의 그리스도인들은 안수기도 받는 것을 아주 좋아하며 축복기도를 받는 것을 참 좋아합니다. 하지만 그러한 짜증과 신경질을 한두 번 내게 되면 축복기도를 백 번 받아도 다 날아가 버린다는 것을 알지 못합니다. 그러므로 예배를 잘 드리고 은혜를 많이 받고 목회자의 축복기도를 많이 받아도 항상 은혜의 상태를 유지해야 하며 입술을 지켜야 합니다.

한 번에 일주일 분량의 진수성찬을 먹고 한 주일 내내 굶는 사람은 건강을 유지할 수 없습니다. 그러므로 아무리 악한 영들을 대적하고 결박해도 말하는 습관을 고치지 않으면 지옥의 영들은 끊임없이 우리의 주위를 따라다니게 됩니다. 우리는 우리의 입에서 지옥을 창출하지 말고 천국의 기운과 향기를 발해야 합니다. 주님을 찬양하며, 시인하는 것은 악한 영들을 부수는 것이며, 그 공간을 천국의 영으로 가득하게 하는 것입니다. 감사와 사랑의 고백도 좋은 것입니다. 주님 안에서 서로 격려하고 축복하는 것은 그 공간을 빛으로 가득하게 합니다. 가정에 주님의 임재와 천국의 빛이 가득하도록 그 가정의 소리를 잘 관리해야 합니다.

좋지 않은 말을 해서 공간이 더럽혀졌다면 창문을 열어서 환기를 시켜야 합니다. 그리고 성령의 임재가운데 명령하십시오. "말의 악한 시인을 통해서 역사는 영들아. 이제 주의 이름으로 명한다. 이 공간에서 나가라!" 실제로 악한 영들은 창문을 통해서 나가는 경우가 많이 있습니다. 그들은 공간을 초월하지만 그럼에도 불구하고 실제적으로 문이나 창문 같은 것을 통해서 들어오고 나가고 합니다. 물론 그렇게 명령하기 전에 입으로 나쁜 말을 시인한 것을 반성하고 회개해야 합니다. 우리는 정신을 차리지 않고 있으면 깜빡 속을 때가 많이 있습니다. 좋지 않은 말을 하고 느낌이 나쁘면 재빠르게 깨닫고 반성해야 합니다.

소리의 정화를 위해서 집안에 찬양을 틀어놓는 것이 좋습니다. 찬양은 마귀를 분쇄하며 공간을 실제적으로 정화시키는 힘이 있습니다. 제가 시화에서 목회할 때 교회가 4층에 있었습니다. 3층은 노래방이 있었고요. 당시에는 교회 안에서 살림을 할 시절입니다. 노래방에서 새벽 6시가 넘도록 노래 소리가 올라옵니다. 저녁 내내 세상 노래 소리가 들리는 것입니다. 어찌 할 도로가 없습니다. 상가 안에서 사는 우리가 문제이지 그 사람들이 문제가 아니지 않습니까? 그래서 저녁 내 찬양을 틀어놓았습니다. 그것도 악기로만 연주된 보혈찬송을 틀어서 아래층에서 올라오는 세상노래소리가 들리지 않도록 했습니다. 4년을 그렇게 지냈습니다. 정말 강력한 영적전쟁을 했습니다. 지금 생각하면 그곳에서 나와서 서울로 올라온 것은 정말로 하나님의 기적 같은 은혜입니다.

저는 그런 곳에서 승리하여 나왔습니다. 가정과 교회에서 강력한 영적인 전쟁을 한 결과라고 생각을 합니다. 가정과 교회는 소리와의 영적인 전쟁을 해야 합니다. 영은 소리를 통해서 역사하기 때문입니다. 고로 부드럽고 은혜로운 소리가 들려야 합니다. 특히 관심을 가져야 할 것은 복음성가라도 사람이 부르는 찬양은 어느 정도 들으면 싫증이 납니다. 이를 방지하기 위하여 순수한 악기로만 연주된 찬양을 틀어놓는 것도 좋습니다. 물리지도 않고 은은하게 가정을 하나님의 영감으로 가득하게 할 수가 있습니다.

1장 부부사이에 이간하는 영 대적기도

저는 항상 이렇게 말합니다. 하나님이 성령의 권능을 주신 것은 첫째는 자신을 치유하여 영적인 존재가 되라고 권능을 주신 것입니다. 둘째는 가정을 치유하여 하나가 되게 하라는 것입니다. 그리고 다른 사람을 도우라는 것입니다. 자기도 바르게 되지 않았는데 경거망동하지 말라는 것입니다. 이렇게 되어야 바르게 사역을 할 수가 있기 때문입니다. 마귀가 이것을 알고 어찌하든지 부부간을 이간하려고 공격하는 것입니다.

사람이 평생 살면서 가장 오래 함께하는 관계가 부부사이입니다. 부부사이에는 비밀이 없습니다. 세상이 다 괴롭힌다 해도 배우자가 내 편이라면 그는 능히 세상을 이길 수 있습니다. 그러나 세상에서 아무리 큰 성공을 이루었다 해도 배우자에게서 인정받지 못하고 무시를 당한다면 그 삶은 너무나 비참한 삶입니다. 이렇게 중요한 부부관계를 파괴하는 악령을 대적하십시오.

이렇게 대적기도를 하시기 바랍니다. 성령이여 임하소서. 성령의 임재가 깊어지면 명령하세요. "부부간을 이간하는 악한 영은 예수 이름으로 명하노니 떠나갈지어다." "부부간을 이간하는 귀신은 예수 이름으로 명하노니 떠나갈지어다." "부부간을 이간하는 귀신이 떠난 자리에 부부화목의 영이 임할지어다." 호흡 기도를 지속적으로 하면서 자신의 부부의 상태를 그리면서 지속적으로 명령하세요. 그러면 하품이나 기침이나 재채기를 통해서 떠나갑니다.

2장 비난의 영 대적기도

성령의 역사는 허물을 덮어줍니다. 반대로 마귀 역사는 서로에게 책임을 전가하고 비난을 합니다. 부부간에 서로 비난을 한다면 벌써 마귀가 역사하는 것입니다. 어떠한 대인관계에서도 마찬가지이지만 특히 가정 안에서는 배우자에게도 자녀에게도 절대로 서로에 대해서 비난을 해서는 안 됩니다. 상대를 비난한다면 자신은 마귀의 도구요. 마귀의 종이라는 것을 명시해야 합니다. 상대방이 사랑스럽게 보이지 않으며 하는 짓이 꼴 보기 싫은 사람은 자신의 입에서 나오는 말이 대부분 비난이나 정죄라는 것을 알아야 합니다.

이렇게 대적기도를 하시기 바랍니다. 성령이여 임하소서. 성령의 임재가 깊어지면 명령하세요. "부부간에 역사하며 서로 비난하게 하는 악한 영은 예수 이름으로 명하노니 떠나갈지어다." "부부간에 역사하며 서로 책임 전가하게 하는 악한 영은 예수 이름으로 명하노니 떠나갈지어다." "부부간에 서로 비난하게 하는 귀신은 예수 이름으로 명하노니 떠나갈지어다." "부부간에 역사하며 비난하게 하는 귀신이 떠난 자리에 은혜의 영이 임할지어다. 화평의 영이 임할 지어다" 호흡 기도를 지속적으로 하면서 자신의 부부의 상태를 그리면서 지속적으로 명령하세요. 그러면 하품이나 기침이나 재채기를 통해서 떠나갑니다.

3장 서운하게 생각하는 영의 대적기도

자주 서운함에 빠지는 사람은 서운함의 영을 결박하십시오. 제가 지금까지 말씀과 성령으로 치유사역을 하다가 보니 상처가 많은 사람이 아주 사소한 것으로 상처를 받습니다. 사람에게 서운한 마음이 자주 든다는 것은 영적인 만족이 없다는 것입니다. 한마디로 성령이 충만하지 못하다는 것입니다. 상처가 많으면 영적인 만족을 얻기가 어렵습니다. 상처가 많은 분들이 사람에게 은혜를 받으려고 합니다. 사람에게 은혜를 받으려다가 상처를 더 받는 것입니다. 사람은 너나 나나 모두 미완성입니다. 사람에게 만족을 얻을 수가 없습니다. 우리는 하나님에게 만족을 얻으려고 해야 합니다. 사람들은 상대방의 작은 배려의 부족, 상대방이 자기의 마음을 알아주지 않는다는 상상으로, 상대방이 자신에게 무관심하다며 서운해 합니다. 이는 영적 에너지가 부족해서 그렇습니다. 그 부족함을 사람에게서 찾기 때문에 그렇습니다. 하지만 그 영혼의 갈망은 오직 하나님만이 채워줄 수 있을 뿐입니다.

이렇게 대적기도를 하시기 바랍니다. 성령이여 임하소서. 성령의 임재가 깊어지면 명령하세요. "부부간에 역사하며 서운하게 생각하게 하는 악한 영은 예수 이름으로 명하노니 떠나갈지어다." "부부간에 서운하게 생각하게 하는 귀신은 예수 이름으로 명하노니 떠나갈지어다." "부부간에 역사하며 서운하게 생각하게 하는 귀신이 떠난 자리에 평안의 영이 임할지어다. 권능의 영이 임할 지어다" 호흡 기도를 지속적으로 하면서 자신의 상태를 그리면서 지속적으로 명령하세요. 그러면 하품이나 기침이나 재채기를 통해서 떠나갑니다. 그리고 사람에게 자꾸만 받고 싶고 기대고 싶을 때 오직 주님이 채우시도록 기도하십시오.

4장 이기주의 영의 대적기도

육신에 속한 사람은 원래 자기만을 위하는 이기주의가 강합니다. 자기 의가 강한 사람들은 언제나 자신은 옳고 다른 사람은 틀렸다고 하며 자신이 억울한 피해자라고 합니다. 자기 의가 강한 사람들은 자신을 별로 돌아보지 않으며 반성을 하지 않습니다. 자기 의처럼 무서운 것이 없습니다. 세리와 창기도 구원을 받았으나 자기 의가 가득한 사람은 구원 받기도 변화되기도 어렵습니다. 자기 의를 십자가에 못 박아야 합니다.

원래 예수님은 다른 사람을 돕고 희생하십니다. 마귀는 자기밖에 모릅니다. 자기에게 경배하라고 하는 것입니다. 우리는 자기만을 위하고 자기만을 알아주기를 원하는 이기주의 영을 대적하여 몰아내야 합니다.

이렇게 대적기도를 하시기 바랍니다. 성령이여 임하소서. 성령의 임재가 깊어지면 명령하세요. "부부간에 역사하며 자신만 알게 하는 이기주의 영은 예수 이름으로 명하노니 떠나갈지어다." "부부간에 자신만 알게 하는 이기주의 귀신은 예수 이름으로 명하노니 떠나갈지어다." "부부간에 역사하며 자신만 알게 하는 이기주의 귀신이 떠난 자리에 예수님의 마음이 임할지어다. 남을 배려할 줄 아는 은혜의 영이 임할 지어다" 호흡 기도를 지속적으로 하면서 자신의 상태를 그리면서 지속적으로 명령하세요. 그러면 하품이나 기침이나 재채기를 통해서 떠나갑니다. 그리고 자꾸 자기 위주로 생각하고 받고 싶을 때 예수님을 생각하며 배려하는 마음으로 채우시도록 기도하십시오.

5장 배우자 유혹의 영의 대적기도

지금 이 세상은 너무나 음란하고 악합니다. 세상은 음란을 죄로 여기지 않습니다. 음란한 짓을 하는 이들은 부끄러운 줄도 모르고 그것을 자랑스럽게 떠벌리고 다닙니다. 남편과 아내는 아름다운 한 팀입니다. 부부들이 세상에서 승리하기 위하여 서로를 위해 기도해야 합니다. 밤늦게 돌아오지 않는 남편을 생각하며 불안하고, 걱정이 되는 아내는 그 시간에 걱정하지 말고 악한 영들의 세력을 결박하십시오. 유혹과 음란의 영을 대적하고 결박하고 대적하십시오, 당신의 기도는 능력이 있으며 그 기도는 악한 영들로부터 남편을 지켜줄 것입니다.

이렇게 대적기도를 하시기 바랍니다. 성령이여 임하소서. 성령의 임재가 깊어지면 명령하세요. "우리 남편을 유혹하는 더러운 영은 예수 이름으로 명하노니 떠나갈지어다." "우리 부인을 유혹하는 음란의 귀신은 예수 이름으로 명하노니 떠나갈지어다." "음란의 귀신이 떠난 자리에 성령의 능력이 임할지어다. 하나님을 두려워하는 영이 임할 지어다" "천사들아 우리 남편을 보호할 지어다." "천사들아 곧장 집으로 들어오도록 인도할 지어다" 호흡 기도를 지속적으로 하면서 대적하고 명령하세요. 그러면 하품이나 기침이나 재채기를 통해서 걱정하게 하는 영들이 떠나갑니다. 그리고 밤이 늦도록 돌아오지 않는 배우자를 생각할 때 걱정스럽고 의심하는 생각이 자신을 주장할 때 마음으로 예수님을 찾아 평안으로 채우시도록 기도하십시오.

6장 가정을 장악하려는 영의 대적기도

결혼한 부부는 한 몸으로 누구도 간섭을 해서는 안 됩니다. 그런 현실적으로 보면 그렇게 못합니다. 주로 시댁이나 친정 식구들과 관련된 문제로 자유롭지 못한 가정이 많습니다. 그러나 외부의 간섭과 지배에서 완전히 벗어나야 그것이 온전한 가정입니다. 가정이 천국이 되려면 오직 주님만이 지배하셔야 합니다.

지혜로운 남성은 어머니가 자신의 가정에 대해서 아내에 대해서 이야기 할 때 이렇게 말할 수 있어야 합니다. "어머니, 제 아내에 대해서 부족한 부분만 보고 평가하지 말아주세요. 그리고 이것저것 챙기시고 알려주시는 것도 좋지만 자립심을 기르도록 해주셨으면 좋겠습니다. 간섭하시고 일러주는 것을 줄였으면 좋겠습니다. 그녀가 혼자의 힘으로 세상을 살아가도록 본인의 지혜와 잠재력을 길러가도록 해주세요" 지혜로운 여성은 어머니가 남편에 대해서 말할 때 이렇게 이야기해야 합니다. "어머니 제 남편에 대해서 부정적으로 말하지 마시고 좋은 면을 보고 긍정적으로 좋게 말해주세요. 그리고 저의 자녀교육에 대해서 저에게 일임하여 주셨으면 합니다. 우리 아이들은 하나님께서 저에게 맡기신 자녀입니다. 제가 하나님에게 기도하며 자녀 교육을 하도록 양보하여 주세요. 하나님이 저에게 맡기신 자녀이기 때문에 책임이 저에게 있다고 생각합니다." 이것은 불효가 아닙니다. 남자와 여자는 결혼을 하면 경제적 정신적으로 부모를 떠나서 완전히 독립하는 것이 성경적인 것이며 옳은 것입니다. 부모도 자녀가 떠나갔으면 그들에 대한 관심을 내려놓고 자신의 삶에 몰두해야 합니다.

(창2:24)"이러므로 남자가 부모를 떠나 그 아내와 연합하여 둘이 한 몸을 이룰지로다." (마19:5)"말씀하시기를 이러므로 사람이 그 부모를 떠나서 아내에게 합하여 그 둘이 한 몸이 될지니라 하신 것을 읽지 못하였느냐" (막10:7-9)"이러므로 사람이

그 부모를 떠나서 그 둘이 한 몸이 될지니라 이러한즉 이제 둘이 아니요 한 몸이니, 그러므로 하나님이 짝지어 주신 것을 사람이 나누지 못할찌니라 하시더라"

이렇게 대적기도를 하시기 바랍니다. 성령이여 임하소서. 성령의 임재가 깊어지면 명령하세요. "우리 가정을 장악하여 부부간 불화를 조장하려는 더러운 영은 예수 이름으로 명하노니 떠나갈지어다." "우리 가정에 역사하여 장악하고 간섭하라고 충동하는 귀신은 예수 이름으로 명하노니 떠나갈지어다." "가정을 장악하고 간섭하려는 귀신이 떠난 자리에 성령의 은혜가 임할지어다. 화평의 영이 임할 지어다" "천사들아 우리 가정을 지켜 보호할지어다." 호흡 기도를 지속적으로 하면서 대적하고 명령하세요. 그러면 하품이나 기침이나 재채기를 통해서 가정을 장악하고 간섭하려는 영들이 떠나갑니다. 성령의 역사가 가정에 충만하도록 기도하십시오. 찬양을 하십시오.

7장 상대방에게 있는 영의 대적기도

하나님은 에베소서 6장 12절에서 "우리의 씨름은 혈과 육을 상대하는 것이 아니요 통치자들과 권세들과 이 어둠의 세상 주관자들과 하늘에 있는 악의 영들을 상대함이라"하셨습니다. 상대방이 가지고 있는 나쁜 것들은 모두 영적인 존재들입니다. 성격도 그 사람 것이 아닐 수가 있습니다. 마귀가 뿌려놓은 것이라는 것입니다. 마귀만 떠나가면 유순한 사람이 된다는 것입니다. 고로 사람을 미워하지 말고 나쁜 영들을 대적하십시오. 대적하여 몰아내기 위해서는 상대방이 가지고 있는 지옥의 영을 분별해야 합니다.

행복한 가정을 이루기 위해서는 문제가 상대방에게 있는 것이 아니고, 자기 자신 안에 있다는 인식이 필요합니다. 앞에서도 말씀드렸지만, 하나님은 우리에게 은사를 주시는 것은 자신을 치유하라고 주시는 것입니다. 먼저 자신 안에 있는 악한 영, 악한 기운을 대적하고 소멸시킨 다음, 상대방의 안에 있는 악한 영, 악한 세력도 역시 대적하고 결박하여 소멸시켜야 합니다.

이렇게 대적기도를 하시기 바랍니다. 성령이여 임하소서. 성령의 임재가 깊어지면 명령하세요. "우리 남편에게 있는 혈기의 영은 예수 이름으로 명하노니 떠나갈지어다." "우리 부인에게 역사하는 분노의 귀신은 예수 이름으로 명하노니 떠나갈지어다." "나의 남편에게 역사하는 혈기의 귀신이 떠난 자리에 온유의 은혜가 임할지어다. 평안 영이 임할 지어다" "평안의 영이 우리 남편을 주장할지어다." 호흡 기도를 지속적으로 하면서 대적하고 명령하세요. 그러면 하품이나 기침이나 재채기를 통해서 좋지 못한 성품의 영들이 떠나갑니다. 성령의 역사가 자신에게 충만하도록 기도하십시오. 찬양을 하십시오.

8장 아이가 아플 때 대적기도

제가 지금까지 치유사역을 하면서 체험한 바로는 아이가 약하고 병치레를 잘하는 것은 태중에서 상처가 있기 때문입니다. 그래서 저는 어려서부터 성령으로 충만한 목회자의 안수기도를 받으라고 권면을 합니다. 안수를 자주 받으면 태중에서 상처가 치유됩니다. 상처가 치유되니 아이가 강건해 지는 것입니다. 기독교 신앙은 예방 신앙이 되어야 합니다. 아이들은 영혼이 아직 안정되어 있지 않고 약하기 때문에 영적인 공격에 아주 취약합니다. 그래서 악한 기운의 접근에 아주 민감하게 반응합니다. 예를 들어 분노와 미움의 영을 많이 가지고 있는 사람이 집에 온다던가, 화를 잘 내는 사람, 걱정 근심 두려움이 많은 사람이 집에 머물다 가면 그 날 밤 아이가 갑자기 열이 나는 수가 있습니다. 그러한 기운이 아이에게 영향을 미쳤기 때문입니다. 그럴 때는 아이가 놀라지 않도록 조용히 아이에게 손을 얹고 차분하게 악한 영을 결박시키고 대적한 다음에 주님의 임재와 평안이 임하기를 기도하면 아이가 바로 좋아집니다. 부부간에 불화가 있는 경우에 아이들이 질병이 잘 걸리는 이유도 이와 같은 이유입니다. 부부가 싸웠는데 아이가 열이 나고 고통스러워하는 것을 주변에서 종종 보실 것입니다.

이렇게 대적기도를 하시기 바랍니다. 아이를 안으시고 성령이여 임하소서. 성령의 임재가 깊어지면 명령하세요. "우리 아이에게 역사하는 두려움의 영은 예수 이름으로 명하노니 떠나 갈지어다." "우리 아이에게 역사하는 공포의 귀신은 예수 이름으로 명하노니 떠나갈지어다." "나의 아이에게 역사하던 영이 떠난 자리에 평안의 은혜가 임할지어다. 평안 영이 임할 지어다" "평안의 영이 우리 아이를 주장할지어다. 평안해질 지어다" 이렇게 기도하면 금방 좋아지는 것을 느낄 것입니다. 호흡 기도를 지속적으로 하면서 대적하고 명령하세요. 열이 올라서 고통당하는 아이는 이렇게 기도하세요. "성령이역 임하소서. 우리 아이의 열은 떨어질지어다. 열은 떨어지고 평안할지어다. 열은 떨어질지어다. 평안하여 질지어다. 배 아프고 두통을 일으키는 근원은 깨끗하게 치유될지어다." 그러면 열이 떨어지고 아이에게 평안의 영이 임하게 될 것입니다. 이를 위해서 부모들은 평소에 자기 관리를 하고 어린아이 주변에서 타투는 일을 삼가 하세요. 다른 질병의 대적기도 기도 비결은 "신유은사사역 달인이 되자"와 "신유은사 전문인이 되는 비밀"을 참고하세요.

9장 가족의 영적 방해 영의 대적기도

마귀는 사람을 통하여 자신의 목적을 이루어 갑니다. 물론 하나님도 사람을 통하여 역사를 하십니다. 마귀는 어찌하든지 주변 사람을 이용하여 믿음의 성장을 방해합니다. 사람들은 흔히 생각하기를 부부중의 어느 한쪽이 은혜를 받고 영적 감동을 얻으며 영적으로 눈을 뜨고 예민해진다면 그 배우자가 아주 좋아할 것이라고 생각합니다. 하지만 그것은 순진한 생각입니다. 오히려 좋았던 부부관계가 이상해지는 경우가 많습니다. 그것은 은혜가 있는 곳에는 반드시 방해하는 영들의 공격이 있기 때문입니다. 한쪽이 은혜를 받으면 한쪽이 그것을 소멸하려는 시도가 시작됩니다. 아무것도 아닌 일을 가지고 시비를 겁니다. 이럴 때는 가족을 미워해서도 안 되고 화를 내서도 안 됩니다. 그럴 때는 오직 상대방을 사랑하면서 조용히 기도하고, 그 배후에 역사하는 악한 영을 결박시키십시오. 우리는 영적인 문제를 해결할 때는 반드시 영적인 방법을 사용해야 문제가 해결이 됩니다.

이럴 때는 이렇게 대적기도를 하시기 바랍니다. 성령이여 임하소서. 성령의 임재가 깊어지면 명령하세요. "우리 남편을 이용하여 나를 혈기 내게 하는 영은 예수 이름으로 명하노니 떠나갈지어다. 결박될 지어다" "우리 부인에게 역사하는 귀신은 예수 이름으로 명하노니 떠나갈지어다. 결박될 지어다" 상대방이 성령으로 충만하면 떠나가라고 명령하고, 불신자라면 결박하시기를 바랍니다. "나의 남편에게 조종하여 나를 괴롭게 하는 귀신이 떠난 자리에 온유와 평안의 영이 임할지어다. 평안 영이 임할 지어다" "평안의 영이 우리 남편을 주장할지어다." 호흡 기도를 지속적으로 하면서 대적하고 명령하세요. 성령의 역사가 자신에게 충만하도록 기도하십시오. 찬양을 하십시오.

10장 아이를 칭얼대게 하는 영 대적기도

마귀는 강한 자가 아니면 약한 자에게 붙어서 역사합니다. 우리는 이를 분별할 수 있는 분별력을 개발해야 합니다. 어린아이에게 붙어서 칭얼대며 끊임없이 이것저것을 요구하며 사람을 피곤하게 하는 것은 악한 영의 영향입니다. 이것을 처리하는 것은 아주 중요합니다. 이때에는 이렇게 하시기를 바랍니다. 가만히 머리에 손을 얹고 아이에게 붙어서 칭얼대게 하는 영은 "예수 이름으로 명하노니 떠나갈 지어다. 칭얼대게 하는 영은 떠나갈지어다. 정상적으로 요구하게 하는 영이 역사할 지어다." 왜냐하면 아이가 자신이 원하는 것을 얻을 때의 방식이 지금부터 결정되기 때문입니다. 아이들이 칭얼거리고 투정을 하며 짜증을 낸다고 그들의 요구를 관철하는 습관이 되면 안 됩니다. 나중에 어른이 되어서도 그런 방법으로 자신이 원하는 것을 얻으려 할 것이기 때문입니다. 그래서 세 살 버릇이 여든까지 간다고 하는 것입니다. 아이들은 자기가 원하는 것이 있을 때 밝고 맑게 웃으면서 그들의 소원을 요구하는 습관이 되어야 합니다. 그래야 어른이 되어서도 웃고 즐거워하며 자신의 소원을 이루어갈 것입니다.

아이들을 어려서부터 정상적으로 요구하는 버릇을 들이는 것이 좋습니다. 버릇이 잘못되면 어른이 되어 배우자가 고생을 할 수도 있습니다. 무엇보다도 아이에게 붙어서 역사하는 영을 대적기도로 떠나가게 해야 합니다. 이는 그렇게 어렵지 않습니다. 아이에게 영향을 미치는 영은 침입한지 얼마 되지 않았기 때문에 정체가 폭로되면 쉽게 떠나가는 것이 보통입니다. 그래서 저는 항상 이렇게 강조를 합니다. 아이들을 어려서부터 성령 체질화가 되게 하라는 것입니다. 어려서 신앙생활이 어른이 되어도 연결이 되기 때문입니다.

11장 자녀에게 대적기도 하도록 훈련하는 법

아이들에게 지금 자기가 하는 행동이 악한 영이 장난을 치는 것이라고 알려주는 것입니다. 부모가 관심을 가지고 잘 설명하며 이해를 시키면 악한 영의 행동을 분별하는 능력이 개발이 됩니다. 아이들은 어느 정도만 훈련이 되면 영의 느낌에 대해서 잘 알게 되고 악한 영들이 장난을 치는 것을 쉽게 느낍니다. 그들은 불순종하고 지나치게 까불거나 욕심을 부리거나 동생과 싸우거나 서로 화를 내거나 세상적인 오락이나 즐거움에 빠지고 나면 영이 답답해지고 막히는 것을 금방 느낍니다.

그들은 어른들보다 훨씬 더 영이 맑고 아름답고 예민합니다. 믿음의 삶과 영적 성장은 하루아침에 이루어지는 것이 아니라, 평생을 걸어가야 하는 마라톤과 같은 것입니다. 우리가 사는 한 항상 삶에는 마귀의 유혹이 있고, 영적인 전쟁이 있으며, 악한 영들과의 부딪침이 있습니다. 영적 전쟁을 아이들에게 가르치는 것, 그것은 아주 중요한 것입니다. 그것은 아이들의 신앙과 영성과 미래에 아주 놀라운 유익을 안겨줄 것입니다. 저는 항상 이렇게 말합니다. 영적인 지식과 체험을 하는 것은 평생 인생을 살아가면서 재산이라고 합니다.

세상 아무 곳에서나 얻을 수 없는 산지식이고 체험입니다. 아이들에게 영적전쟁 하는 방법을 지속적으로 알려주세요. 아이들의 영은 맑기 때문에 평생기억을 하게 됩니다.

12장 혈통의 대물림을 대적하여 끊는 비밀

혈통의 대물림을 분별하여 자녀에게 흐르지 않도록 끊으십시오. 상처도 대물림이 된다는 것을 명심해야 합니다. 혈통의 대물림을 무시하면 안 됩니다. 대물림은 예수를 믿고 성령의 권세로 끊을 때까지 영향을 미칩니다. 절대로 부모가 당한 고통을 자녀에게 물려주지 말아야 합니다. 이는 조금만 관심을 가지면 끊을 수가 있습니다. 자녀들은 아버지의 정과 어머니의 피를 받아 몸을 얻으며, 어머니의 몸 안에서 10개월을 보내고 이 세상으로 나옵니다. 그런 과정에서 부모의 육체적인 특성을 많이 물려받게 됩니다. 또한 부모들의 성품도 자녀들에게 유전됩니다. 영적인 문제도 유전이 됩니다.

그런데 부모들에게 좋은 것만 이어지면 참 좋겠지만, 부모의 좋지 않은 부분까지 자녀들에게 유전됩니다. 부모의 어두운 유전이 자녀들에게 전달되지 않도록 막는 방법은 있습니다. 부모에게 붙어 역사하던 악한 영들이 대를 이어 자녀에게 내려가지 않도록 그러한 고통의 배후에 있는 마귀를 분별하여 주 예수의 이름으로 부수는 것입니다. 대물림의 줄을 예수 이름으로 끊어버리고 악한 영을 내쫓는다면 그것은 자신의 대에서 끝나며 자녀들은 그 동일한 영을 받아서 동일한 고통을 받을 필요가 없어지는 것입니다. 적극적으로 감당해야 합니다. 대물을 끊는 대적기도에 대해서는 7부에서 상세하게 제시하여 드립니다. 대물림을 끊는 대적기도와 성령의 권세를 이용하여 혈통에 역사하는 악한 영들을 축귀하시기를 바랍니다.

우리 모든 가정들이 성령으로 충만하여 하늘의 복을 받는 가정이 되어야 합니다. 가정에 흐르는 영들을 분별하여 대적하여 가정에 성령의 역사가 장악하게 해야 합니다. 그리하여 가정을 천사가 둘러 진을 치며 보호하여 모든 가정이 천국 되시기를 소원합니다.

13장 환란 풍파의 영 대적기도

지금 예수를 믿는 가정이 이해할 수 없는 환란과 풍파를 당하면서 살아가는 가정이 많습니다. 가정에 환란과 풍파를 일으키는 배후가 있다는 것입니다. 배후를 찾아내야 완전한 치유가 됩니다. 예수님께서 제자와 더불어 갈릴리 바다를 건너가다가 큰 풍랑을 만났습니다. 배가 침몰할 위기에 처하고, 예수님의 제자들은 아비규환의 절망에 떨어졌습니다. 그때 예수님이 잠에서 일어나 바람과 바다를 꾸짖었으며 즉시 잠잠해 졌습니다. 나무를 보고 꾸짖는다고 나무가 들을 턱이 없습니다. 나무는 귀도 없고 생각도 없지요. 바위를 보고 꾸짖는다고 해서 응답하지 않습니다. 바위는 귀도 없고 말도 못합니다. 태산을 보고 꾸짖어 보았자 태산이 꾸짖음을 듣지 않습니다. 꾸짖는다는 것은 인격적인 존재가 되어야 꾸짖을 수 있는 것입니다.

살아있는 인격적인 존재가 되어야 꾸짖을 수 있는 것입니다. 예수님이 바람이나 바다가 귀도 없고 생각도 없는데 꾸짖는다고 해서 효과가 생기는 것이 아닙니다. 바람과 바다 배후에서 이를 조종하고 있는 원수 마귀가 있었기 때문에 주님께서 그 배후에 인격적인 존재를 향해서 꾸짖으신 것입니다. 주님께서 그냥 말씀하셨다면 말씀을 통해서 기적이 일어나는 것입니다. 빛이 있으라. 궁창이 생겨나라. 물이 한곳으로 모여라. 말씀이 꾸짖는다는 것은 잘못한 일을 하고 있는 배후에 세력이 있기 때문에 주님이 꾸짖는 것입니다.

갈릴리의 바다에 풍랑이 일게 한 것은 예수님과 제자들을 물에 빠뜨려 몰살시키려는 배후에 마귀의 역사가 있었기 때문에, 주님이 그 인격적인 마귀를 향해서 꾸짖었습니다. 그러자 즉시로 바람과 바다가 잠잠해진 것입니다. 인생광풍과 배후에 세력도 한가지입니다. 우리가 인생을 살아갈 때 여러 가지 인생광풍이 불어오지 않습니까? 국가적으로 사회적으로 가정적으로 개인적인 광풍은 그 배후에 광풍을 일으키는 마귀가 있는 것을 알아야 됩니다.

우리가 교회에 나오고 예수 믿고 정상적인 삶을 살고 있는데도 불구하고 광풍이 불어 닥칠 때는 귀신을 쫓아내어야만 되는 것입니다. 귀신이 쫓겨 나가면 풍랑이 잠잠해지는 것입니다. 귀신을 그대로 두고 아무리 우리가 신앙생활 하려고 해도 절대로 평안이 다가오지 않는 것입니다. 그렇기 때문에 우리의 삶속에 광풍이 다가오면 광풍의 원인자인 귀신을 알아내고 쫓아내야 됩니다. 왜냐하면 우리가 귀신을 쫓아내지 아니하면 하나님이 그냥 쫓아내지는 않습니다. 성경에는 너희가 귀신을 쫓아내라고 말씀하는 것입니다. 우리가 예수 이름으로 쫓아내야지 다른 사람이 와서 쫓아내주지 않기 때문인 것입니다. 먼저 집에 들어가서 강한 자를 묶어야 그 집에 있는 세간을 늑탈할 수 있다고 성경은 말하고 있는 것입니다.

강한 자가 점령하고 있을 때, 그냥 들어가서 세간을 빼앗을 수 있나요? 강한 자를 묶어야지요. 이 강한 자는 바로 눈에 안 보이는 영적인 마귀라는 것을 알아야만 되는 것입니다. 우리 예수 믿는 사람은 이 사실을 알고 깨닫고 있기 때문에 우리가 혈과 육에 대한 싸움을 하지 말고, 사람을 대항하여 싸우지 말고, 그 배후에서 사람을 조종하는 원수마귀를 예수 이름으로 묶어 버리면 그 사람이 아무 힘도 없게 되어 버리고 마는 것입니다.

이렇게 대적기도를 하시기 바랍니다. 성령이여 임하소서. 성령의 임재가 깊어지면 명령하세요. 중요한 것은 성령으로 장악당하지 않은 악귀는 묶어야 합니다. "나의 가정에 환란 풍파를 일으키는 영은 예수 이름으로 명하노니 결박될지어다." "나의 가정에 환란 풍파를 일으키는 영은 예수 이름으로 명하노니 결박될지어다." 만약에 성령으로 장악이 되었다면 "나의 가정에 환란풍파를 일으키는 귀신은 예수 이름으로 명하노니 떠나갈지어다." "나의 가정에 환란풍파를 일으키는 귀신은 예수 이름으로 명하노니 떠나갈지어다." 그런데 중요한 것은 막연하게 환란과 풍파의 영이라고 하지 말고, 환란과 풍파를 일으키는 구체적인 제목을 거명하며 대적기도를 하라는 것입니다. 예를 든다면 "우리가정에 역사하며 교통사고가 나게 하는 귀신은 예수 이름으로 명하노니 떠나가라." 이렇게 하라는 것입니다. 그리고 반대 영을 공급하여 채워야 합니다. "나의 가정에 환란풍파를 일으키는 귀신이 떠난 자리에 성령의 권능으로 채워질지어다. 축복의 영으로 채워질 지어다" 호흡 기도를 지속적으로 하면서 성령의 충만을 요청하세요. 성령으로 충만해야 환란풍파의 영이 떠나가는 것입니다. 반드시 말씀과 성령으로 채워야 합니다.

14장 물질축복위한 대적기도

모든 그리스도인들은 교회와 복음 증거와 선교를 위하여 모두 부자가 되어야 합니다. 이 땅에 하나님의 나라를 만들기 위해서 부자가 되어야 합니다. 하나님은 예수를 믿는 자를 통하여 하나님의 나라를 이루시는 분이십니다. 하나님은 예수를 믿는 우리에게 소원을 두고 행하신다고 말씀하고 계십니다(빌 2:13). 그러므로 예수를 믿는 우리는 전인적인 복을 받아 모든 면에 풍성한 삶을 살아가면서 하나님나라를 확장하는 도구가 되어야 합니다. 하나님은 믿음의 조상 아브라함을 불러내어 복을 주셨습니다. 하나님의 음성에 순종하여 고향과 친척과 아버지 집을 떠나온 아브라함은 기근이 심하여 먹고 살아갈 길이 막연해지자 살기 위하여 애굽으로 들어갔습니다. 분명히 하나님은 아브라함에게 애굽으로 가라고 하지 않았습니다. 그런데 아브라함이 먹고 살 것이 없게 되자 먹을 것을 구하기 위하여 애굽으로 들어갔습니다. 그러다가 자기의 아내를 누이라고 속이는 바람에 졸지에 애굽 왕에게 자신의 아내 사라를 빼앗길 위기에 처했습니다.

그러나 하나님의 기적적인 역사로 아내를 돌려받고 애굽에서 나와서 가나안으로 갑니다. 그런데 애굽에서 아브라함이 나올 때에 하나님의 은혜로 가축과 은과 금이 풍부했다고 했습니다(창13:1-2).그리고 창세기 24장 35-36절에 보면 아브라함의 며느리를 얻기 위해서 보냄을 받은 아브라함의 종이 그 주인에 대한 보고를 할 때 이렇게 했습니다. "여호와께서 나의 주인에게 크게 복을 주시어 창성하게 하시되, 소와 양과 은금과 종들과 낙타와 나귀를 그에게 주셨고 나의 주인의 아내 사라가 노년에 나의 주인에게 아들을 낳으매 주인이 그의 모든 소유를 그 아들에게 주었나이다." 종조차도 하나님이 그의 주인 아브라함에게 소와 양과 은금과 종들과 낙타와 나귀를 풍부하게 주셨다고 증거하고 있습니다.

아브라함은 많은 고난을 받고 깨어지면서 순종과 믿음은 배웠지만은 물질적으로 가난하지 않고 궁핍하지 않았다는 것입니다. 그러면 아브라함의 아들이삭은 어떻게 되었을까요? 창세기 26장 12-14절에 보면 이삭이 그 땅에서 농사하여 그해 백배나 얻었고 하나님께서 복을 주심으로 창대하고 왕성하여 마침내 거부가 되었다고 했습니다. 양과 소가 떼를 이루고 노복이 심히 많으므로 블레셋 사람이 그를 시기했다고 했습니다. 이 말씀은 곧 하나님이 복을 주시면 그 물질적인 생활에 창대함을 얻는다고 말씀하고 있는 것입니다. 하나님은 이렇게 하나님의 음성을 듣고 순종하는 자에게 복을 주시고 하나님의 뜻을 이루게 하시는 하나님이십니다. 하나님의 음성을 듣는 자는 영에 속한 성령의 인도를 받는 사람이기 때문입니다. 하나님은 하나님의 음성을 듣고 순종하는 영의 사람과 상관하시기 때문입니다.

가난은 절대로 하나님의 뜻이 아닙니다. 성령의 임재 하에 축복을 끌어당기시기를 바랍니다. 축복을 받기 위하여 심령을 성령으로 충만하게 채우시기를 바랍니다.

이렇게 대적기도를 하시기 바랍니다. 성령이여 임하소서. 성령의 임재가 깊어지면 명령하세요. 달라고 하지 말고 선포하고 명령하세요. "우리가정에 역사하며 물질이 세어나가게 하는 영은 떠나갈 지어다." "우리 가정에 재정에 축복이 임할지어다." "나에게 내가 원하는 직장이 생겨날지어다." "우리 가정은 하나님의 축복을 받는 가정이 될 지어다." "우리 집안의 가난의 영은 물러갈지어다." "우리 집안에 재정에 축복이 임할지어다." "우리 남편의 손에 돈을 버는 능력이 임할 지어다" "돈아 와라." "내가 예수 그리스도 이름으로 명하노니" "우리 사업장은 성장할지어다. 나날이 성장할 지어다. 매출과 수입이 늘어날지어다." "내가 예수 그리스도 이름으로 기도하오니 우리 가정에 재정의 축복이 임할지어다. 아브라함의 복이 임할지어다. 재정이 풍성해질지어다." 이렇게 지속적으로 선포하며 대적기도 하시기를 바랍니다. 더 자세한 것은 "기독교인의 인생문제 치유하기 1권"과 "물질축복 받는 비결"을 참고 하시기를 바랍니다.

15장 부모 자녀 간 갈등의 영 대적기도

지금 세상에는 부모-자녀간의 갈등으로 인하여 사회문제로 대두되고 있습니다. 우리 예수를 믿는 성도들은 부모-자녀간의 갈등을 성경적인 방법으로 해소해야 합니다.

1.부모-자녀간의 갈등이 생기는 일반적인 원인은 이렇다.

1) 올바른 부부 관계의 상실로 인하여 생깁니다. 올바른 부부 관계가 결혼 생활의 제1순위라는 사실을 망각할 때 반드시 자녀와의 사이에서도 문제가 생깁니다. 부모는 자녀가 선택할 수 없는 첫 번째 스승이요, 인생에 있어서 그 길을 인도하는 중요한 스승으로서 자녀에게 가장 중요한 정서적, 인지적, 도덕적 능력을 심어 주기 때문입니다.

2) 가치관의 차이, 세대차이로 생깁니다. 선진국에서는 300-400년에 걸쳐서 일어난 산업화가 우리나라에서는 불과 30-40년 만에 일어났기 때문에 그 가치관은 우리가 깨닫고 대처할 수 없을 정도로 급격하게 변하고 말았습니다. 이로 인하여 부모와 자녀 간에 이해할 수 없는 세대차가 존재하게 되었고 이 차이를 이해하지 못함으로 인한 갈등은 엄청납니다.

3) 서로를 인정하거나 수용하지 않음으로 생깁니다. 엄청난 세대 차이가 있음에도 불구하고 부모들은 자기들의 입장에서만 자녀를 바라보려 하고 또 자신들이 가지고 있는 삶의 지혜를 자녀들에게 강요하려고 합니다. 이럴 때 자녀들에게 일방적인 지시나 훈계, 명령을 하는 것이 보통이지만 그 강도가 강하면 강할수록 반발하는 것도 거기에 비례합니다. 이런 팽팽한 관계가 지속되다보면 서로에 대한 관계의 줄이 끊어지면서 서로에게 엄청난 상처를 주는 경우가 많습니다.

4) 바람직한 대화의 부재로 생깁니다. TV나 컴퓨터가 부모와 자녀간의 대화를 가로 막습니다. 대화가 없다는 것은 그만

큼 서로 간에 '막힌 담'이 두터워지고 높아진다는 것을 의미합니다. 오해와 왜곡이 판을 치게 되고 이것은 결국 서로 간에 불신과 갈등을 일으키게 합니다.

5) 부모-자녀간의 심한 의존성이 오히려 '짐'으로 느껴질 때 생깁니다. 신체적인 질병, 장애로 인한 의존이나 장기적인 돌봄을 기대하는데 다른 쪽에서는 부담을 느낄 때 갈등이 생길 수 있습니다. 특별히 노부모를 둔 가정이나 심신 장애 자녀를 둔 가정에서 이런 갈등이 발생할 가능성이 높습니다.

2.자녀와의 갈등을 해결하기 위해서 이렇게 해보기 바란다.

1) 자녀에게 우선 삶과 신앙이 일치되는 모습을 보여 주어야 합니다. 하나님 안에서 살아가는 신앙인으로서의 올바른 부모 된 모습을 자녀들에게 보여줄 때 자녀 역시 바른 경건한 하나님의 자녀로 성장합니다. 또 그런 영적인 권위와 삶을 보여주는 부모라면 그 가정에서 자녀와의 갈등은 일어나지 않습니다.

2) 자녀에게 사랑과 축복의 대화를 적극적으로 하여야 합니다. 특별히 부모 된 자들의 권한중의 중요한 하나가 자녀들을 축복하는 것입니다. 부모의 축복과 격려를 받고 자란 자녀들은 그 '말의 씨'대로 자라나게 됩니다. 특별히 영적인 제사장인 아버지가 해주는 축복이라든지 어머니의 사랑이 담긴 기도는 우리 자녀를 올바른 길로 인도하는 첩경입니다. 자녀에게 "높은

가치"를 주는 표현을 해주고 긍정적이고 미래지향적인 표현들을 자주하시기 바랍니다.

3) 자녀에 대한 비전을 갖아야 하고 자녀에게도 **꿈을 갖도록 해야 합니다.** 부모가 먼저 하나님께서 우리 자녀에게 주신 달란트를 생각하면서 비전을 갖아야 하고 자녀 스스로도 그러한 꿈을 갖도록 도와주어야 합니다. 그 꿈을 실현하기 위한 방법에 대하여 자녀와 대화도 나누고 도울 수 있는 방안, 자녀 스스로 할 수 있는 방법들을 토론하면서 그 꿈을 구체화시켜 가야 합니다.

4) **자녀를 위한 믿음의 기도를 쉬지 않고 해야 합니다.** 영적인 전투가 너무나도 심한 이 시대에 경건한 자녀를 잘 양육하여 하나님께 다시 드린다는 것은 참으로 어려운 일이고 우리 인간의 힘으로만 결코 성취되지 않는 목표일 수 있습니다. 순간순간 깨어서 하나님께 기도하고 바라는 부모의 모습이 있을 때 우리 자녀는 그러한 모습으로 성장해 가게 될 것입니다.

5) **가정예배를 드리거나 QT 나눔의 시간을 갖는 것도 좋은 방법입니다.** 우리의 가정에 성령이 살아 역사하시도록 만드는 것이 자녀와의 갈등을 해결하고 올바른 자녀로 양육하는 가장 좋은 방법입니다. 특별히 가정예배에 대한 고정관념을 버릴 필요가 있습니다. 가정의 문화에 따라서, 또 자녀들의 연령에 따라서 다양한 방법으로 자녀의 눈높이에 맞춘 가정예배를 드리는 것이 좋습니다. 가정예배는 엄숙한 자리라기보다는 축제가 되고 기쁨이 넘치는 자리가 되어야 합니다.

6) 가족만의 이벤트를 가질 필요가 있습니다. 가족만의 시간을 통해서 서로의 삶을 나누고 즐거움을 공유할 필요가 있습니다. 또 가족 간의 대소사를 가족회의에 부쳐서 서로가 이해하고 공유하도록 해서 공동의 참여 정신을 갖도록 하는 것이 중요합니다.

7) 자녀를 노엽게 하지 말아야 합니다. 자녀들을 기르는 데는 영적 지혜와 재치가 필요합니다. 이 중요한 영적 시기에 자기 욕심대로 아이들을 영적 노예로 만들어서는 안 됩니다. 우리의 아이들은 독립된 인격체이며 우리가 입힌 마음의 상처는 그가 자란 후에 우리에게 되돌아오게 됩니다. 문제 아이는 문제 부모가 만든다는 것을 꼭 명심하여야 합니다.

3.대적기도를 하라.

치유를 받으려면 먼저 성령으로 세례를 받아야 합니다. 성령으로 세례를 받은 후에 내적치유를 해야 합니다. 내적치유를 하여 성령이 장악을 해야 대적기도가 효과가 있습니다. 대적기도는 이렇게 하시기 바랍니다. 성령이여 임하소서. 성령의 임재가 깊어지면 명령하세요. "우리 가정에 역사하며 부모와 자녀를 이간하는 더러운 영은 예수 이름으로 명하노니 떠나갈지어다." "우리 가정에 역사하며 부모와 자녀를 분리시키는 귀신은 예수 이름으로 명하노니 떠나갈지어다." 대적기도를 할 때 막연하게 우리 가정에 역사하며 부모와 자녀를 분리시키는 영은 떠나가라. 하는 것보다 구체적인 문제를 거명하며 대적기도를 하는 것이 훨씬 효과가 있습니다. "우리가정에 부부간 의견 충돌을 일으키는 더러운 영은 떠나가라." "우리 가정에 역사하며 부모와 자녀 사이에 의견 충돌을 일으키는 더러운 영은 예수 이름으로 명하노니 떠나가라."

이렇게 하라는 말입니다. "우리 가정에 역사하며 의견충돌을 일으키던 귀신이 떠난 자리에 성령의 은혜가 임할지어다. 서로 양보하는 영이 임할 지어다. 서로 이해하는 영이 임할 지어다" 지속적으로 보증의 역사가 나타날 때까지 의지를 가지고 대적기도를 해야 합니다. 가정을 하나 되지 못하게 하는 악한 영은 밖에 있는 것이 아니고 모두 사람 안에서 역사한다는 것을 명심해야 합니다. 호흡 기도를 지속적으로 하면서 대적하고 명령하세요. 그러면 하품이나 기침이나 재채기를 통해서 불안의 영들이 떠나갑니다. 성령의 역사가 항상 자신과 가정에 충만하도록 기도하십시오. 깊은 영의 기도와 찬양을 하십시오.

16장 가정불화 일으키는 영 대적기도

하나님은 세상의 모든 가정들이 행복하기를 원하십니다. 가정의 불화는 최초 에덴동산에서부터 불화가 시작이 되었습니다. 불신자의 가정 뿐 만아니라, 예수를 믿는 가정도 불화가 만연하고 있습니다. 제가 그동안 치유 사역을 하면서 체험한 바로는 부모가 상처가 많은 경우 가정불화가 심했습니다. 상처로 인하여 악한 영의 역사가 가정을 장악하여 불화가 일어나게 하는 것입니다. 가정불화는 가족 모두가 영적인 것을 인정하고 하나가 되어야 해결이 됩니다. 가족 구성원들이 모두 자신들에게 문제가 있다는 것을 인정하고 말씀과 성령으로 치유 받으려고만 한다면 치유되는 것은 시간문제입니다.

그러나 이기주의가 되어 서로에게 문제가 있다고 한다면 해결은 되지 안 습니다. 제일 좋은 방법은 가족치유입니다. 가족 전체가 한마음이 되어 치유를 받는 것입니다. 그러면 좀 더 빨리 행복한 가정이 될 수가 있습니다. 무엇보다도 가장이 심각성을 깨닫고 앞장설 때 치유는 빨리 됩니다.

치유를 받으려면 먼저 성령으로 세례를 받아야 합니다. 성령으로 세례를 받은 후에 내적치유를 해야 합니다. 내적치유를 하여 성령이 장악을 해야 대적기도가 효과가 있습니다. 대적기도는 이렇게 하시기 바랍니다. 성령이여 임하소서. 성령의 임재가 깊어지면 명령하세요. "우리 가정에 역사하며 가정불화를 일으키는 더러운 영은 예수 이름으로 명하노니 떠나갈지어다." "우리 가정에 역사하며 가정불화를 일으키는 귀신은 예수 이름으로 명하노니 떠나갈지어다." 대적기도를 할 때 막연하게 우리 가정에 역사하며 가정불화를 일으키는 영은 떠나가라. 하는 것보다 구체적인 가정불화를 거명하며 대적기도를 하는 것이 훨

썬 효과가 있습니다. "우리가정에 의견 충돌을 일으키는 더러운 영은 떠나가라." "우리 가정에 역사하며 서로에게 책임을 전가하게 하는 더러운 영은 예수 이름으로 명하노니 떠나가라." 이렇게 하라는 말입니다. "우리 가정에 불화를 일으키던 귀신이 떠난 자리에 성령의 은혜가 임할지어다. 유화 작용을 하는 영이 임할 지어다" 지속적으로 변화가 나타날 때까지 의지를 가지고 대적기도를 해야 합니다. 가정불화를 일으키는 악한 영은 밖에 있는 것이 아니고 모두 사람 안에서 역사한다는 것을 명심해야 합니다. 호흡 기도를 지속적으로 하면서 대적하고 명령하세요. 그러면 하품이나 기침이나 재채기를 통해서 불안의 영들이 떠나갑니다. 성령의 역사가 항상 자신과 가정에 충만하도록 기도하십시오. 깊은 영의 기도와 찬양을 하십시오.

17장 질병의 영 대적기도.

하나님은 가정들이 영육으로 강건한 가정이 되기를 원하십니다. 예수를 믿는 가정에 질병이 많이 생김으로 인하여 고통당하는 가정이 의외로 많이 있습니다. 제가 병원에 능력전도를 하러 다니면서 체험한 바로는 가족이 돌아가면서 병원에 입원하는 가정도 있었습니다. 이런 가정은 우연하게 질병들이 생기는 것이 아니라, 원인이 있다는 것입니다. 말씀과 성령으로 원인을 찾아야 합니다. 원인을 찾아 조치를 취하면서 대적기도를 해야 효과가 있습니다. 특별히 질병 중에는 혈통에 대물림되는 질병들이 있다는 것입니다. 이 모두를 인정해야 질병이 떠나가고 예수를 누리는 가정이 될 수가 있습니다.

제일 좋은 방법은 가족치유입니다. 가족 전체가 한마음이 되어 치유를 받는 것입니다. 그러면 좀 더 빨리 건강한 가정이 될 수가 있습니다. 무엇보다도 가장이 심각성을 깨닫고 앞장설 때 치유는 빨리 됩니다. 하나님은 가장을 통하여 축복하시기 때문입니다.

치유를 받기 전에 성령으로 세례를 받아야 합니다. 가족모두가 성령으로 세례를 받으면 금상첨화입니다. 성령으로 세례를 받은 다음에 내적치유를 합니다. 내적치유를 하여 성령이 장악을 해야 대적기도가 효과가 있습니다. 대적기도는 이렇게 하시기 바랍니다. 성령이여 임하소서. 성령의 임재가 깊어지면 명령하세요. "우리 가정에 역사하며 질병을 일으키는 더러운 영은 예수 이름으로 명하노니 떠나갈지어다." "우리 가정에 돌아가며 질병을 일으키는 귀신은 예수 이름으로 명하노니 떠나갈지어다." "우리 가계에 대물림하며 심장병을 일으키는 질병의 영의 줄이 끊어질지어다." "우리 가계에 대물림하며 심장병을 일으키는 질병의 영은 예수 이름으로 명하노니 떠나갈지어다." 대적기도를 할 때 막연하게 우리 가정에 역사하며 질병을 일으키는 영은 떠나가라. 하는 것보다 구체적인 질병을 거명하며 대적기도를 하는 것이 훨씬 효과가 있습니다. "우리 가정에 위장병을 일

으키는 더러운 영은 떠나가라." "우리 가정에 역사하며 간경화
를 일으키는 더러운 영은 예수 이름으로 명하노니 떠나가라." 이
렇게 말을 하며 선포하라는 말입니다. "우리 가정에 질병의 영
들이 떠난 자리에 건강의 축복이 임할지어다. 장수의 영이 임할
지어다"지속적으로 보증의 역사가 나타날 때까지 의지를 가지
고 대적기도를 해야 합니다. 혈통에 역사하며 질병을 일으키는
악한 영은 밖에 있는 것이 아니고 모두 사람 안에서 역사한다는
것을 명심해야 합니다. 호흡 기도를 지속적으로 하면서 대적하
고 명령하세요. 그러면 하품이나 기침이나 재채기를 통해서 질
병의 영들이 떠나갑니다. 성령의 역사가 항상 자신과 가정에 충
만하도록 기도하십시오. 깊은 영의 기도와 찬양을 하십시오.
더 상세한 것은 "신유은사 전문인이 되는 비밀"과 "가계가 축복
받는 선포기도문"책을 읽어보시기를 바랍니다.

5부 자녀의 축복을 위한 대적기도

(눅 2:52)"예수는 지혜와 키가 자라가며 하나님과 사람에
게 더욱 사랑스러워 가시더라"

우리는 대개 무엇을 보면서 마음에 있는 자신의 이상형과 연
결을 시키곤 합니다. 좋은 집을 보면 나도 저런 집을 가졌으면
합니다. 예쁘거나 잘 생긴 모델을 보면 나도 저런 모델처럼 생
겼으면 하는 생각을 갖습니다. 그 반대의 경우도 마찬가지입니
다. 나쁜 사람을 보면 나는 저렇게 살지 말아야지 하는 생각을
합니다. 특별히 요즘 한국 사회를 보면 나는 '저런 사람처럼 되
지는 말아야지'라는 마음을 먹곤 합니다. 권력과 정치의 중심에
있던 사람들이 기업에 특혜를 주어 엄청난 검은 돈을 챙겼습니
다. 일부 국회의원 당선자들은 정직하지 못한 방법으로 국회의
원이 되었음에도, 염치를 모르고 반성 하지 않고 어떻게든 국회
의원직을 고수하려 합니다. 그런가하면 불교계의 도박 파동에
서 보듯이 일반인보다 더 도덕적이고 정직하고 청정해야 할 종
교인들이 그렇지 못한 모습을 보여주어 사회에 실망을 줍니다.
이런 모습을 보면 '저렇게 되지는 말아야지, 저런 사람은 되지
말아야지'하는 마음을 먹습니다.

'저런 사람은 되지 말아야지'하는 마음은 역설적으로 '이런 사람이 되었으면'하는 마음이기도 합니다. 사회가 혼란하고, 살기가 어렵고, 도덕이 흔들리고, 정치가 제대로 이루어지지 않을수록 '저런 사람'이 아니라 '이런 사람이 있었으면'하는 생각이 더욱 간절해집니다.

　나다니엘 호돈이 지은 '큰 바위 얼굴'이라는 그리 길지 않은 미국 소설이 있습니다. 제가 초등학교에 다닐 때 교과서 나오기도 하였지요. 대략적인 내용은 이렇습니다. 큰 바위 얼굴이 있는 마을 사람들은 대대로 큰 바위 얼굴을 닮은 훌륭하고 위대한 사람이 나타날 것을 기대하고 기다렸습니다. 모두가 존경할만한 위대한 '이런 사람'을 기다린 것이지요. 마을 사람들은 많은 사람들에게서 큰 바위얼굴을 찾으려고 하였습니다. 그러나 큰 바위 얼굴은 도시에 나가서 큰돈을 벌어 자랑스럽게 돌아 온 사업가 개더골드도 아니었고, 수많은 전투에서 공을 세워 장군으로 출세해 금의환향한 올드 블러드 앤드 선더도 아니었고, 정치가로 성공하여 화려하게 돌아온 올드 스토니 피즈도 아니었고, 감동적인 시로 큰 바위얼굴을 노래한 시인도 아니었습니다. 어려서부터 큰 바위 얼굴을 쳐다보며 그 얼굴에 담긴 정신을 닮으며 자라난 어니스트가 바로'큰 바위 얼굴'이었던 것입니다. 모두가 기다리던 '이런 사람'이 된 것입니다.

　모든 사람이 이상으로 삼고 기다리는 사람, 세상에서 나타나기를 기다리는 '이런 사람'을 동양에서는 군자(君子)요 대인(大

人)이라합니다. 우리말로는 참사람이라고 합니다. 철학에서 철인(哲人) 혹은 초인(超人)이라고 합니다. 성경에서는 하나님의 사람이요, 하나님의 자녀요, 하나님의 일꾼이라고 말합니다.

오늘날 많은 사람들이 나타나기를 기다리고 고대한 '이런 사람'은 어떤 사람입니까? 당신은 어떤 사람을 기다립니까? 어떤 사람이 내가 기꺼이 기대하고 받아들일 수 있는 사람입니까? 어떤 사람이 우리 사회에 필요한 사람이라고 생각합니까? 어떤 사람이 내가 참으로 되고 싶은 사람입니까? 어떤 사람이 자신 있게 자녀들이나 손자 손녀들에게 정말 그렇게 되기를 간절히 빌며 너는 '이런 사람'이 되면 좋겠다고 말해 줄 수 있는 그런 사람입니까?

우리는 자녀들이나 가족들에게 '이런 사람'에 대하여 말 해 주고 싶어 합니다. 그러나 그럴 경우 부정(否定)의 언어를 자주 사용하는 방식은 좋지 않습니다. 부정의 언어로 이야기하면 긍정의 언어로 이야기 할 때보다 교육적으로나 심리적으로 효과가 적은 경우가 많이 있다고 합니다. 어떤 말은 아주 효과가 없습니다. 예를 들면 "여러분! 지금 호랑이를 생각하지 마세요"하면 이 말은 심리적으로도 논리적으로도 불가능하다고 합니다. 자한번 실험 해 보시죠. 생각하지 말아야할 대상이 '호랑이' 죠?, '호랑이'를 생각하지 않으려면 모순적으로 '호랑이'를 생각해야 됩니다. 절대 될 수 없는 요청입니다. 부정의 언어에는 이런 요소가 많아요. 긍정의 언어로 그냥 일찍 들어와라 하면 될 것을

'애야, 늦게 들어오지 마라'합니다. 그러면'아 늦지만 않으면 되는 구나'하고 마음 바탕에 부정적이고 소극적인 그림자가 자리를 잡습니다. '좋은 친구 사귀어라'하면 될 것을 '나쁜 친구 사귀지 마라'합니다. 그러면 우리 자녀들의 마음의 에너지는 제일 먼저 '누가 나쁜 친구지?'하면서 먼저 나쁜 친구를 찾아내는데 사용됩니다, 좋은 친구를 바로 옆에 두고도 주목하지 않고 나쁜 친구를 먼저 발견하려 합니다. "술 먹지 말고 일찍 들어와요", 아내의 이런 부탁은 실망할 확률이 많다고 합니다. 모처럼 일찍 들어오다가도 갑자기 무슨 생각이 나요? '술 생각'이 난다고 합니다. 왜냐하면 '술 먹지 말고'일찍 들어오라고 했으니까, 무의식적으로 술 생각이 난다는 것입니다.

자녀들에게 내가 진정 바라는 사람의 모습을 이야기 해 줄 때 "너 저런 사람 되지 마, 이것 하지 마, 저것 하지 마"보다는 나는 "이런 사람이 되면 좋겠다." "이것을 먼저 해보자"등등 긍정의 언어를 사용하세요. 기도 할 때에도 "오늘 나쁜 일 안하게 해주세요, 우리 애들 아프지 않게 해주세요" 보다는 비교적 긍정의 기도를 많이 하는 게 좋습니다. 맥아더 장군의 "자녀를 위한 기도"에서 이러한 점을 배울 수 있습니다. 맥아더 장군은 50이 넘어 느지막하게 외아들을 둔 사람입니다. 늦게 얻은 자녀가 얼마나 귀여웠을까요? 또 늦게 얻은 자녀에게 들려주고 싶은 말들은 얼마나 많았을까요? 그는 자녀에게 해 주고 싶은 말을 이렇게 기도에 담았습니다.

"주여, 제게 이런 자녀가 되게 하소서

약할 때에 자기를 아는 강한 힘과,

두려울 때에 자신을 잃지 않는 용기를 가지고,

정직한 패배에 부끄러워하지 않고 태연하게 하며,

겸손하고 온유할 수 있는 자녀를 주시옵소서.

생각해야 할 때에 고집하지 말게 하시고,

저들로 하여금 마땅히 앞서야 할 때에 뒤서지 않게 하시며.

당신과 자신을 아는 것이 지식의 근원임을 알게 하소서.

바라옵건대 그를 요행과 안일의 길로 인도하지 마시고,

고난과 도전에 대하여 분투 항거할 줄 알도록 인도하여 주시옵소서.

그리하여 폭풍 속에서도 용감히 싸울 줄 알고,

패자에게 긍휼을 베풀도록 가르쳐 주소서.

마음은 깨끗하며, 목표는 높게 하시고,

남을 정복하기 전에 자신을 다스리게 하시며,

웃음과 배움과 동시에 울음을 잊지 않으며,

미래를 지향하는 동시에 과거를 잊지 않도록 하옵소서.

이 모든 것을 주신 후에 기도 하옵나니,

겸하여 유머를 알게 하시어 인생을 엄숙히 살아감과 동시에

삶을 즐길 줄 아는 마음과 자시자신을 너무 중대하게 여기지

말게 하시고, 겸손을 주사 참으로 위대함은 소박한 것에 있음을

항상 기억하게 하시고, 참 지혜에 대하여 마음을 열며, 참된 힘

에 대하여 온유하게 하소서.

그리하여 나, 그의 어버이는 '나의 헛된 생을 살지 아니 하였노라.'고 속삭이게 하소서, 아멘."

맥아더는 "너는 이런 사람이 되었으면 좋겠다"아들에게 들려주고 싶은 말과 자녀를 향한 마음의 소원을 기도에 담았습니다. 우리의 마음에는 "이런 사람"에 대한 분명한 인간상이 있어야 합니다. 그리고 자녀들에게 "너희는 이런 사람이 되어라"라고 분명히 말해 줄 "이런 사람"이 정리되어 있어야 합니다. 하나님께 기도 할 때도 "하나님 저의 자녀가 '이런 사람'이 되면 좋겠습니다."라는 간절한 마음의 내용이 있어야 합니다. "하나님! 잘되면 좋구요 안되면 말구요."이런 기도는 없습니다.

우리가 사는 세상에 대하여도 '이런 세상'이 마음에 있어야 합니다. 그래야 '이런 세상'이 되도록 기도하고, 시민으로서 '이런 세상'을 위한 일에 참여도 하고, 각종 선거 할 때 투표를 통하여 '이런 세상'을 위한 자신의 의사도 나타낼 수 있습니다. 우리 마음에 이런 사람, 이런 자녀, 이런 세상에 대함 마음의 정리가 있어야 한다는 것입니다.

그러면 예수께서는 제자들이 어떤 사람이 되기를 원하셨나요? 예수께서 생각하신 '이런 사람'은 어떤 사람인가요? 오늘 받들어 읽은 복음서에서 예수께서는 '이런 사람'이 되게 해 달라고 기도하셨는데, 예수께서 기도하신 '이런 사람'이란 곧 "진리를 위하여 몸을 바치는 사람"이었습니다(요한17:17).

빌라도는 예수님께 "진리가 무엇인가? What is truth?"(요한18:38)하고 물었습니다. 여러분 진리가 무엇인가요? 진리는 헬라어로는 '알레테이아'(aletheia), 영어로는 truth, 한자어로는 道라고 합니다. 지금 이 짧은 시간에 진리를 정의하기는 쉽지 않을 것입니다. 노자는 도덕경 처음에서 '道可道 非常道 名可名 非常名'(도가도 비상도 명가명 비상명) 이라는 유명한 말을 했습니다. 도 즉 진리를 말로 표현하면 이미 그 때 진리는 진리가 아니라는 뜻이지요. 도를 한마디로 말로 한글자의 단어로 표현 할 수 없다는 뜻입니다. 진리에 대한 깊은 통찰에서 나온 말입니다. 성경을 보면 예수께서 '진리'를 언급하신 구절이 많이 나옵니다. 요한 "그러면 너희는 진리를 알게 될 것이며 진리가 너희를 자유롭게 할 것이다."(요한 8:32). "나는 길이요 진리요 생명이다."(요한14:6). "이 사람들이 진리를 위하여 몸을 바치는 사람들이 되게 하여 주십시오, 아버지의 말씀이 곧 진리입니다."(요한 17:17).

진리에 대하여 알 수 있는 것은 진리는 하나님의 말씀이고, 참이고, 자유이고, 영원이고, 평화이고, 영원입니다. 우리 모두의 고향이고, 모든 존재의 기반입니다. 예수님께서는 제자들에게 가문도 아니고, 종단도 아니고, 나라도 아니고, 민족도 아닌 '진리'를 위하여 몸을 바치는 사람이 되게 해 달라고 기도하셨습니다. 주님께서는 오늘 우리에게 그리고 우리의 자녀들에게 진리를 알고, 진리를 따라 살고, 진리를 위하여 몸을 바치는 사람이 되라고 말씀하십니다. 예수께서 간절히 기도하신 '이런 사람'이란 곧 진리를 위하여 몸을 바치는 사람입니다. 예수께서 우리에게 진리를 위한 삶을 원하십니다.

그러나 진리를 위하여 몸 바치는 사람이 되는 것이 결코 쉽지 않습니다. 어려운 일이지요. 그러므로 이러한 사람이 되기 위해서는 끊임없는 기도가 필요합니다. 날마다 기도를 통하여 마음에 이런 사람의 품성을 담아내는 치열한 삶이 있어야 합니다. '이런 사람'은 저절로 되지 않습니다. '이런 사람'이 되려면 하나님께서 그 마음을 지켜주셔야 합니다. 모든 선함과 완전함의 근원인 하나님과 하나가 되어야 합니다. 하나님과 하나 됨에서 오는 기쁨이(요한17:13) 나와야 하고, 동기의식이 나와야 하고, 용기가 나와야 합니다.

이러한 모습은 소설 큰 바위얼굴에도 나옵니다. 어떻게 작은 시골 마을에서 나고 자란 평범한 한 시골 소년이 모두가 진심으로 인정하는 진정한 큰 바위 얼굴이 되었나요?

"어니스트는 하루의 일을 끝내고 나면, 몇 시간이고 그 바위를 쳐다보곤 했다. 그러면 그 큰 바위 얼굴이 자기를 알아보고, 따뜻한 미소를 띠며 자기를 격려하는 것 같다는 생각을 했다. 물론, 그 큰 바위 얼굴이 어니스트에게만 더 친절하게 비칠 리는 없다. 하지만 어린 어니스트의 생각이 무조건 틀린 것만은 아니었다. 그가 남과 다른 점이 하나 있기는 했다. 아직도 하루 일을 마치고 혼자 떨어져 그 큰 바위 얼굴을 쳐다보며 명상에 잠기는 것이었다. 다른 사람들이 보기에는 그것은 참으로 어리석은 일이었다. 사람들은 그 큰 바위 얼굴이 그의 선생님이나 마찬가지라는 사실을 알 수 없었다. 큰 바위 얼굴에 드러나는 고상한 감정이 이 젊은이의 가슴에 풍성한 애정을 심어준다는 사실을 몰랐던 것이다. 어니스트는 다른 사람보다 더 넓고 깊은 인정을 갖고 있었다. 그 큰 바위 얼굴은 어니스트에게 책에서 배우는 것보다 더 많은 지혜를 주었다."

'이런 사람'이 되고 싶고, '이런 자녀'를 두고 싶고, '이런 세상'을 보고 싶으십니까? '이런 사람'의 핵심은 진리를 아는, 진리를 사랑하는, 진리를 따라 사는 즉 "진리의 사람"이 되는 것입니다. 그러므로 먼저 진리 안에 거하는 '이런 사람', '이런 자녀', '이런 세상'을 내 마음에 품으십시오. 그리고 날마다 기도하십시오. 그리고 그 기도하는 대로 살아가십시오! 우리는 분명 진리를 따라 사는 '이런 사람'이 될 것이고, 진리를 위하여 헌신하는 '이런 자녀'를 두는 행복을 누릴 것이고, 진리가 살아있는 '이런 세상'을 사는 기쁨을 맛 볼 것입니다. 우리 자녀들을 위하여 기도합시다. 이 세상에 남겨두고 가는 것은 모두 자녀입니다. 성령 안에서 이런 자녀가 되게 하옵소서. 대적히며 선포하며 기도합시다.

1장 태중상처치유 대적기도

제가 지금까지 성령치유 사역을 하다가 보니 태중에서의 상처로 인하여 고통을 당하는 분들이 많습니다. 태중의 상처가 평소에는 잠복하여 있다가 스트레스를 받으면 고개를 들고 나와서 영육으로 문제를 일으킵니다. 기독교 신앙은 예방 신앙이어야 합니다. 어린 시절에 치유를 해버리면 자라면서 불필요한 고통을 당하지 않는 다는 것입니다. 예수를 믿는 분들이 당하는 고통은 어떻게 보면 영적으로 무지하고 깨닫지 못하고 안일하게 대처해서 당하는 경우가 많습니다. 태중의 상처를 어린 시절에 치유를 받으면 영육 간에 강건하게 지낼 수 있습니다. 치유하는 방법은 간단합니다. 부모가 자주 안수를 하면 됩니다. 아니면 성령 충만한 목사님에게 안수기도를 받으면 태중에서 받은 상처가 성령의 권능으로 서서히 없어집니다.

저는 어린 아이들을 대상으로 안수를 잘 합니다. 어린 아이들이 안수를 받으면 첫째로 건강하게 자랍니다. 둘째로 지혜로워집니다. 셋째로 혈통으로 내려오는 영적인 문제가 치유되어 영이 맑아집니다. 넷째로 상처와 질병이 치유가 됩니다. 상처와 영적인 문제는 어릴 적에 치유 받는 것이 제일로 좋은 방법입니다. 치유기도는 이렇게 하면 됩니다. 아이를 앉고 머리에 손을 얹어서 기도를 합니다. 자그마한 소리로 기도를 합니다. 어머니가 해도 됩니다. 아버지가 해도 좋습니다. 성령님 임하소서. 사로잡아 주옵소서. 우리 사랑하는 아이를 축복하여 주옵소서. 하나님의 은혜로 태어나게 하신 하나님 감사합니다. 우리 아이가 강건하게 하옵소서. 지혜로운 아이가 되게 하여 주옵소서. 세상 세파를 이기는 강함을 허락하여 주옵소서. 사람을 잘 만나는 복을 허락하여 주옵소서. 형통의 복이 함께하여 가는 곳마다 잘되게 하옵소서.

"내가 나사렛 예수의 이름으로 명하노니 태중에서 들어온 상처는 치유될 지어다. 태중에서 혈통을 타고 들어온 악한 세력은 떠나갈 지어다. 대물림되는 질병의 영은 떠나갈 지어다. 지혜로워질지어다. 강건하여 질지어다. 부모에게 순종 잘하는 아이가 될지어다. 사람 잘 만나는 축복이 임할 지어다." 예수님의 이름으로 기도합니다. 아멘. 지속적으로 안수를 하세요. 어릴 때부터 영적체질이 되어서 아주 좋습니다.

2장 순종하는 자녀되는 축복 대적기도

하나님은 부모에게 순종 잘하는 아이를 선택하여 사용하십니다. 이는 성경을 보면 잘 알 수가 있습니다. 이삭이 부모에게 순종을 잘했습니다. 야곱도 사기꾼기질이 있었지만 어머니 말에 순종을 잘했습니다. 요셉도 아버지에게 순종을 잘했습니다. 다윗도 부모에게 순종을 잘했습니다. 사무엘도 부모에게 순종을 잘했습니다. 반면에 삼손은 부모 말에 순종을 하지 않았습니다.

하나님은 부모에게 순종 잘하는 사람을 택하여 사용하십니다. 많은 분들이 어린 아이들에 대한 하나님의 뜻을 알려고 합니다. 아이들이 할 일은 하나님의 뜻을 구하는 것이 아닙니다. 현실에서 하나님에게 예배를 잘 드리면서 성령 충만하게 지내는 것입니다. 자기에게 주어진 공부를 열심히 하는 것입니다. 그리고 부모님의 말씀에 순종하는 것입니다. 그렇게 열심히 지내다가 보면 자신에게 유난하게 잘하는 것이 있습니다.

또 자신이 하고 싶은 충동이 강하게 일어나는 분야가 있습니다. 그것이 자녀가 앞으로 인생을 살아가면서 해야 하는 하나님의 뜻입니다. 이는 요셉을 보면 알 수가 있습니다. 요셉은 꿈으로 하나님의 뜻을 알려주었습니다. 결국 꿈으로 인하여 애굽의 국무총리가 되었습니다. 다윗은 양을 잘 돌보고 악기를 잘 다루며 물맷돌을 잘 던지는 것이었습니다.

부모 말에 순종을 잘하는 것이었습니다. 결국 그것을 통하여 이스라엘의 임금까지 되었습니다. 그러기 때문에 아이들은 어려서부터 하나님의 뜻을 알려고 하는 것은 무리입니다. 그렇다고 공부를 못해서 좋은 대학에 못가니 너는 목회자가 되기 위하여 신학교를 가라, 이것은 절대로 안 될 일입니다. 반드시 하나님의 뜻에 합해야 하고 본인 또한 사명을 받아야 합니다.

아이들이 순종 잘하는 자녀가 되도록 기도를 하시기를 바랍니다. 기도는 이렇게 하시기를 바랍니다. 아이를 앉고 머리에 손을 얹어서 기도를 합니다. 자그마한 소리로 기도를 합니다. 어머니가 해도 됩니다. 아버지가 해도 좋습니다. 성령님 임하소서. 사로잡아 주옵소서. 우리 사랑하는 아이를 축복하여 주옵소서. 하나님의 은혜로 태어나게 하신 하나님 감사합니다. 우리 아이가 강건하게 하옵소서. 지혜로운 아이가 되게 하여 주옵소서. 세상 세파를 이기는 강함을 허락하여 주옵소서. 특별히 부모 말에 순종 잘하는 아이가 되게 하여 주옵소서,

요셉과 같이 부모에게 순종을 잘하는 아이가 되게 하여 주옵소서. 어려서 부모에게 순종하는 습관을 들여서 어른이 되어 하나님에게 순종하여 쓰임 받게 하옵소서. 사람을 잘 만나는 복을 허락하여 주옵소서. 형통의 복이 함께하여 가는 곳마다 잘되게 하옵소서.

"내가 나사렛 예수의 이름으로 명하노니 우리 아이에게 순종의 영이 임할지어다. 요셉과 같이 순종 잘하는 아이가 될지어다. 예수 이름으로 명하노니 아이에게 역사하는 불순종의 영은 떠나갈지어다. 불순종의 영은 떠나갈지어다. 마음에 상처는 치유될 지어다. 심령이 옥토가 될지어다. 심성이 착한 아이가 될지어다. 하나님의 말씀에 순종 잘하는 아이가 될지어다. 형통의 복이 임할 지어다. 지혜로워질지어다. 영육으로 강건하여질지어다. 사람 잘 만나는 축복이 임할 지어다." 예수님의 이름으로 기도합니다. 아멘. 지속적으로 안수를 하세요. 어릴 때부터 영적체질이 되어서 아주 좋습니다.

3장 지혜로운 자녀되는 축복 대적기도

아이들이 성령으로 충만하면 지혜로워집니다. 어려서부터 안수를 받아 마음에 상처와 혈통으로 대물림되는 문제가 치유되면 지혜로워집니다. 성령으로 충만하면 마음이 안정이 되기 때문에 공부를 잘합니다. 아이들이 상처가 있으면 산만하고 집중하지 못하므로 공부를 하지 못합니다. 어려서 안수를 자주 함으로 산만하게 하는 상처가 떠나가니 아이가 안정을 찾는 것입니다. 많은 부모님들이 아이가 산만하다고 걱정을 합니다.

이는 걱정한다고 해결될 문제가 아닙니다. 이미 태중에서부터 상처를 받아 심신이 안정되지 못한 연고입니다. 제가 지금까지 성령치유 사역을 하면서 체험한 바로는 태중에서 상처를 받은 아이들이 산만했습니다. 반드시 하나님의 역사가 일어나야 산만한 것들이 치유가 됩니다. 그래서 어려서부터 안수를 받는 것입니다. 부모님이 안수를 하는 것입니다. 이것이 최고의 치유방법입니다.

기도는 이렇게 하시기를 바랍니다. 아이를 안고 머리에 손을 얹어서 기도를 합니다. 자그마한 소리로 기도를 합니다. 어머니가 해도 됩니다. 아버지가 해도 좋습니다. 성령이 충만한 목사님이면 더욱 좋습니다. 그런데 큰 교회 목사님들이 아이까지 안수 기도할 수가 없습니다. 그러나 작은 교회 목사님은 할 수가 있습니다. 성령님 임하소서. 사로잡아 주옵소서. 우리 사랑하는 아이를 축복하여 주옵소서. 하나님의 은혜로 이 세상에 태어나게 하신 하나님 감사합니다. 우리 아이가 강건하게 하옵소서. 안정한 심령이 되게 하여 주옵소서. 집중하고 몰입을 잘하게 하여 주옵소서. 사람을 잘 만나는 복을 허락하여 주옵소서. 형통의 복이 함께하여 가는 곳마다 잘되게 하옵소서.

"내가 나사렛 예수의 이름으로 명하노니 아이에게 집중하고 몰입을 잘하는 영이 임할지어다. 아이에게 역사하는 산만하게 하는 영은 떠나갈지어다. 태중에서 받은 상처는 치유될 지어다. 산만하게 하는 영은 떠나갈지어다. 안정한 심령이 될지어다. 혈통의 대물림은 끊어질지어다. 심령이 옥토가 될지어다. 심성이 착한 아이가 될지어다. 형통의 복이 임할 지어다. 지혜로워질지어다. 영육으로 강건하여 질지어다. 사람 잘 만나는 축복이 임할 지어다." 예수님의 이름으로 기도합니다. 아멘. 지속적으로 안수를 하세요. 어릴 때부터 영적체질이 되어서 아주 좋습니다.

4장 강건한 자녀 되는 축복 대적기도

하나님의 자녀는 영육으로 강건해야 합니다. 하나님이 함께하는 자녀는 강건합니다. 구약에 나오는 믿음의 사람들은 모두 강건했습니다. 요셉을 생각하여 보시기를 바랍니다. 요셉이 형들의 시기로 구덩이에 빠졌다가 형 유다의 제안으로 구덩이에서 나와서 은 삼십에 팔려서 애굽으로 갔습니다. 애굽에서 시위대장 보디발의 집에서 종살이를 했습니다. 종살이 하면서 병들어 고생했다는 말씀의 기록이 없습니다. 요셉은 종살이 할 때나 감옥에 있을 때 건강했다는 것입니다. 하나님이 함께하는 사람은 강건합니다.

제가 지금까지 성령치유 사역을 하면서 임상적으로 경험한 바로는 태중에서 상처를 받은 아이들이 병 치례를 자주했습니다. 태중에서 놀램의 상처를 받은 아이들이 심장이 약하여 병 치례를 하는 것입니다. 이를 예방하기 위하여 어려서부터 안수를 자주 받는 것입니다. 안수를 받으면 상처가 치유되면서 심장이 강해집니다. 제가 지금까지 체험한 바로는 어린아이가 안수를 자주 받으니까, 영육으로 강건하여 지더라는 것입니다. 이런 방법으로 안수를 합니다.

아이를 안고 머리에 손을 얹어서 기도를 합니다. 자그마한 소리로 기도를 합니다. 어머니가 해도 됩니다. 아버지가 해도 좋습니다. 성령이 충만한 목사님이면 더욱 좋습니다. 그런데 큰 교회 목사님들이 아이까지 안수 기도할 수가 없습니다. 그러나 작은 교회 목사님은 할 수가 있습니다. 성령님 임하소서. 사로잡아 주옵소서. 우리 사랑하는 아이를 축복하여 주옵소서. 하나님의 은혜로 이 세상에 태어나게 하신 하나님 감사합니다. 우리 아이가 강건하게 하옵소서. 안정한 심령이 되게 하여 주옵소서. 영육으로 강건하게 하옵소서. 집중하고 몰입을 잘하게 하여 주옵소서. 사람을 잘 만나는 복을 허락하여 주옵소서. 형통의 복이 함께하여 가는 곳마다 잘되게 하옵소서.

"내가 나사렛 예수의 이름으로 명하노니 아이에게 영육으로 강건한 축복이 임할지어다. 아이에게 역사하는 질병의 영은 떠나갈지어다. 태중에서 받은 상처는 치유될 지어다. 태중에서 받은 두려움의 상처는 치유되고 그 때 들어온 악한 영은 떠나갈지어다. 심장에 있는 두려움의 상처는 떠나갈 지어다. 심장이 강심장이 될지어다. 오장 육부 사지백체가 강건하여 질지어다. 정신도 건강할 지어다. 머리에 산소가 잘 공급되고 피가 잘 순환될지어다. 위장이 튼튼해질지어다. 안정한 심령이 될지어다. 집중하고 몰입을 잘하는 아이가 될지어다." 예수님의 이름으로 기도합니다. 아멘. 지속적으로 안수를 하세요. 어릴 때부터 영적체질이 되어서 아주 좋습니다.

5장 성령충만한 자녀되는 축복 대적기도

제가 지난 세월 성령치유 사역을 하다가 내린 결론은 어린 시절부터 성령으로 충만한 믿음생활을 해야 한다는 것입니다. 어려서부터 영적체질이 되어야 한다는 것입니다. 성령으로 세례를 받아 상처를 치유하고, 자아를 부수고, 혈통의 문제를 치유하여 영적으로 밭을 만드는 것입니다. 어린 시절의 신앙생활은 어른이 되어도 영향을 미칩니다. 어렸을 때 성령을 체험하여 영적인 체질이 되면 어른이 되어도 그와 같은 믿음생활을 하기 때문입니다. 어려서 성령을 체험하고 상처를 치유하면 건강에도 좋습니다.

일부 성도들이 아이들이 그저 교회에 나가는 것으로 만족을 하는 경우가 많습니다. 그러나 그렇지 않습니다. 아이가 부모의 보살핌으로 순탄하게 자랄 때는 아무런 문제가 없는 것 같습니다. 그러나 나타나지 않았을 뿐이지 문제는 아이의 심령 안에 잠재해 있을 수 있습니다. 잠재해 있는 문제는 취약시기가 되면 고개를 들고 나타납니다. 고개를 들고 나타나기 전에 성령으로 세례를 받고 치유를 해버리는 것입니다. 그러면 어른이 되어도 강건하게 지낼 수가 있습니다.

다음 이야기를 읽어 보시면 이해가 갈 것입니다. 우리아들은 지금 10학년(고1)인데 순하고 조용한 아이입니다. 1년 반전쯤 제가 밤에 꿈을 꾸었는데 아이가 머리부터 등 뒤로 뱀처럼 우둘투둘한 것으로 덮여있고 가느다란 혀를 날름거리는 그런 모습이었습니다. 며칠 후 또 꿈을 꾸었는데 이번에는 아이가 누워있고 가슴뼈가 이상하게 튀어나와서 내가 그것을 붙들고 막 아이를 흔들며 야단치는 꿈이었습니다.

평소에 제가 영적인 꿈을 자주 꾸는 편이어서 3년 전부터 꿈을 기록해놓는 편입니다. 그런 꿈을 꾸고 나서 걱정은 되었지만 특별한 증상도 없고 저의 경험도 짧아서 어쩌지 못하다가 작년 여름부터 아이가 친구들을 잘 사귀지 못하는 것을 알게 되어 상담도 3개월가량 받고 했습니다. 상담사는 큰 문제는 없고 아이가 내성적이어서 그런 것 같다고 하고 끝을 맺었습니다.

그러다가 올해 2월 어느 날 새벽기도에서 오랜만에 충만히 기도하고 집으로 돌아와 평소대로 아이 방에 들어가 손을 얹고 기도해주는데 속에서 "리워야단"이라는 단어가 올라왔습니다. 그날부터 갑자기 아이가 아프기 시작하면서(두통 복통) 학교에 가지 못하기 시작하였는데 3주 정도는 정말 의식을 잃은 것처럼 열이 나면서 하루 종일 깊은 잠에서 빠져 나오지 못했습니다.

그 이후에는 아픈 것은 사라졌는데 지금까지 4달간 학교에 가지 않고 있습니다. 매일 11시까지 잠을 자며 깨우면 난폭해집니다. 오후에는 예전과 같은 착한 아이입니다.

저도 한인교회에 다니기 때문에 목사님께 말씀드리고 기도해 주십사고 했는데 목사님은 아이가 어려서 안수기도는 하지 않으시겠다고 하시고 제 이야기가 사실이라고 해도 아이가 신앙을 가지는 것 외에는 방법이 없다고 하십니다. 아이가 모태신앙이기는 하지만 몇 년 전에 성령체험도 했지만 아직 자신 만에 신앙은 없는 것 같습니다. 저도 방법이 없어서 아이를 달래며, 또 아이가 힘들어하는 부분들을 찾아서 도와주려 하면서 기도하고 기다리고 있는데 너무 답답하고 애가 탑니다. 저도 힘이 없어서 어떻게 이 영적전쟁을 해 나가야 할지 모르겠습니다. 목사님, 제가 어떻게 해야 할까요? 도와주세요.

저의 답변입니다. 할렐루야! 걱정이 되시겠습니다. 아이의 상태는 이렇습니다. 원래부터 상처가 있던 아이입니다. 안수기도를 하니까. 깊은 곳에 숨어있던 상처가 드러난 것입니다. 그때 열이 나고 일어나지 못할 때 영적치유를 받았으면 아무런 문제가 없이 치유가 되었을 것입니다. 자녀가 안수 받고 열이 나고 하는 것은 성령의 역사로 그런 현상이 일어난 것입니다. 성령의 역사와 악한 영의 역사가 대립할 때 그런 일이 일어납니다. 그때 완전하게 치유를 했어야 하는데 경험이 없어서 그렇게 된 것입니다. 지금은 상처에 역사하던 악한 영이 아이에게 강하게 영향을 끼치고 있는 것입니다. 담임 목사님이 안수를 하지 않겠다고 하는 것은 자신이 없어서 그러는 것입니다. 안수한번 받아서 치유될 일이 아니라는 것을 알기 때문입니다. 집중적인 치유를 받아야 합니다. 안수만 받는 것이 아니고 본인이 뜨겁게 기도하며 말씀을 듣고 성령으로 충만하여 일어서려는 의지를 발동시켜야 합니다. 절대로 안수만 받아서는 해결이 되지 않습니다. 시간이 자꾸 흐르면 흐를 수 록 강해집니다. 나빠진다는 것입니다. 주변에 전문적인 영적치유를 하는 분을 찾아보세요. 아무나 치유할 수 없습니다. 전문성이 있어야 해결할 수가 있습니다. 하루 이틀에 치유된다고 생각하면 안 됩니다. 시간이 걸릴 것입니다. 도움이 되질 못해서 죄송합니다. 워낙 멀어서 말입니다. 빠른 시간 내 치유가 되기를 바랍니다. 정말로 안타깝습니다. 조금만 영적인 지식이 있었으면 이런 일을 사전에 예방할 수 있었을 것입니다.

이런 방법으로 안수를 합니다. 아이를 안고 머리에 손을 얹어서 기도를 합니다. 자그마한 소리로 기도를 합니다. 어머니가 해도 됩니다. 아버지가 해도 좋습니다. 성령이 충만한 목사님이면 더욱 좋습니다. 그런데 큰 교회 목사님들이 아이까지 안수기도할 수가 없습니다. 그러나 작은 교회 목사님은 할 수가 있습니다. 성령님 임하소서. 사로잡아 주옵소서. 우리 사랑하는 아이를 축복하여 주옵소서. 하나님의 은혜로 이 세상에 태어나게 하신 하나님 감사합니다. 우리 아이가 강건하게 하옵소서. 어려서부터 성령으로 충만하게 하옵소서. 안정한 심령이 되게 하여 주옵소서. 영육으로 강건하게 하옵소서. 집중하고 몰입을 잘하게 하여 주옵소서. 사람을 잘 만나는 복을 허락하여 주옵소서. 형통의 복이 함께하여 가는 곳마다 잘되게 하옵소서.

"내가 나사렛 예수의 이름으로 명하노니 아이에게 성령으로 충만한 역사가 일어날지어다. 아이에게 역사하는 상처는 치유될지어다. 아이에게 잠재하여 있는 질병의 영은 떠나갈지어다. 태중에서 받은 상처는 치유될 지어다. 태중에서 받은 두려움의 상처는 치유되고 그 때 들어온 악한 영은 떠나갈지어다. 심장에 있는 두려움의 상처는 떠나갈 지어다. 심장이 강심장이 될지어다. 오장 육부 사지백체가 강건하여 질지어다. 정신도 건강할 지어다. 머리에 산소가 잘 공급되고 피가 잘 순환될지어다. 위장이 튼튼해질지어다. 안정한 심령이 될지어다. 집중하고 몰입을 잘하는 아이가 될지어다." 예수님의 이름으로 기도합니다.

아멘. 지속적으로 안수를 하세요. 어릴 때부터 영적체질이 되어서 아주 좋습니다.

6장 사람 잘 만나는 자녀 되는 축복 대적기도

하나님은 하나님의 사람을 통하여 역사하십니다. 그러므로 사람을 잘 만나는 것은 축복 중에 축복입니다. 저는 아이들을 안수 할 때 빼놓지 않는 것이 사람을 잘 만나게 해달라고 기도합니다. 사람을 잘 만나야 합니다. 날마다 아이를 축복하세요. 사람 잘 만나는 아이가 되게 해달라고 말입니다. 만남은 변화와 성장의 시작입니다.

누구나 인생을 살아가다 보면 잊을 수 없는 몇 번의 소중한 만남을 가지게 됩니다. 이 몇 번의 만남이 인생을 바꾸고 사람을 변화시킵니다. 물론 모든 만남이 소중하고 좋은 만남은 아닙니다. 만나고 싶지 않은 사람을 부득이 만났을 때, 그것도 식사를 함께 한다면 그 때는 매우 힘든 시간으로 느껴질 것입니다.

그러나 뜻이 맞는 사람, 사랑하는 사람을 만나 식사나 차를 함께 하면 좋은 추억으로 남게 될 것입니다. 이처럼 함께 있는 사람이 누구냐에 따라 음식 맛, 차 맛이 달라지며, 더 나아가 인생도 달라질 수 있는 것입니다. 그렇다고 늘 만나는 사람만 만나고, 자기 스타일과 다른 사람은 멀리하고 만나기를 꺼려한다면 본인 스스로도 결코 성장할 수 없습니다. 왜냐하면 씨줄과

날줄을 엮어 길쌈하듯, 조화로운 만남을 통해 '그대'는 '내'가 되고 '나'는 '그대'가 되는 만남이 될 때 곧 아름다운 삶을 만들어낼 수 있기 때문입니다.

사람은 다른 사람과의 만남을 통해 성장합니다. 서로에게 영향을 미치지 않는 만남이란 존재하지 않습니다. 꽃 가게에서 일하는 사람은 자기도 모르게 몸에 꽃의 향기가 배어나듯이. 내가 누구와 함께 하느냐에 따라 그 사람의 영향을 받게 되어 있습니다. 그래서 플레밍은 "나에게 영향을 미치지 않는 사람은 아무도 없고, 또한 나의 영향을 받지 않는 사람도 아무도 없다."고 말했습니다. 자주 만나고, 오래 만나는 사람일수록 받는 영향이 크기 마련입니다. 그런 점에서 누구를 만나며, 어떻게 만나느냐 하는 것은 중요합니다.

모택동이 중국을 혁명할 동지를 모집한다는 광고를 신문에 냈습니다. 그 광고를 보고 세 명이 찾아왔습니다. 그 세 사람이 중국 땅을 공산 혁명으로 뒤엎은 역사의 시작이었습니다. 성경에는 다니엘과 그의 세 친구가 함께 마음을 합쳐 기도했을 때, 인간의 힘으로는 불가능한 일들이 일어났습니다.

에스더가 자기 시녀들과 더불어서 함께 기도하기 시작했을 때, 유대백성 전체가 거기에 동참하게 되었고 민족이 살아남게 되었습니다. 한 중풍병자가 있었는데, 그의 사랑하는 친구들 네 사람이 그를 번쩍 들어다가 예수님이 계시는 곳에 데려가 중풍병을 고침 받게 하였습니다.

우리에게는 다니엘의 세 친구, 중풍병자의 네 친구 같이 마음을 함께 할 친구가 있습니까? 다른 사람들이 다 손가락질하며 떠나가도 끝까지 내 곁에 남아있어 줄 친구. 기도할 일이 생기면 만사를 제쳐두고 함께 기도해 줄 친구가 있는 사람은 행복할 것입니다. 더 나아가, 누군가의 그런 친구가 되어주는 사람도 모두모두 행복하고 멋지고 근사한 사람들일 것입니다. 우리의 자녀들의 생애에도 이런 만남이 있다면 얼마나 좋을까요?

이런 방법으로 안수를 합니다. 아이를 안고 머리에 손을 얹어서 기도를 합니다. 자그마한 소리로 기도를 합니다. 어머니가 해도 됩니다. 아버지가 해도 좋습니다. 성령이 충만한 목사님이면 더욱 좋습니다. 그런데 큰 교회 목사님들이 아이까지 안수기도할 수가 없습니다. 그러나 작은 교회 목사님은 할 수가 있습니다. 성령님 임하소서. 사로잡아 주옵소서. 우리 사랑하는 아이를 축복하여 주옵소서. 하나님의 은혜로 이 세상에 태어나게 하신 하나님 감사합니다. 우리 아이가 강건하게 하옵소서. 어려서부터 성령으로 충만하게 하옵소서. 특별히 사람을 잘 만나는 복을 허락하여 주옵소서. 형통의 복이 함께하여 가는 곳마다 잘되게 하옵소서.

"내가 나사렛 예수의 이름으로 명하노니 아이에게 사람 잘 만나는 축복이 임할 지어다. 성령의 인도를 받는 하나님의 사람을 만나는 복이 임할지어다. 학교에서는 선생님을 잘 만나고 친구 잘 만나는 복이 임할 지어다. 형통의 복을 받은 하나님의 사람을 만날지어다. 하나님을 두려워하는 사람을 만날지어다. 배우자를 만나는데 하나님을 두려워하고, 형통의 복이 함께하는 사람을 만날 지어다. 성령으로 충만한 사람을 만날지어다. 천사들아 좋은 친구를 만나도록 도울 지어다." 예수님의 이름으로 기도합니다. 아멘. 지속적으로 안수를 하세요. 어릴 때부터 영적 체질이 되어서 아주 좋습니다.

7장 형통한 자녀 되는 축복 대적기도

"형통"이라는 단어에 대하여, 영어성경에는 "성공"이라고 기록되어 있습니다. 즉, 형통은 성공과 번영, 그리고 부요라는 뜻입니다. 다윗은 15세에 기름부음을 받았지만, 왕이 되기까지 죽음의 위협을 받고 굶주림과 추위에 떨었습니다. 살아남기 위해 미친 사람흉내까지 내며 도망을 다녀야 했습니다. 이렇게 수많은 어려움과 고난을 겪은 그는, 나이 30세가 되어 유다의 왕이 되었습니다. 왕이 된 다윗은 과거를 회상하며 지금까지는 고통과 고난의 길이었지만, 앞으로는 하나님께서 형통의 길을 허락해 주셔서, 모든 일이 잘 되고 번영할 수 있도록 "이제 형통하게 하소서"라고 하나님께 간구했습니다. 그러자 하나님께서 다윗과 함께 하셔서 다윗 왕가는 점점 강해져 가고, 사울왕가는 점점 약해져갔습니다. 그는 하나님께 간구한 대로 형통케 되었습니다. 그래서 그가 다스리는 동안에는 이스라엘 역사상 가장

넓은 영토를 차지했고, 태평성대를 이루며 이스라엘 최고의 전성기를 이루었습니다. 어려움 가운데 있어도, 다윗처럼 하나님께 형통의 복을 구하면, 하나님께서 앞으로 우리의 삶에 막힘이 없도록 인도하실 것입니다. 그러므로 형통의 복을 구하는 모두가 되시기 바랍니다.

느헤미야는 우상을 숭배한 이스라엘이 멸망한 후, 페르시아 제국에 포로로 잡혀와 왕궁의 고위 관료로 있었습니다. 그는 항상 하나님을 경외하였고, 형통하게 해달라고 기도했습니다. 느헤미야 1:11절을 보면, "주여! 구하오니 귀를 기울이사 종의 기도와 주의 이름을 경외하기를 기뻐하는 종들의 기도를 들으시고 오늘 종이 형통하여 이 사람 앞에서 은혜를 입게 하옵소서 하였나니 그 때에 내가 왕의 술 관원이 되었느니라"고 고백하고 있습니다. 그가 하나님 앞에 형통하기 위해서 기도했더니, 하나님께서 페르시아 제국의 관원이 되게 하셨습니다.

기도가 얼마나 중요한지 모릅니다. 기도하지 않고, 절망 가운데 사는 사람과 믿음을 갖고 기도하는 사람의 삶은 천지차이입니다. 하나님께서 기도하는 사람을 도와주시기 때문입니다. 마찬가지로 하나님을 믿고 섬기는 가정과 하나님을 믿지 않고, 섬기지 않는 가정의 경제력과 생활수준, 마음의 태도의 차이는 천지차이입니다. 하나님을 믿고 기도하는 자에게 형통함과 하늘의 축복이 있음을 믿으시기 바랍니다. 우리 자녀들이 형통한 자녀가 되어야 합니다. 축복하며 대적기도하십시오.

이런 방법으로 안수를 합니다. 아이를 안고 머리에 손을 얹어서 기도를 합니다. 자그마한 소리로 기도를 합니다. 어머니가 해도 됩니다. 아버지가 해도 좋습니다. 성령이 충만한 목사님이면 더욱 좋습니다. 그런데 큰 교회 목사님들이 아이까지 안수기도할 수가 없습니다. 그러나 작은 교회 목사님은 할 수가 있습니다. 성령님 임하소서. 사로잡아 주옵소서. 우리 사랑하는 아이를 축복하여 주옵소서. 하나님의 은혜로 이 세상에 태어나게 하신 하나님 감사합니다. 우리 아이에게 형통의 은총을 허락하여 주옵소서. 어려서부터 성령으로 충만하게 하옵소서. 인생의 고비고비마다 하나님의 역사하심으로 형통하게 하옵소서. 특별히 사람을 잘 만나는 복을 허락하여 주옵소서. 형통의 복이 함께하여 가는 곳마다 잘되게 하옵소서.

"내가 나사렛 예수의 이름으로 명하노니 아이에게 형통의 복이 임할 지어다. 형통의 복이 함께하는 사람을 만날 지어다. 성령으로 충만한 사람을 만날지어다. 어려움 중에도 잘 풀리는 축복이 임할 지어다." 예수님의 이름으로 기도합니다. 아멘. 지속적으로 안수를 하세요. 어릴 때부터 영적체질이 되어서 아주 좋습니다.

8장 왕따 당하지 않는 자녀 되는 축복 대적기도

한 연구기관에서 왕따 당하는 원인을 이렇게 분석했습니다.

"저소득층 자녀, 거칠게 양육된 아이, 공격적 성향을 가진 아이일수록 왕따를 당할 위험이 높다는 연구 결과가 나왔다. 아동 10명 중 한 명 이상은 사회화가 시작되는 나이가 되자마자 또래들로부터 학대를 받고 따돌림을 당한다." 며 "이른 시기에 따돌림의 대상이 된 아이들은 이후로도 이 같은 일이 반복되는 경우가 많았다"고 밝혔다. 생후 17개월 때 공격적 성향을 보였던 아이들은 취학 연령이 되었을 때 왕따의 대상이 될 확률이 높게 나타났다. 공격적 성향은 성장환경에서 기인하는 부분이 큰 것으로 보인다. 부모에게 학대를 받은 아이, 부모가 자주 싸우는 집 아이, 저소득층 가정의 아이일수록 상습적 따돌림을 당하는 비율이 높았다.

또한, "왕따를 당하는 아이들은 정신적 충격에서 비롯된 우울증, 외로움, 자신감 상실, 허약한 신체, 알코올이나 약물 중독, 잦은 결석, 낮은 성적, 자해 성향 등의 증세를 겪게 되는 경우도 많았다. 취학 아동 또래에서 나타나는 왕따 현상은 신체적 공격과 언어적 모욕, 사교 관계 단절 등으로 나타났다. 왕따 현상을 막기 위해서는 아이들과 부모 모두를 대상으로 한 조기 예방 교육이 필요하다는 사실이 드러났다"고 설명했다."

한 학생이 왕따 문제에 대해서 제시한 의견입니다. "우리 반에 '간질'이라는 병을 앓고 있어서 추하다며 왕따를 당하는 여자 아이가 있다. 그래서 왕따를 당하는 원인을 알아보고 썼다. 아이들이 왕따를 당하지 않게 하기 위해서 썼다. 왕따를 당하는 아이들을 중심으로 조사해 보고 썼다. 첫째, 아이들은 뚱뚱한 아이들을 싫어한다. 다른 반에 뚱뚱하다는 이유로 왕따를 당하는 아이가 있다. 그 아이가 살을 좀 빼던지. 아이들이 그 아이를 이해해 줘야겠다. 둘째, 아이들은 몸이 안 좋고 병이 걸린 아이들을 싫어한다. 우리 반에 '간질'이라는 병을 앓고 있는 아이가 있는데 아이들은 그 애만 보면 마구 욕을 하고 피한다. 회장이나 부회장이 아이들에게 인기가 많으니 그렇게 하지 못하게 말리거나 그 아이를 달래준다. 그리고 꼭 회장단이 아니더라도 된다. 셋째, 말투가 나쁜 아이 성격이 나쁜 아이를 아이들은 싫어한다. 요즘에는 여자애들이 그런 아이를 보고 '싸가지'없다는 둥. 여러 가지 이유로 싫어하고 왕따를 시키려고 한다. 그 아이는 말투와 성격을 좀 고치거나, 여자아이들이 왕따를 시키는 것만은 자제한다. 넷째, 집이 가난한 아이들을 싫어한다.

집이 가난한 아이들이 거지라고 아이들에게 놀림을 많이 받는다. 그래서 그 아이들은 학교도 잘 안 나오고, 아이들에게 왕따의 대상이 된다. 누구나 거지나, 왕따가 될 수 있으므로 그 아이를 놀리거나 왕따를 시키지 않는다. 입장을 바꾸어 생각해 본다. 지금까지 왕따를 당하지 말자에 대한 원인과 증명, 해결방법을 썼다. 해결 방법으로는 뚱뚱한 아이는 살을 좀 빼고, 성격이 나쁜 아이는 좀 고치고, 집이 가난하다고 놀리는 아이는 자신도 그렇게 될 수가 있으므로 놀리지 않으며, 몸이 아프거나, 병을 앓고 있는 아이를 놀리는 아이를 다른 아이들이 말리거나,

선생님께서 주의를 좀 준다. 그렇게 해서라도 왕따를 조금이라도 당하지 않아야겠다. 친구 간에 왕따를 시키는 일이 없어서 친구사이에 사랑하고 친하게 지냈으면 좋겠다."

이런 방법으로 안수를 합니다. 아이를 안고 머리에 손을 얹어서 기도를 합니다. 자그마한 소리로 기도를 합니다. 어머니가 해도 됩니다. 아버지가 해도 좋습니다. 성령이 충만한 목사님이면 더욱 좋습니다. 성령님 임하소서. 사로잡아 주옵소서. 우리 사랑하는 아이를 축복하여 주옵소서. 우리 아이에게 성령으로 충만하게 하여 주옵소서. 성령의 권능으로 상처가 치유되게 하옵소서. 혈통으로 대물림되는 영육의 문제를 해결하여 주옵소서. 사람을 잘 만나게 하옵소서. 학교에서나 세상에서 왕따 당하지 않도록 도와주옵소서. 천군천사가 동행하게 하옵소서. 눈동자 같이 지켜 보호하여 주옵소서. 항상 주의 날개 안에 품어주옵소서. 특별히 사람을 잘 만나는 복을 허락하여 주옵소서. 형통의 복이 함께하여 가는 곳마다 잘되게 하옵소서.

"내가 나사렛 예수의 이름으로 명하노니 우리 아이에게 사람 잘 만나는 복이 임할 지어다. 도와주며 바른길로 인도할 수 있는 사람을 만날 지어다. 마음에 상처는 치유될 지어다. 혈통으로 내려오는 영육의 문제는 치유될 지어다. 어디를 가나 형통한 사람을 만날지어다." 예수님의 이름으로 기도합니다. 아멘. 지속적으로 안수를 하세요. 어릴 때부터 영적체질이 되어서 아주 좋습니다.

9장 기도하는 자녀되는 축복 대적기도

기도는 하나님이 주시기로 계획하신 축복을 실어 나르는 도구입니다. 그러기에 자녀가 귀하면 귀한만큼 자녀가 누릴 축복을 기대하며 기도에 승부를 걸어야 합니다.

기도의 성자라고 불리는 바운즈는 기도는 하나님이 주시기로 계획하신 축복을 실어 나르는 도구라고 말합니다. 그러니 자녀가 귀하면 귀한만큼 부모는 그들이 누릴 축복을 기대하며 기도에 승부를 걸어야 하지 않을까요. 자녀에게 하나님의 축복을 실어 날라야 하지 않을까요.

여기서 분명한 사실이 하나 있습니다. 아무나 자녀교육의 1인자가 될 수 없으나 누구나 자녀를 위한 기도의 1인자는 될 수 있다는 것입니다. 이것은 부모라면 누구나 욕심내어야 할 도전입니다. 사실 기독교 역사를 보거나, 우리 주변에 있는 사람들을 보아도 기도의 최고봉을 정복하는 자야말로 최고로 좋은 부모였습니다.

유태인들은 어머니가 없는 아이는 손잡이가 없는 문과 같다고 말합니다. 한 사람의 인생에 어머니란 존재는 너무나 소중한 인생 자원이라는 뜻입니다. 그래서 서양 격언에 한 명의 훌륭한 어머니는 백 명의 교사보다 낫다고 말하지 않았던가. 비단 어머니만 그럴까? 아버지 역시 자녀들의 인생을 이끌어 갈 엄청난 자원입니다.

소망이 없던 탕아 어거스틴이 돌아오기까지는 그의 어머니 모니카가 흘린 눈물의 기도가 있었습니다. 아들이 방황하던 시절, 모니카는 암브로시우스 감독으로부터 눈물로 기도한 자녀는 결코 망하지 않는다는 말을 들었습니다. 그 말이 모니카의 뇌리에 인박혔습니다. 그녀는 그 말을 약속으로 붙잡고 방탕한 길을 헤매는 아들의 이름을 부르며 밤낮 눈물로 하나님께 매달렸습니다. 자녀를 향한 어머니의 기도는 지칠 줄 몰랐습니다. 포기하지 않은 모니카의 기도는 기어코 탕자 어거스틴을 성인(聖人)으로 만들었습니다.

자녀를 사랑하는가? 자녀가 축복의 길을 걸어가기 원하는가? 사랑하는 자녀가 하나님이 주시는 비전을 붙잡고 목표를 향해 달려가기 원하는가? 혹시 어긋난 길을 걸어가고 있는 자녀가 있는가? 그래서 마음이 답답하고 매사에 낙이 없는가? 그러나 아직까지 속단하기는 이릅니다. 포기하기에는 자녀란 존재가 너무 소중합니다.

이제 당신이 해야 할 일이 있습니다. 다른 일은 못하더라도, 이것만은 꼭 해야 하는 일입니다. 그것은 바로 자녀를 위해 최고의 기도 봉을 정복하는 일입니다. 당신이 자녀를 위해 최고의 부모는 못 될 수 있습니다. 그러나 최고의 기도 자는 될 수 있습니다. 은밀한 골방에서 흘리는 기도의 눈물은 절대 외면당하지 않습니다. 교회 한 모퉁이에서 드리는 부모의 기도는 지금 하늘 보좌를 향해 올라가고 있습니다.

이 책은 기도하지 않는 당신을 반드시 기도하는 부모로 만들 것입니다. 기도하는 당신으로 하여금 기쁨과 감동의 날을 경험하게 할 것입니다. 나중에 라는 말은 후회만 낳을 뿐, 지금 당장 있는 그곳에서 자녀를 위해 눈물을 뿌리며 기도하라. 반드시 기쁨의 단을 거둘 것입니다. 자녀의 인생이 당신의 기도로 인하여 형통할 것입니다.

자녀들에게 기도하는 법을 가르치시기를 바랍니다. 기도를 어렵게 가르치지 말고, 쉽게 알려주세요. 호흡을 들이쉬고 내쉬면서 하나님 사랑합니다. 하나님 감사합니다. 하나님 도와주세요. 하나님 용서하여 주세요. 문제가 있을 때는 하나님 어떻게 해야 합니까? 이렇게 간단하게 하여 지속적으로 기도하게 하세요.

이런 방법으로 안수를 합니다. 아이를 안고 머리에 손을 얹어서 기도를 합니다. 자그마한 소리로 기도를 합니다. 어머니가 해도 됩니다. 아버지가 해도 좋습니다. 성령이 충만한 목사님이면 더욱 좋습니다. 성령님 임하소서. 사로잡아 주옵소서. 우리 사랑하는 아이를 축복하여 주옵소서. 우리 아이에게 성령으로 충만하게 하여 주옵소서. 우리 아이가 어려서부터 하나님에게 기도하는 자녀가 되게 하옵소서. 무시로 하나님에게 기도하게 하옵소서. 매사를 처리할 때 하나님의 뜻을 알고 순종하게 하옵소서. 형통의 복이 함께하여 가는 곳마다 잘되게 하옵소서.

"내가 나사렛 예수의 이름으로 명하노니 우리 아이에게 기도의 영이 임할 지어다. 기도문이 열릴 지어다. 성령으로 충만해 질지어다. 어디를 가나 형통한 사람을 만날지어다." 예수님의 이름으로 기도합니다. 아멘. 지속적으로 안수를 하세요. 어릴 때부터 영적체질이 되어서 아주 좋습니다.

10장 복의 근원되는 자녀 되는 축복 대적기도

"주여! 제게 이런 자녀가 되게 하소서 약할 때에 자기를 아는 강한 힘과, 두려울 때에 자신을 잃지 않는 용기를 가지고, 정직한 패배에 부끄러워하지 않고 태연하게 하며, 겸손하고 온유할 수 있는 자녀를 주시옵소서.

생각해야 할 때에 고집하지 말게 하시고, 저들로 하여금 마땅히 앞서야 할 때에 뒤서지 않게 하시며. 당신과 자신을 아는 것이 지식의 근원임을 알게 하소서.

바라옵건대 그를 요행과 안일의 길로 인도하지 마시고, 고난과 도전에 대하여 분투 항거할 줄 알도록 인도하여 주시옵소서. 그리하여 폭풍 속에서도 용감히 싸울 줄 알고, 패자에게 긍휼을 베풀도록 가르쳐 주소서.

마음은 깨끗하며, 목표는 높게 하시고, 남을 정복하기 전에 자신을 다스리게 하시며, 웃음과 배움과 동시에 울음을 잊지 않으며, 미래를 지향하는 동시에 과거를 잊지 않도록 하옵소서.

이 모든 것을 주신 후에 기도 하옵나니, 겸하여 유머를 알게 하시어 인생을 엄숙히 살아감과 동시에 삶을 즐길 줄 아는 마음과 자기 자신을 너무 중대하게 여기지 말게 하시고, 겸손을 주사 참으로 위대함은 소박한 것에 있음을 항상 기억하게 하시고, 참 지혜에 대하여 마음을 열며, 참된 힘에 대하여 온유하게 하소서. 그리하여 나, 그의 어버이는 '나의 헛된 생을 살지 아니하였노라.'고 속삭이게 하소서, 아멘."

선포기도를 하세요. 성령이여 임하소서. "내가 나사렛 예수의 이름으로 명하노니 우리 아이에게 형통의 복이 임할 지어다. 복의 근원이 될지어다. 폭풍 속에서도 당황하지 않는 담대한 사람이 될지어다. 다윗과 같이 강하고 담대한 사람이 될지어다. 요셉과 같이 형통한 사람이 될지어다. 하나님과 교통하는 사람이 될 지어다. 성령으로 충만해질지어다. 어디를 가나 사람을 잘 만나는 복이 임할 지어다." 예수님의 이름으로 기도합니다. 아멘. 지속적으로 안수를 하세요. 어릴 때부터 영적체질이 되어서 아주 좋습니다.

6부 직장 사업장에서 대적기도

(시편126:5-6)"눈물을 흘리며 씨를 뿌리는 자는 기쁨으로
거두리로다. 울며 씨를 뿌리러 나가는 자는 반드시 기쁨으로
그 곡식 단을 가지고 돌아오리로다"

우리는 하나님의 군사입니다. 하나님은 우리를 통하여 이 땅
에 하늘나라를 만들어 가십니다. 그래서 하나님은 하나님의 자
녀인 우리를 축복하시기를 원하십니다. 왜냐하면 하나님은 하
나님의 자녀들을 통하여 이 땅에 하나님의 나라를 세워야 하기
때문에 하나님의 자녀가 모두 복을 받고 잘되기를 소원하시는
것입니다(빌 2:13). 하나님의 복은 그냥 저절로 오는 것이 아닙
니다. 우리가 해야 할 부분이 있습니다. 사업에 축복을 받으려
면 적용해야 할 영적인 원리가 있습니다. 영적인 원리를 적용하
여 회개할 것은 회개해야 합니다. 방해하는 세력이 있다면 대적
기도로 몰아내야 합니다. 절대로 가만히 앉아서 하나님이 해주
시기를 기다리면 안 된다는 것입니다.

하나님의 말씀과 성령으로 진단을 하고 적극적으로 조치해야
하나님이 우리에게 주시기로 작정한 복을 받을 수가 있습니다.
무조건 대적하며 선포한다고 될 일이 아닙니다. 바르게 진단하
고 바른 영적인 조치를 취해야 합니다. 어떤 분들과 같이 막연

하게 "나의 사업장에 축복이 임할 지어다"하면서 대적기도 한다고 축복이 찾아오는 것이 아닙니다. 모든 것을 말씀과 성령으로 진단하고 바르게 조치해야 합니다.

1. 예수를 믿는 자가 왜 사업이 잘 안되고 어려울까?

1) 조상들이 하나님께 잘못으로 악한 영의 역사일 수도 있다.

재정적인 고통, 압박과 가난 등 짧은 기간의 궁핍은 하나의 연단이라고 할 수 있지만 항상 가난 한 것은 마귀의 방해일 수 있습니다. 하나님은 학개서 1장 6절에서 이렇게 말씀하십니다. "너희가 많이 뿌릴지라도 수확이 적으며 먹을지라도 배부르지 못하며 마실지라도 흡족하지 못하며 입어도 따뜻하지 못하며 일꾼이 삯을 받아도 그것을 구멍 뚫어진 전대에 넣음이 되느니라" 제가 지금까지 성령치유 사역을 하면서 체험한 바로는 모든 가난의 뒤에는 원인이 있다는 것입니다. 가난의 원인 중에 하나는 조상들의 죄악을 통하여 마귀가 들어와 역사하고 있는 것일 수도 있다는 것입니다. 그러므로 예수를 믿으면서도 가난이 청산되지 않으면 배후에 역사하는 악한 영을 분별하고 쫓아내야합니다.

2) 조상들이 이웃이나 하나님에게 심어 놓은 것이 없을 경우도 있다. 고린도 후서 9장 6절에 "이것이 곧 적게 심는 자는 적

게 거두고 많이 심는 자는 많이 거둔다 하는 말이로다" 말씀하십니다. 후대를 위해서라도 하나님의 나라에 많이 심으시기를 바랍니다. 하나님의 나라에 심은 것은 없어지지 아니하고 하나님이 불려서 다 되돌려 줍니다. 모든 것이 하나님으로부터 왔으니 하나님의 나라에 심으시기를 바랍니다.

3) 혈통을 통해 역사하는 악한 영의 역사일 수도 있다.

① 혈통을 통해서 대대로 역사하는 거지의 영일 수도 있습니다. 가계도를 그려서 대대로 점검하여 보시기를 바랍니다. 만약 조상 중에 남에게 빌어먹은 거지의 조상이 있었다면 혈통으로 대물림되어 나에게 영향을 미칠 수가 있습니다. 어느 여 집사님이 저에게 이런 상담을 했습니다. 목사님 얼마 전에 한 꿈을 꾸었는데 돌아가신 우리 시아버지가 거지가 되어 우리 방문을 열고 들어오려고 하는 것을 보고 꿈을 깨었습니다. 그래서 제가 이렇게 대답을 해주었습니다. 그것은 조상으로부터 전이되는 거지의 영입니다. 집사님의 가정 경제 형편이 지금 어떻습니까? 아니 목사님 말씀이 맞습니다. 우리 지금 거지가 되었습니다. 남에게 빌어다가 먹고 사는 형편입니다.

집사님 빨리 영적인 전쟁을 하십시오. 조상 대대로 전이 되는 가난의 영과 일전을 하셔서 몰아내시기를 바랍니다. 그렇지 않으면 가난이 떠나가지 않습니다. 그래서 집사님이 한 일 년 동안 거지의 영과 영적전쟁을 한 결과 지금은 모든 물질의 문제가 풀리고 잘 지내십니다. 우리는 이것을 알아야 합니다. 꿈에 거지 모습으로 나타난 시아버지는 진짜 시아버지가 아닙니다. 대대로 빌어먹게 하던 거지의 영이 시아버지 모습으로 나타난 것입니다. 왜냐하면 미혹하기 위해서 그러는 것입니다. 자손들에게 환영을 받으면서 활동하려고 그러는 것입니다. 죽은 사람의 영은 천국이 아니면 지옥에 가있습니다. 나오지 못합니다. 무속 같은 이론에 속지 마시기를 바랍니다.

이것은 성경에 어긋나는 잘못된 이단의 이론입니다. 절대로 현혹되지 마시기를 바랍니다. 절대로 죽은 사람의 영은 세상에 나올 수가 없습니다. 성경 누가복음 16장 23절로 26절에 보면 이렇게 기록되어 있습니다. "그가 음부에서 고통 중에 눈을 들어 멀리 아브라함과 그의 품에 있는 나사로를 보고, 불러 이르되 아버지 아브라함이여 나를 긍휼히 여기사 나사로를 보내어 그 손가락 끝에 물을 찍어 내 혀를 서늘하게 하소서 내가 이 불꽃 가운데서 괴로워하나이다. 아브라함이 이르되 얘 너는 살았을 때에 좋은 것을 받았고 나사로는 고난을 받았으니 이것을 기억하라 이제 그는 여기서 위로를 받고 너는 괴로움을 받느니라. 그뿐 아니라 너희와 우리 사이에 큰 구렁텅이가 놓여 있어 여기서 너희에게 건너가고자 하되 갈 수 없고 거기서 우리에게 건너올 수도 없게 하였느니라."

절대로 왔다 갔다 할 수가 없습니다. 꿈에 나타난 시 아버지는 타락한 천사가 가장하고 나타난 것입니다. 만약에 이런 경우에 처한 분이 계시다면 강하게 영적인 투쟁을 하시기를 바랍니다. 그래야 가난의 문제가 풀립니다. 제가 지금까지 치유사역을 하다가 보니, 모든 문제에는 이유가 있다는 것입니다. 이유 원인을 찾아 해결하면 문제는 해결되는 것입니다. 하나님은 성도를 축복하시는 하나님이 십니다.

② 혈통을 통해 대대로 흘러 내려오는 가난의 영일 수도 있습니다. 믿는 자는 아브라함의 축복을 받은 자입니다. 성경 갈라디아서 3장 14절에 "이는 그리스도 예수 안에서 아브라함의 복이 이방인에게 미치게 하고 또 우리로 하여금 믿음으로 말미암아 성령의 약속을 받게 하려 함이라."가난은 가난을 낳는다는 말이 있는 것입니다. 조상들이 가난하게 살았다면 가난의 영이 역사할 수 있는 것입니다. 영들은 혈통을 타고 전이가 이루어집니다. 무시하지 말고 성령으로 찾아보시기를 바랍니다.

③ 혈통을 통해 대대로 흘러 내려오는 부채의 영일 수도 있습니다. 신명기 28장 12절에 "여호와께서 너를 위하여 하늘의 아름다운 보고를 여시사 네 땅에 때를 따라 비를 내리시고 네 손으로 하는 모든 일에 복을 주시리니 네가 많은 민족에게 꾸어줄지라도 너는 꾸지 아니할 것이요" 이상하게 부채가 들어만 간다면 혈통으로 대물림되는 부채의 영일 수도 있습니다. 예수만 믿었다고 고쳐지는 것은 아닙니다. 찾아서 성령으로 권세를 주장할 때 해결되는 것입니다.

④ 예수를 믿지 못하게 하기 위해 악한 영이 방해할 수도 있

습니다. 악한 영들은 우리를 어떻게 해서라도 하나님과 깊은 관계를 맺고 살아가지 못하도록 방해합니다. 가난의 고통이 있는데 영적인 생활이 제대로 될 리가 만무한 것입니다. 제가 지금까지 부부간에 불화가 있는 성도들을 상담한 결과 모두 금전적인 어려움 때문에 불화가 생겼다고 했습니다. 그렇기 때문에 마귀가 기를 쓰고 재정에 고통을 가하는 것입니다. 그러므로 가난의 고통 뒤에는 마귀가 있다는 것입니다. 이를 인정하는 것이 빨리 가난에서 해방 받는 길입니다.

⑤ 자신이 하나님과의 관계를 열지 못한 이유일 수도 있습니다. 하나님께서 주시는 복은 자신이 하나님과의 관계를 열어야 오게 됩니다. 자신이 하나님과의 관계가 열리지 않으면 절대로 하나님의 복이 임하지를 않습니다. 자신의 잘못을 찾지 아니하고 조상 탓만 하는 어리석은 사람이 되지 마시기를 바랍니다. 하나님과 영의 통로를 여시기를 바랍니다.

영의 통로라고 하면 내 안에 계신 하나님과 인격적인 관계가 되는 것입니다. 하나님과 영의 통로는 예수만 믿었다고 열리는 것이 아닙니다. 열심히 말씀을 묵상하고 성령 충만을 받고 영으로 기도해야 합니다. 그리고 말씀과 성령으로 심령에 막혀 있는 상처와 질병을 치유해야 합니다. 또, 성령의 감동과 인도에 따라 소속된 교회 일에 열심히 봉사도 해야 합니다. 행함이 없는 믿음은 죽은 믿음이라고 했습니다. 행함도 있어야 합니다.

⑥ 자신의 분수를 모르고 투자하여 감당을 못한 것일 수도 있

습니다. 야고보서 1장 14-15절에 "오직 각 사람이 시험을 받는 것은 자기 욕심에 끌려 미혹됨이니 욕심이 잉태한즉 죄를 낳고 죄가 장성한즉 사망을 낳느니라" 했습니다. 하나님은 절대로 자신의 능력한계를 벗어나서 일을 하기를 원치 않으십니다. 그래서 하나님은 너 있는 것이 무엇이냐, 너 있는 것을 네게 고하라, 하고 물으시는 것입니다. 절대로 자신의 능력한계를 벗어나서 사업을 하려고 생각하지 마시기를 바랍니다. 하나님은 우리에게 작게 해서 크게 되기를 원하시는 것입니다. 그래서 욥기 8장 7절에 "네 시작은 미약하였으나 네 나중은 심히 창대하리라."하시는 것입니다. 사람이 자신의 능력의 한계를 벗어나는 일을 하려면 스트레스가 오게 됩니다.

스트레스가 오면 영적인 능력이 소진됩니다. 그러면 자연히 자신의 능력으로 일을 하려고 합니다. 그러나 자신의 능력으로는 이 세상을 이기기에 역부족입니다. 세상에는 마귀가 있기 때문입니다. 마귀의 방해가 있으면 절대로 성공할 수가 없습니다. 그러므로 사업을 성공하려면 하나님에 자신에게 열어주는 만큼씩 열어가면서 하나님의 인도를 받아야 성공할 수 있습니다. 자신의 능력 범위 안에서 사업을 하므로 평안한 가운데 하나님과의 관계를 유지하시기를 바랍니다. 그러면 성공합니다. 절대로 욕심을 부리지 마시기를 바랍니다.

⑦ 하나님이 싫어하시는 직업을 해서 그럴 수도 있습니다. 매점매석, 고리대금업, 술장사, 사회 퇴폐풍조를 조장하는 사업

등등….은 하나님이 기뻐하지 않는 사업입니다(잠11:26). 오직 자기의 유익만을 위하여 매점매석하는 것은 저주를 초래합니다. 아무리 직업이라고 해도 그렇습니다. 하나님의 축복이 임하는 직업 쪽으로 나가라. 도덕적인 삶에 철저 하라. 이렇게 사는 것도 하나님의 뜻입니다. 하나님이 기뻐하지 아니하시는 사업을 하여 많은 돈을 번 경우, 그 돈은 축복이 아니라, 저주입니다. 저주의 씨앗이 되고 맙니다. 돈을 많이 번다고 좋은 것이 아닙니다. 하나님이 기뻐하시는 일을 하여 벌어야 합니다. 그리고 하나님나라 영광을 위하여 사용해야 합니다.

2.어떻게 해야 축복을 받을 수 있을 까요?

성경의 예를 보겠습니다. 기브온 족속과의 계약을 어긴 사울 때문에 다윗 때에 전 민족이 3년 동안 기근을 당하였습니다. 사무엘하 21장에 보면 다윗의 시대에 해를 거듭하여 3 년 기근이 있으므로 다윗이 여호와 앞에 간구합니다. 그러니까 여호와께서 이르시되 "이는 사울과 피를 흘린 그의 집으로 말미암음이니 그가 기브온 사람을 죽였음이니라."라고 말씀하십니다. 그래서 다윗이 기브온 사람을 불러 그들에게 물어봅니다. "내가 너희를 위하여 어떻게 하랴 내가 어떻게 속죄하여야 너희가 여호와의 기업을 위하여 복을 빌겠느냐?"라고 합니다. 그러니까 기브온 사람들이 다윗 왕께 아룁니다. "우리를 학살하였고 또 우리를 멸하여 이스라엘 영토 내에 머물지 못하게 하려고 모해한 사람의 자손 일곱 사람을 우리에게 내어 달라고 합니다. 그러면 여호와께서 택하신 사울의 고을 기브아에서 우리가 그들을 목매어 달겠나이다."라고 합니다. 그러니까 다윗 왕이 그렇게 하겠다고 합니다.

그래서 사울의 후손 일곱을 기브온 사람의 손에 넘기니 기브온 사람이 그들을 산 위에서 여호와 앞에 목을 매어 달았습니다. 그들 일곱 사람이 동시에 죽으니까 하늘에서 비가 내리기 시작했다고 기록되어 있습니다. 그러므로 성도가 다른 사람의 마음에 상처를 주어도 기근을 당할 수가 있습니다. 그러므로 모든 사람들과 함께 거룩함과 화평함을 좇아 살아야 합니다. 즉, 성령의 임재 가운데 원인을 찾아서 해결해야 재정의 고통이 해결되는 것입니다.

3.원인을 찾아 적극적으로 해결하라.

첫째, 원인을 찾아야 합니다. 둘째, 원인에 따라 조치를 해야 합니다. 죄가 있으면 회개해야 합니다. 조상의 죄라도 본인이 회개하여 풀어야 합니다. 왜냐하면 조상의 죄악으로 기근이 찾아왔기 때문입니다. 반드시 회개해야 문제가 풀립니다. 죄를 통해서 악한 영이 역사하기 때문입니다. 넷째, 혈통으로 대물림되는 가난이라면 가난의 줄을 끊어야 합니다. 다섯째, 가난의 줄을 끊고 사업을 방해하고 가난하게 하는 영을 축귀해야 합니다. 여섯째, 축복해야 합니다. 반대 영을 공급하라는 말입니다. 가난의 영이 떠난 자리에 재정축복이 임할지어다. 일곱째, 성령 충만한 믿음생활을 해야 합니다. 더 자세한 것은 "가계의 고통을 끊고 축복받는 비결"과 "가계가 축복받는 선포기도문" "물질축복 받는 비결"을 읽어보시기를 바랍니다.

1장 사업 방해하는 영의 대적기도

하나님은 축복하시는 하나님이십니다. 하나님은 하나님의 자녀들을 통하여 이 땅에 하나님의 나라를 세워야 하기 때문에 하나님의 자녀가 모두 복을 받고 잘되기를 소원하시는 것입니다(빌 2:13). 하나님의 복은 그냥 저절로 오는 것이 아닙니다. 우리가 해야 할 부분이 있습니다. 사업에 축복을 받으려면 적용해야 할 영적인 원리가 있습니다. 영적인 원리를 적용하여 회개할 것은 회개해야 합니다. 방해하는 세력이 있다면 대적기도로 몰아내야 합니다.

절대로 가만히 앉아서 하나님이 해주시기를 기다리면 안 된다는 것입니다. 하나님의 말씀과 성령으로 진단을 하고 적극적으로 조치해야 하나님이 우리에게 주시기로 작정한 복을 받을 수가 있습니다. 무조건 대적하며 선포한다고 될 일이 아닙니다. 바르게 진단하고 바른 영적인 조치를 취해야 합니다. 어떤 분들과 같이 막연하게 "나의 사업장에 축복이 임할 지어다" 하면서 대적기도 한다고 축복이 찾아오는 것이 아닙니다. 모든 것을 말씀과 성령으로 진단하고 바르게 조치해야 합니다. 문제의 원인을 찾아 적극적으로 해결하고 대적기도 하여 빈곤을 축복으로 바꾸어야 합니다.

대적기도로 나에게 임한 사단이 일으키는 재정의 고통의 줄을 끊으시기 바랍니다.

① 갈라디아서 3장 13절에 의하여나는 예수의 희생으로 저주에서 속량되었다. 나는 예수의 이름으로 믿음을 실천하여 나와 나의 자손들에게 혈통으로 대물림되는 모든 재정의 저주는 끊어질지어다.

② 예수의 피로 말미암아 조상들의 죄와 나의 모든 죄는 사함을 받았고 하나님의 말씀에 대한 불순종과 반항의 결과로 내린 마귀의 저주로 인하여 나와 가족들에게 혈통으로 대물림되는 모든 재정의 저주는 끊어질지어다.

③ 나는 예수의 이름으로 나와 가족 위에 내린 모든 마귀의 저주를 모두 끊노라! 사업의 어려움, 가난, 궁핍, 부채의 모든 마귀의 저주는 끊어질지어다.

④ 나의 경제상태, 대인관계에 영향을 주는 마귀의 역사는 끊어질지어다. 사업방해, 가난, 궁핍, 부채, 거지, 환난의 영의 줄은 예수 이름으로 끊어질지어다.

⑤ 나의 경제상태, 사업의 문제, 대인관계에 영향을 주는 마귀의 역사는 예수 이름으로 끊어질지어다. 사업, 가난, 궁핍, 부채, 거지, 환난의 영은 예수의 이름으로 명하노니 내게서 영원히 떠나갈 지어다!

⑥ 사업을 방해하던 악한 마귀 악귀가 떠나간 자리에 축복의 영이 임할지어다. 우리 사업장에 축복이 임할 지어다. 거래처가 날마다 늘어날 지어다. 손님이 자꾸 늘어날지어다. 천사들아 거래처를 늘려라. 천사들아 손님들을 모셔올 지어다. 나의

손에 재물을 얻는 능력이 임할지어다. 우리 남편의 손에 재물을 얻는 능력이 임할지어다. 절대로 비워두지 말아야 합니다. 심령을 비워두면 마귀가 다시 들어와 집을 짓게 됩니다.

사단이 사업이 잘되지 않게 방해하던 대물림의 줄이 끊어짐을 믿고 감사하세요. 담대하게 대적하며 선포하세요.

① 나는 믿음을 실천하며 또 입으로 시인하여 구원에 이름을 알고 있다. 나는 아브라함의 축복이 나의 것임을 시인한다. 나는 저주 아래 있지 않고 축복을 받았다. 나는 꼬리가 아니고 머리다. 나는 밑에 있지 않고 위에 있다.

② 나는 들어와도 복을 받고 나가도 복을 받는다. 나는 축복을 받았고 또 하나님께서 앞으로 더욱 축복하실 것이다. 주님, 저의 인생에 작용했던 모든 마귀의 저주에서 저를 자유하게 하심을 감사드립니다.

2장 출입을 막는 영의 대적기도

우리가 영안을 열고 보면 사업장에 들어오지 못하도록 막는 악한 영들이 있다는 것입니다. 이러한 악한 영들을 대적하여 몰아내야 사업장에 손님들이 들어올 수 있는 것입니다. 악한 영들이 방망이를 들고 들어오는 사람들에 역사하는 악한 영들에게 겁박하여 되돌아가게 하는 것입니다. 다른 방법은 시시하게 보이게 하는 것입니다. 세상말로 별 볼일이 없게 보이게 한다는 것입니다. 악한 영들이 이런 다양한 방법을 가지고 사업을 방해합니다. 고로 사업이 되지 않는 원인이 있다는 것입니다. 우리는 이것을 알고 대적하는 것입니다.

대적기도는 이렇게 합니다. 첫째 방법은 출입구 앞에서 왔다가 같다가 하면서 대적기도를 하는 것입니다. 둘째 방법은 문고리를 잡고 기도하는 것입니다. 성령이여 임하소서. 성령이 임해야 출입구를 장악할 수 있습니다. 성령이여 임하소서. 충만하게 임하소서. 내가 나사렛 예수의 이름으로 명하노니 지역에 역사하는 영들은 떠나갈지어다.

지역에 역사하는 악한 영들은 떠나갈지어다. 우리 사업장에 손님 들어오지 못하게 막고 있는 귀신들은 떠나갈지어다. 우리 사업장에 손님 들어오지 못하게 막고 있는 귀신들은 떠나갈지어다. 멀리 떠나갈지어다. 천사들아 우리 가게 앞에 와서 진을 칠지어다. 우리 가게에 들어오지 못하게 막고 있는 귀신들을 몰아낼지어다. 천사들이 손님들을 많이 모시고 올지어다. 많은 분들을 모시고 올지어다. 가게 앞에서 경비를 설지어다. 매출이 날마다 늘어나도록 도울지어다. 예수님의 이름으로 기도합니다. 아멘!

3장 사고 나게 하는 영의 대적기도

사업장에서 사고가 유발하게 하는 영들이 있습니다. 사고가 나서 사람이 다치게 합니다. 집기류가 파괴되게 합니다. 가게가 제대로 운영이 되지 못하게 역사하는 것입니다. 우리는 이를 대적기도로 몰아내고 예방해야 합니다.

대적기도는 이렇게 합니다. 첫째 방법은 문고리를 잡고 기도하는 것입니다. 둘째 방법은 가게 안에서 기도하는 것입니다. 성령이여 임하소서. 성령이 임해야 가게를 장악할 수 있습니다. 성령이여 임하소서. 충만하게 임하소서. 내가 나사렛 예수의 이름으로 명하노니 지역에 역사하며 사업을 방해하는 영들은 떠나갈지어다. 지역에 역사하는 악한 영들은 떠나갈지어다.

우리 사업장에 사고가 나서 손해나게 하는 귀신들은 떠나갈지어다. 우리 사업장에 사고가 나서 종업원 다치게 하는 귀신들은 떠나갈지어다. 우리 사업장에 사고가 나서 손님 떨어지게 하는 귀신들은 떠나갈지어다. 멀리 떠나갈지어다. 천사들아 우리 가게 앞에 와서 진을 칠지어다. 우리 가게에 사고 나게 하는 귀신들을 몰아낼지어다. 천사들아. 우리 가게에 기거하며 매사에 안전하게 지켜 보호할지어다. 천사들아 지켜 보호할지어다. 가게 안과 밖에서 경비를 설지어다. 안전하도록 지켜 보호할 지어다. 예수님의 이름으로 기도합니다. 아멘!

4장 질병이 생기게 하는 영의 대적기도

우리가 영안을 열고 사업장을 보면 사업장에 질병의 영이 역사하여 사업을 하지 못하게 하는 영들이 있습니다. 실제로 어느 가게는 입주하는 사업주마다 허리에 병이 들어 가게를 하지 못하고 나오는 경우가 있었습니다. 그래서 새로 입주한 분이 한동안 성령의 임재를 요청하고 대적기도를 하니 오년이 넘도록 질병이 발생하지 않았다는 것입니다. 이 가게에 앞서 사업하던 사람들이 허리 병이 들어서 나오게 됨으로 권리금을 받지 못했답니다. 권리금 없이 들어가서 대적기도하며 영적인 전쟁을 하여 승리하여 나오면서 권리금을 오천만원을 받았다는 것입니다. 이것이 하나님의 권능으로 가게를 장악한 보증의 역사입니다. 영적으로 깨어있는 성도를 하나님이 축복하신 것입니다.

대적기도는 이렇게 합니다. 첫째 방법은 문고리를 잡고 기도하는 것입니다. 둘째 방법은 가게 안에서 기도하는 것입니다. 성령이여 임하소서. 성령이 임해야 가게를 장악할 수 있습니다. 성령이여 임하소서. 충만하게 임하소서. 내가 나사렛 예수의 이름으로 명하노니 가게에 역사하며 허리 병이 생기게 하는 영들은 떠나갈지어다. 지역에 역사하는 악한 질병의 영들은 떠나갈지어다. 우리 사업장에 질병이 생기게 하여 사업을 방해하는 귀신들은 떠나갈지어다. 우리 사업장에 질병이 발생하여 입원하게 하는 귀신들은 떠나갈지어다. 우리 사업장에 질병이 생겨 일하지 못하게 하는 귀신들은 떠나갈지어다. 멀리 떠나갈지어다. 사업장에 건강의 축복이 임할지어다. 천사들아 우리 가게 앞에 와서 진을 칠지어다. 우리 가게에 질병이 발생하게 하는 귀신들을 몰아낼지어다. 천사들이 지켜 보호할지어다. 가게 안과 밖에서 경비를 설지어다. 가게를 지켜 보호할 지어다. 예수님의 이름으로 기도합니다. 아멘!

5장 종업원을 충동하는 영의 대적기도

영안을 열고 사업장을 보면 종업원들이 사업장에 들어와서 일을 능숙하게 할 만하면 나가게 역사하는 귀신들이 있다는 것입니다. 사업은 무엇보다 종업원들이 전문성이 있어야 합니다. 그런데 일을 가르쳐서 능숙하게 할 만하면 충동하여 떠나가게 한다는 것입니다. 우리는 영적인 눈을 열고 악한 영들과 싸워야 합니다. 성령의 권능으로 대적하여 승리하라는 것입니다.

대적기도는 이렇게 합니다. 첫째 방법은 문고리를 잡고 기도하는 것입니다. 둘째 방법은 가게 안에서 기도하는 것입니다. 성령이여 임하소서. 성령이 임해야 가게를 장악할 수 있습니다. 성령이여 임하소서. 충만하게 임하소서. 내가 나사렛 예수의 이름으로 명하노니 지역에 역사하며 사업을 방해하는 영들은 떠나갈지어다. 지역에 역사하는 악한 영들은 떠나갈지어다. 우리 사업장에 종업원들의 마음을 충동하여 떠나가게 하는 귀신들은 떠나갈지어다. 우리 사업장에 종업원들의 마음을 충동하여 떠나가게 하는 귀신들은 떠나갈지어다. 우리 사업장에 종업원들을 떠나가게 역사하는 귀신들은 떠나갈지어다. 멀리 떠나갈지어다. 천사들아 우리 가게 앞에 와서 진을 칠지어다. 우리 가게에 종업원들을 떠나가게 조종하는 귀신들을 몰아낼지어다. 천사들이 지켜 보호할지어다. 가게 안과 밖에서 경비를 설지어다. 종업원들의 마음을 사로잡을 지어다. 예수님의 이름으로 기도합니다. 아멘!

6장 손님들과 분란하게 하는 영의 대적기도

영안을 열고 보면 사업장에 역사하며 손님들과 종업원 사이에 역사하여 의견충돌이 일어나게 하는 영들이 있다는 것입니다. 아무것도 아닌 일에 언성을 높이고 다투게 하는 영이 있습니다. 악한 영들은 어찌하든지 성도가 하는 사업을 방해합니다. 우리는 영안을 열고 분별하여 성령의 권능을 가지고 대적해야 합니다.

대적기도는 이렇게 합니다. 첫째 방법은 문고리를 잡고 기도하는 것입니다. 둘째 방법은 가게 안에서 기도하는 것입니다. 성령이여 임하소서. 성령이 임해야 가게를 장악할 수 있습니다. 성령이여 임하소서. 충만하게 임하소서. 내가 나사렛 예수의 이름으로 명하노니 가게에서 역사하며 손님들과 분란을 일으키는 영들은 떠나갈지어다. 지역에 역사하며 사업을 방해하는 악한 영들은 떠나갈지어다. 우리 사업장에 손님들의 마음을 격동 시켜서 종업원들과 다투게 하는 귀신들은 떠나갈지어다.

우리 사업장에 손님과 종업원들 간에 다투게 하는 귀신들은 떠나갈지어다. 우리 사업장에 분란이 일어나게 하는 귀신들은 떠나갈지어다. 멀리 떠나갈지어다. 천사들아 우리 가게 앞에 와서 진을 칠지어다. 우리 가게에 손님과 종업원들 간에 분란이 일어나게 하는 귀신들을 몰아낼지어다. 천사들이 지켜 보호할지어다. 가게 안과 밖에서 경비를 설지어다. 가게에 유화의 영이 충만할 지어다. 예수님의 이름으로 기도합니다. 아멘!

7장 상처받게 하는 영의 대적기도

제가 지금까지 성령치유 사역을 하면서 상담하면서 체험한 바로는 직장에서 상처를 잘 받는 사람들이 있습니다. 이런 사람의 유형을 종합해본 결과 상처가 많은 사람들이 직장에서 상처를 잘 받고 직장생활의 수명이 짧았습니다. 저는 항상 이렇게 말합니다. 마음의 상처는 만 가지 문제의 원인이 된다는 것입니다. 상처를 치유하는 것은 하나님과의 관계나 인간관계에 유익하게 된다는 것입니다. 상처가 많으면 상처를 잘 받습니다. 그러므로 직장생활을 하면서 상처를 잘 받는다면 상처를 주는 사람들이 문제가 있는 것이 아니고, 자신에게 문제가 있는 것입니다. 우리가 세상을 살아가면서 상처받지 않을 수가 없습니다. 세상에는 마귀가 있기 때문입니다.

첫째는 상처를 받게 하는 요인을 말씀과 성령으로 찾아서 내적치유를 해야 합니다. 둘째는 대적기도를 해야 합니다. 대적기도는 이렇게 합니다. 성령이여 임하소서. 성령이 임해야 상처받게 하는 영이 떠나가기 때문입니다. 성령이여 임하소서. 충만하게 임하소서. 내가 나사렛 예수의 이름으로 명하노니 나에게 역사하며 직장에서 사람들에게 상처받게 하는 더러운 영들은 떠나갈지어다. 나에게 역사하며 상처받게 하는 악한 영들은 떠나갈지어다. 나에게 역사하며 상처받게 하는 귀신들은 떠나갈지어다. 나에게 역사하며 상처받게 하는 귀신들은 떠나갈지어다. 천사들아 나를 지켜 보호할 지어다. 상처받지 않도록 나를 지켜 보호 할지어다. 천사들아 지켜 보호할지어다. 예수님의 이름으로 기도합니다. 아멘!

8장 직장 옮기게 하는 영의 대적기도

제가 지금까지 성령치유 사역을 하면서 상담하면서 체험한 바로는 직장을 잘 옮기는 사람들이 있습니다. 앞에서 말씀드린 직장에서 상처를 잘 받는 사람들과 같이 상처가 있는 분들 이였습니다. 상처가 많은 사람들이 직장에서 상처를 잘 받고 직장생활의 수명이 짧아서 직장을 자주 옮겼습니다. 저는 항상 이렇게 말합니다. 마음의 상처는 만 가지 문제의 원인이 된다는 것입니다. 상처를 치유하는 것은 하나님과의 관계나 인간관계에 유익하게 된다는 것입니다. 상처가 많으면 상처를 잘 받습니다. 그러므로 직장을 자주 옮기는 분들은 자신에게 문제가 무엇이 있는지 찾아보아야 할 것입니다. 원인이 없는 문제는 없기 때문입니다. 원인을 찾아 치유해야 합니다.

원인을 찾아 내적치유를 하고 대적기도도 해야 합니다. 대적기도는 이렇게 합니다. 성령이여 임하소서. 성령이 임해야 직장 생활 장수하지 못하게 하는 영이 떠나가기 때문입니다. 성령이여 임하소서. 충만하게 임하소서. 내가 나사렛 예수의 이름으로 명하노니 나에게 역사하며 이 직장 저 직장 옮기게 하는 더러운 영들은 떠나갈지어다. 나에게 역사하며 앞길을 방해 하는 악한 영들은 떠나갈지어다. 나에게 역사하며 지장생활 방해하는 귀신들은 떠나갈지어다.

나에게 역사하며 직장 생활 방해하는 귀신들은 떠나갈지어다. 천사들아 나를 지켜 보호할 지어다. 직장 생활 장수하며 잘 하도록 지켜 보호 할지어다. 천사들아 지켜 보호할지어다. 예수님의 이름으로 기도합니다. 아멘!

9장 직장에서 믿음생활 방해하는 영의 대적기도

제가 교회를 개척하여 목회를 하다가 보니 주일날 직장에서 소집하여 믿음생활을 제대로 못하는 분들이 있습니다. 이무일이 없다가 갑자기 주일날 아침에 일이 발생했다고 출근하라고 하는 일들이 있다는 것입니다. 교회에 예배를 드리러 오다가 직장으로 향하는 성도들도 있습니다. 그런가 하면 토요일 날 직장 사람들이 집으로 찾아와 밤늦도록 놀다가 늦잠이 들어 교회에 오지 못하는 분들도 있습니다. 이 모든 것이 귀신의 장난입니다. 이것은 제가 체험한 사실입니다. 시화에서 우리 교회성도가 이런 경우가 있었습니다. 그래서 지속적으로 대적기도를 하게 했더니 얼마가지 않아 영적인 생활 방해하는 빈도수가 점점 줄었습니다. 이런 경우가 있다면 반드시 성령의 임재 하에 대적하여 몰아내야 합니다.

대적기도는 이렇게 합니다. 성령이여 임하소서. 성령이 임해야 직장 일로 믿음 생활 방해하는 영이 떠나가기 때문입니다. 성령이여 임하소서. 충만하게 임하소서. 내가 나사렛 예수의 이름으로 명하노니 나에게 역사하며 직장 일로 믿음 생활 방해하는 더러운 영들은 떠나갈지어다.

나에게 역사하며 믿음 생활 방해 하는 악한 영들은 떠나갈지어다. 나에게 역사하며 믿음 생활 방해하는 귀신들은 떠나갈지어다. 나에게 역사하며 직장에 일을 만들어 영적인 생활 방해하는 귀신들은 떠나갈지어다. 천사들아 나를 지켜 보호할 지어다. 믿음 생활 잘 하도록 지켜 보호 할지어다. 천사들아 지켜 보호할지어다. 예수님의 이름으로 기도합니다. 아멘!

10장 부동산이 나가지 못하게 하는 영의 대적기도

임대 사업을 하는 성도가 임대 아파트를 분양받아 임대를 내놓았습니다. 그런데 다른 아파트는 모두 임대가 나가는데 성도의 아파트만 임대가 나가지를 않는 것입니다. 그래서 목사님을 청해 다가 심방을 하고 아파트를 나가지 못하게 방해하는 영을 대적하여 몰아내니 나갔다는 것입니다. 이 경우는 이렇게 설명할 수가 있습니다. 성도가 내 놓은 아파트 앞에 귀신들이 보초를 서면서 들어오는 사람들의 마음을 주장하여 임대를 하지 못하게 방해하는 것입니다. 영의 세계를 참으로 이해하지 못할 이상한 일이 많이 일어납니다. 알고 대비하시기를 바랍니다. 이런 경우 대적 기도하여 방해하는 영들을 몰아내야 합니다. 별별 인간방법을 다 동원해도 해결이 되지 않습니다.

대적기도는 이렇게 합니다. 성령이여 임하소서. 성령이 임해야 부동산이 나가지 못하도록 방해하는 영이 떠나가기 때문입니다. 성령이여 임하소서. 충만하게 임하소서. 하나님 우리가 임대 사업을 하는 줄 잘 아십니다. 그런데 임대가 나가지를 않습니다. 빨리 나가도록 역사하여 주옵소서. 그리하여 하나님의 살아 역사하심을 체험하게 하옵소서. 내가 나사렛 예수의 이름으로 명하노니 아파트를 나가지 못하도록 방해하는 더러운 영들은 떠나갈지어다. 아파트 앞에 서서 나가지 못하도록 방해 하는 악한 영들은 떠나갈지어다. 아파트에 역사하며 임대 나가지 못하도록 방해하는 귀신들은 떠나갈지어다. 천사들아 나가서 새 주인을 모시고 올 지어다. 빨리 나가도록 도울 지어다. 천사들아 나가서 새 주인을 모시고 올지어다. 많은 성도님들이 이사를 가려고 집을 부동산에 내 놓았는데 나가지 않는다고 어떻게 해야 하느냐고 질문을 많이 합니다. 이때에는 이렇게 대적기도를 하면 됩니다.

성령이여 임하소서. 성령이여 임하소서. 성령이 임해야 부동산이 나가지 못하도록 방해하는 영이 떠나가기 때문입니다. 성령이여 임하소서. 충만하게 임하소서. 하나님 우리가 은혜 가운데 이곳에 살다가 다른 곳으로 이사를 가려고 집을 내 놓았습니다. 계획된 날짜에 은혜롭게 나가게 하여 주옵소서. 하나님의 살아 역사하심을 체험하게 하옵소서. 내가 나사렛 예수의 이름으로 명하노니 집을 나가지 못하도록 방해하는 더러운 영들은 떠나갈지어다. 집 앞에 서서 나가지 못하도록 방해 하는 악한 영들은 떠나갈지어다. 집주변에 역사하며 집이 나가지 못하도록 방해하는 귀신들은 떠나갈지어다. 천사들아 나가서 새 주인을 모시고 올 지어다. 빨리 나가도록 도울 지어다. 천사들아 나가서 새 주인을 모시고 올지어다. 예수님의 이름으로 기도합니다. 아멘!

7부 가계 저주를 끊는 대적기도

(출34:7)"인자를 천대까지 베풀며 악과 과실과 죄를 용서
하리라 그러나 벌을 면제하지는 아니하고 아버지의 악행을 자
손 삼사 대까지 보응하리라"

우리가 다른 사람의 도움을 받아 문제를 해결 받고, 치유 받
는 것은 어느 시점까지만 가능한 것입니다. 종국에서 자신에게
와있는 성령의 권능을 가지고 스스로 끊어내야 합니다. 저는 우
리 교회에서 성령치유 집회를 할 때 오신 분들이 스스로 영적
자립을 하도록 훈련을 하고 있습니다. 자신의 가계에 혈통으로
역사하는 고통의 대물림을 이렇게 끊으시기를 바랍니다.

하나님은 저주하는 하나님이 아니고 축복하시는 사랑의 하
나님입니다. 그러므로 우리 가문에 대대로 흐르는 영육의 문제
는 하나님이 하신 것이 아닙니다. 하나님과 사람의 사이에 틈이
생길 때 마귀가 들어와 저주한 것입니다. 절대로 하나님이 저주
한 것이 아닙니다. 그래서 이 마귀의 저주문제를 성령의 능력으
로 적극적으로 다루어서 해방 받고 하나님이 예비한 축복을 받
고자 이렇게 스스로 치유하는 비결을 알려드리는 것입니다.

가문에 대물림되는 마귀의 저주가 있다고 판단될 때, 그래서
현재 나에게 문제가 있다고 판단될 때, 구체적으로 어떻게 하여

야 그것을 차단하고, 하나님의 말씀에서 약속하시는 하나님의 자녀에 권세를 회복하고, 복을 누리고 하나님의 소원인 축복의 통로로서 살아야 하나님 나라를 확장할 수가 있지 않겠습니까? 방심하지 마시고 성령의 임재 하에 찾아서 대물림을 끊어내고 하나님의 영광의 도구가 되시기를 바랍니다. 지금 이 시간 말씀드리는 것은 가계 문제를 스스로 치유할 수 있도록 알려드리는 것입니다. 원리와 순서를 숙지하여 치유할 때 적용하시기를 바랍니다.

1.스스로 인정하라.

자신에게 일어나는 현상이 혈통에 대물림되는 귀신의 역사로 일어나는 것이라는 것을 인정하라는 말입니다. 절대로 본인이 인정하지 않으면 귀신은 떠나가지를 않습니다. 본인이 인정하고 성령의 임재 하에 명령을 하면 시간이 오래 걸려서 문제지다 떠나갑니다. 그래서 자신에게 일어나는 비정상적인 일들의 배후에 악한 영이 있다는 것을 알고 인정하는 것이 중요합니다. 나의 그동안 사역경험으로 보아 본인이 인정하고 성령의 임재 하에 본인이 명령할 때 모두 귀신이 떠나갔습니다. 분명하게 선조들의 죄악을 통해서 역사하는 귀신이 있습니다. 인정합시다. 인정하는 것이 빨리 귀신의 역사로부터 해방되기 시작하는 수단입니다.

2. 영의 눈을 떠라.

　제가 그렇게 혈통에 대물림되던 귀신의 역사로 고통을 당하다가 서서히 해결을 받은 것은 영적인 눈을 뜬 후부터입니다. 영적인 원리들을 알고 적용하면 적용할수록 환경에 보이도록 변화가 나타났습니다. 영적인 원리들을 알고 성령의 권세를 주장하니 물질이 서서히 풀렸습니다. 교회가 부흥을 했습니다. 재력이 있는 성도들이 교회에 등록을 했습니다. 성령의 역사가 일어나니 성령께서 하나님의 사람들을 보낸 것입니다. 천사들입니다. 저는 항상 이렇게 생각을 합니다.

　성도가 성령의 세례를 받으면 성령의 인도로 영의 눈이 떠집니다. 영의 눈이 떠지니 영적인 세계가 보이게 됩니다. 모든 문제의 배후에는 귀신이 역사한다는 것을 알게 됩니다. 귀신을 쫓아내려고 하니 성령의 권능을 받는 것입니다. 그래서 영적인 원리들을 아는 만큼씩 저주하던 귀신이 떠나가는 것입니다. 영적인 지식을 얻기 위하여 노력을 해야 합니다. 말씀의 비밀을 깨닫기 위하여 성령 충만을 받아야 합니다. 성령의 인도로 말씀 속에 있는 영적인 원리들을 찾아서 적요하면 혈통에 역사하며 저주하던 귀신들이 떠나갑니다.

3.성령의 권능을 받아라.

혈통에 역사하며 저주하던 귀신은 우리보다 강합니다. 반드시 성령의 역사로 장악이 되어야 떠나가는 것입니다. 그러므로 성령의 권능을 받아야 합니다. 성령의 권능을 받으려면 먼저 성령으로 세례를 받아야 합니다. 성령으로 세례를 받으려면 성령의 역사가 일어나는 장소에 가야 합니다. 성령의 역사가 일어나는 장소에 가서 뜨겁게 기도할 때 성령의 세례를 체험하게 됩니다. 성령의 세례는 이론이 아니고 실제로 체험하는 역사입니다. 자신이 직접 몸으로 감각으로 느껴야 합니다. 성령의 세례를 받게 되면 다음으로 성령의 불세례가 나타나기 시작을 합니다. 성령께서 불로 역사하면서 자신의 상처를 치유하고 자아를 부수십니다. 혈통에 역사는 귀신을 축사합니다. 귀신이 떠나가니 영안이 열리기 시작을 합니다. 성령의 권세로 귀신이 떠나가는 것입니다.

4.성령의 깊은 임재 안에 들어가라.

치유를 받거나 사역을 하려면 먼저 성령의 임재가 되어야 합니다. 성령의 임재가 장악한 평안한 상태가 되어야 합니다. 성령의 깊은 임재가 중요합니다. 이를 위하여 평소에 내가 성령의 임재가 깊으면 어떠한 현상이 나타나는지 체험하고 숙지해야 합니다. 이를 위해 평소 성령의 임재 훈련을 많이 하여야 합니다. 그리고 성령의 임재를 체험해 보아야 합니다. 성령의 깊은 임재 안에서 가문에 대물림되는 문제들을 찾아내고 회개하고 끊어내고 몰아내야 깊은 치유가 일어납니다.

머리로 외워서 입으로 하는 기도를 효과가 적습니다. 육적인 상태에서는 우리를 저주하는 마귀가 떠나가지 않습니다. 영적인 상태, 성령의 임재 하에서 예수 이름으로 명령한 때 저주의 영들이 물러갑니다. 성령의 임재 하에 죄를 짓는 장면을 눈으로 직접 그리면서 깊은 차원의 기도가 성령의 역사로 마귀의 저주가 끊어집니다. 우리 가계에 대물림하면서 저주하는 마귀를 우리보다 강한 영적인 존재입니다. 고로 성령의 깊은 임재 하에 예수 이름으로 회개도 하고 용서도해야 저주하던 마귀, 귀신이 성령의 권세로 떠나가는 것입니다.

5.현재 알게 모르게 일어나는 마귀저주를 찾아라.

나와 우리 가문에 대물림의 문제가 무엇인가를 진단하여야 합니다. 그것은 하나님의 말씀으로 하는 것입니다. 말씀은 가문에 대물림되는 영육의 문제를 찾아내는 잣대입니다. 하나님의 말씀과 성령의 역사로 자신의 가문을 진단하는 것입니다. 오늘 이 말씀들을 잘 읽는 것도 하나님의 말씀입니다. 그것으로 나와 내 가정을 점검하여 진단하는 것입니다.

1)무엇이 문제입니까?

①대대로 영적인 질병으로 고통을 당하고 있습니까? ②가문에 대대로 흐르며 대물림되는 질병이 있습니까? ③이유모를 불순한 일들이 가문 대대로 전수되고 있습니까? ④가문 대대로 자녀들이 이유모를 질병으로 사망하고 있습니까? ⑤가문 대대로 홀아비나 홀어미가 많아 가정이 분열되고 있습니까? ⑥대대로 이혼하는 가정이 있습니까? ⑦대대로 가문이 가난하게 살고 있습니까? ⑧대대로 채무로 고통을 당하고 있습니까? ⑨가문에 대대로 정신지체아가 태어나고 있습니까? ⑩이것 때문에 도무지 하나님께로 나아가지 못하고 예수님을 내 영혼의 깊숙한 그곳까지 모셔 들이지 못하는 다른 것이 있습니까?

2)육체적인 질병과 환경의 문제도 여기에 해당됩니다.

①가족력으로 나타나는 불치병이 있지는 않습니까? ②원인모를 정신 질환이 있지는 않습니까? ③우울증과 조울증에 시달리고 있지는 않습니까? ④죽고 싶은 충동이 자주 일어나지 않습니까? ⑤대인관계가 잘되지 않아 친구가 없습니까? ⑥아니면 아무리 노력하여도 사업에서 실패합니까? ⑦가정이 무너져 내리고 있습니까? 자녀가 문제를, 남편이 바람을, 부인이 바람을 피워서 가정에 불화가 있습니까? ⑧부모의 안 좋은 모습이 나에게서 강하게 나타나 자학하고 있지는 않습니까? ⑨기타 추가로 무엇이 문제입니까?

성령의 임재가운데 자신에 대하여, 사랑하는 부모님에 대하여, 가문에 대하여, 진지하게 말씀으로 진단하여 보시기 바랍니다. 그리고 그것을 하나님께 아뢰시기 바랍니다. 하나님 아버지에게, 예수님에게, 특히 성령님에게 아뢰시기 바랍니다. 구체적으로 아뢰시기 바랍니다. 우리가 때로는 자신의 문제조차도 모르는 경우가 의외로 많습니다.

나도 모르고 당하는 경우도 많습니다. 무엇이 문제인지 모르는 경우입니다. 그럴 때 성령님 가르쳐 주세요! 성령님 알려주세요! 성령님 생각나게 하세요! 이렇게 도움을 구하십시오! 병원에도 가면 자기가 아픈데도 어디가 아픈지를 설명 못하는 분들이 있을 수가 있습니다. 그럴 때는 어떻게 합니까? 저를 진단하여 주세요! 그렇게 말합니다. 그러면 의사가 그 사람의 형편을 알고, 여러 가지 첨단 장비를 활용하여 세밀하게 진단하여 줍니다. 성령님께 세밀하게 진단해 달라고 요청하시기를 바랍니다.

6.가계에 마귀저주의 근본 원인을 성령으로 찾아라.

성령의 임재 하에 선조들의 특정한 죄악을 찾아내야합니다. 우상숭배, 그와 관련된 직업, 부정행위, 직업적인 죄, 성적인 죄, 금전적인 죄, 학대한 죄, 미움, 원수맺음과 같은 죄가 있었는지 찾아내십시오. 절이나 무당에게 내 이름을 올린 것이라도 찾아내어 대신 회개하고 계약을 예수 이름으로 파기해야 합니다. 그렇게 함으로 이로 말미암은 마귀의 저주를 끊어내야 합니다. 그리고 그때 들어온 귀신을 축사해야 합니다. 친가, 외가의 가족들에게서 사단의 저주를 찾으세요. 부부관계, 재산관계, 건강상태, 자녀와의 관계, 형제 친지와의 관계, 죽음상태 등을 조사하여 사단의 저주가 있었는지를 찾으시기 바랍니다.

7.가계의 저주의 근원을 찾기 위해 문제의 뿌리를 찾아라.

가족 계보를 작성하고 그 관계성을 살펴라. 임신과 출산 과정을 살펴보라. 병력을 살펴라. 건강, 질병, 입원, 치료, 투약 실태 등. 어렸을 때의 정서적 보살핌에 대하여 살피라. 성장기의 친구들과의 관계를 조명하라. 신앙생활 상태로서 예수님의 누림, 영적성장, 성령 세례의 체험, 방황 등. 교회 관계로 권위자에 대한 태도, 교우들과의 관계. 성적인 문제로 불임, 불감증 등. 결혼, 자녀, 부부 문제를 조명하라. 상처가 어떤 종류가 있었으며, 충격이나 사고를 당한 경험을 없는지 살피라. 신비술의 관여 정도, 거짓 맹세, 무속의 참여 등. 다른 종교와의 관련성을 찾아라(잡신이나 이단참여).

8.원인에 대한 영적조치를 하라.

자신에게 일어나고 있는 문제의 원인에 따라 회개하고 용서

하라는 말입니다. 성령의 깊은 임재 안에서 자신에게 일어나고 있는 영육의 문제들을 찾아내고 회개하고 끊어내고 귀신을 몰아내야 합니다. 머리로 외워서 입으로 하는 기도를 효과가 적습니다. 육적인 상태에서는 혈통에 역사하는 귀신이 떠나가지 않습니다. 영적인 상태, 성령의 임재 하에서 예수 이름으로 명령한 때 저주의 영들이 물러갑니다. 성령의 임재 하에 선조나 자신이 죄를 짓는 장면을 눈으로 직접 그리면서 깊은 차원의 기도를 해야 합니다. 깊은 차원의 기도를 하면서 회개할 것은 회개하고, 용서할 것은 용서해야 성령의 역사로 귀신이 떠나갈 수 있는 조건이 됩니다. 우리에게 역사하는 마귀는 우리보다 강한 영적인 존재입니다. 고로 성령의 깊은 임재 하에 예수 이름으로 회개도 하고 용서도해야 역사하던 마귀, 귀신이 성령의 권세로 떠나가는 것입니다. 성령이 자신을 완전하게 장악을 해야 혈통에 역사하던 귀신이 떠나가는 것입니다.

9. 마귀의 저주를 예수 이름으로 끊어내라.

저주를 끊으면 악령들이 작용할 수 있는 법적 권리를 박탈해 버리게 됩니다. 법적인 근거들을 멸한 뒤에 주 예수의 이름으로 명령해야 저주하던 마귀 귀신들이 쫓겨나갑니다. 법적인 근거는 죄입니다. 마귀의 저주를 끊으면 상황에 따라서 끊음과 함께 바로 회복, 치유, 변화를 경험하는 경우가 있으며, 또 시간이 점차 지나면서 저주를 끊은 효력이 나타납니다.

10.혈통을 타고 역사하는 저주의 영들을 축귀하라.

말씀과 성령으로 찾아서 반드시 축귀해야 합니다.

11.끝장 보는 대적기도를 하라.

내가 지금 뒤를 돌아보면 혈통에 역사하는 귀신의 저주를 끊어내기 위하여 3년이 걸렸다는 것입니다. 3년이란 세월동안 집중적으로 혈통에 역사하는 귀신을 몰아내기 위하여 시간을 투자한 것입니다. 이것은 귀신만 쫓아낸 것이 아니고, 성령으로 세례를 받고 성령의 이끌림을 받으면서 전인격을 치유했습니다. 이렇게 성령으로 충만한 삶을 살면서 영적으로 변하니 혈통에 역사하던 귀신의 역사가 서서히 약해졌다는 것입니다. 귀신의 역사가 약해지니 눈에 보이게 환경이 열렸다는 것입니다. 하루 이틀 영적인 전쟁을 한 것이 아니고 3년을 했다는 것입니다.

혈통에 역사하던 귀신을 축귀하기 시작을 했다면 귀신이 완전하게 떠나 강건하게 될 때까지 싸우라는 것입니다. 절대로 중간에 포기하지 말아야 합니다. 내가 지금까지 성령치유사역을 하다가 보니까, 의지가 약하여 중도에 포기하는 사람이 있다는 것입니다. 이런 사람들은 문제를 완벽하게 해결 받지 못합니다. 그러나 끝장을 보겠다는 의지를 가지고 귀신과 싸우는 목회자나 성도들은 모두 승리하였습니다. 혈통에 대물림되는 귀신을 쫓아내려면 끝장 보는 기도를 해야 합니다.

12.저주의 영들이 떠나간 곳에 반대 영으로 축복하라. 떠나가게 기도만 할 것이 아닙니다. 이제 떠나보내고 성령으로 채워야합니다.

13.대물림하던 귀신을 몰아낸 후 관리를 잘하라. 쫓겨난 귀신은 자신이 나온 집에 대하여 강한 집착과 미련을 가집니다. 마귀는 영적 존재이나, 제한적인 존재이기에 자신이 거했던 사람의 성품과 습관에 익숙하여 자신의 일을 행하기에 매우 쉽고 효과적으로 죄를 짓게 만들 수 있으며, 마귀는 자신의 거할 장소를 찾아야 하기에 다시 거했던 그곳을 찾아옵니다.

단순히 축귀만 한 상태는 병원에서 수술을 받은 것과 같은 상태입니다. 계속 투약과 건강관리를 하지 않으면 병이 재발하는 것처럼 축사후의 삶이 매우 중요합니다. 영적치유도 중요하지만, 치유후의 관리도 매우 중요합니다.

1장 샤머니즘적인 것들을 끊어내는 대적기도

예수님을 영접하기 전에라도 점을 치러 간 적이 있거나, 자신이 동의하지 않았더라도 부모나 친지가 자신의 이름을 절에 올렸거나 점을 치고 복을 빌었던 경우가 있는데 회개하고 치유받지 않았다면 마귀의 저주(환란과 풍파)가 임하게 됩니다. 이러한 저주(환란과 풍파)에서 풀려나오기 위해서는 먼저 무당에게 점을 치러 간 적이 있거나 자신이 동의하지 않았더라도 부모나 친지가 자신의 이름을 절에 올렸거나 점을 치고 복을 빌었던 것들이 죄인 것을 인정해야 합니다. 그래서 마음 중심으로 회개해야 합니다.

대적기도는 이렇게 합니다. 성령이여 임하소서. 주 하나님, 저는 하나님의 독생자이신 예수님이 저의 모든 죄를 위해 죽으시고 부활하신 것을 믿고 고백합니다. 저는 지금 예수님의 이름으로 그동안 술수, 무당에게 점을 치고, 토정비결, 미신 등에 관계하고 절에 이름을 올리고 무당에게 이름을 올린 죄악을 회개합니다. 절에 이름을 올리고 무당에게 이름을 올린 모든 계약은 예수 이름으로 명하오니 파기될지어다. 혈통을 타고 연결된 저주의 줄은 끊어질지어다. 그때 들어온 귀신은 예수의 이름으로 명하노니 떠나갈지어다. 떠나간 자리에 말씀과 성령으로 충만하게 채워질지어다. 사랑의 하나님 용서하여 주시옵소서. 그리하여 새로운 삶을 살 수 있도록 도와주시옵소서. 예수님의 이

름으로 저의 우상숭배로 인한 저주를 끊게 하여 주시고 귀신들
을 몰아내 주시니 감사합니다. 예수님의 이름으로 기도드립니
다. 아멘!

2장 악령의 속박들을 푸는 대적기도

자신이 직접 하지 않았더라도 무당에게 이름을 올렸던지, 복
을 빌었다든지 하면 예수를 믿었어도 여전히 악령의 속박에 묶
여 있을 수 있습니다. 반드시 회개를 하고 끊어내고 그때 들어
온 귀신을 축귀해야 합니다. 많은 분들이 예수만 믿으면 모든
속박이 풀리는 줄 알고 방심했다가 영육으로 고통을 당하는 경
우가 많습니다. 반드시 성령의 임재 하에 찾아서 회개하여 속박
을 풀어야 합니다. 그리고 대물림되는 저주의 줄을 끊어야 합니
다. 귀신을 축귀하고 축복으로 채워야 합니다. 지속적으로 해
야 합니다. 환경으로 변화가 나타날 때까지 해야 합니다.

대적기도는 이렇게 합니다. 성령이여 임하소서. 아버지 하나
님, 전능하신 예수 그리스도의 이름으로 그동안 저의 삶과 육체
를 괴롭게 했던 악령의 속박들을 끊어 버리고 제 속에서 역사하
는 ○○○(개별적인 이름)을 버리기 위해 주님 앞에 왔습니다.

저는 그동안 술수, 우상숭배, 사탄숭배 등에 관계하고 절에
이름을 올리고 무당에게 이름을 올린 죄악을 지금 예수님의 이
름으로 회개합니다. 사랑의 하나님, 용서하여 주시옵소서. 나

도 모르게 부모들이 무당과 맺은 속박은 풀어질지어다. 혈통을 타고 연결된 저주의 줄은 끊어질지어다.

그동안 내 속에서 나를 괴롭게 했던 모든 귀신들과 그 세력들에게 예수 이름으로 명하노니, 너희들은 이제 나에게 머무를 곳이 없다. 이 시간 예수 그리스도의 이름으로 명하노니 너는 지금 당장 나에게서 뿐 만 아니라, 나의 가문과 가족들에게서 떠나가라.

예수 이름으로 명하노니 절에 이름을 올리고 무당에게 이름을 올린 모든 계약은 파기될 지어다. 모든 계약은 파기되고 그 계역을 통해 들어온 귀신의 속박은 풀어질지어다. 그 때 들어온 귀신을 떠나갈 지어다. 떠나간 자리에 예수 이름과 성령으로 충만해질지어다. 주 예수님의 보혈과 그 거룩하신 이름으로 저는 완전한 자유를 가질 수 있게 되었습니다. 감사합니다. 주님, 예수님의 이름으로 기도드립니다. 아멘.

3장 저주로부터 해방을 선언하는 대적기도

자신에게 마귀의 저주가 있다고 느낀다면 마귀의 저주를 풀어야 합니다. 그리고 대물림되는 저주의 줄을 예수 이름으로 끊어야 합니다. 저주의 줄을 끊고 역사하던 귀신을 축귀해야 합니다. 지속적으로 축복해야 합니다. 그러면 마귀의 저주로부터 해방이 되어 마음에 참 평안이 나타납니다. 대적기도는 이렇게 합니다. 성령의 임재 가운데 기도합니다. 예수님은 하나님의 아들이요, 나의 모든 죄를 위해 십자가에서 죽으시고 다시 살아나신 구세주이심을 믿습니다. 또한 십자가 위에서 모든 저주(환란과 풍파)를 짊어지신 것을 믿습니다. 저는 저 자신의 죄와 조상들의 죄를 고백하며 용서를 구합니다. 주님께서 저를 용서하신 것 같이 다른 사람들을 용서 합니다. 그동안 제 삶 속에서 저를 더럽게 하고 상처를 주었던 모든 환란과 풍파를 끊어 버리고 자유하게 하옵소서.

예수 이름으로 명하노니 나에게 역사하며 저주하던 귀신을 속박은 풀어질 지어다. 혈통을 타고 연결된 저주의 줄은 끊어질지어다. 예수 이름으로 명하노니 내 삶속에서 나를 더럽게 하고 상처를 주었던 귀신은 떠나갈지어다. 나에게 역사하며 환란과 풍파를 일으키던 귀신은 예수 이름으로 명하오니 떠나갈지어다. 떠나간 자리에 성령으로 충만하게 채워질지어다.

이 시간 예수의 이름으로 환란과 풍파와 속박으로부터 나 자신이 자유하게 되었음을 선포하노라. 나는 예수님의 십자가의 공로로 자유하게 되었음을 선포한다. 하나님, 마귀의 저주로부터 풀어주심을 감사드립니다. 저를 십자가 위에서 그리스도의 희생을 통해 율법의 모든 환란과 풍파로부터 구속하시고 아브라함을 복 주신 것과 같이 저에게도 복 주심을 감사드립니다.

마귀가 떠나간 곳에는 말씀과 성령으로 채워주시옵소서. 예수님의 이름으로 기도드립니다. 아멘.

4장 가문에 대물림된 상처치유 대적기도

성령이여 임하소서. 성령님 역사하여 주옵소서. 성령이여 충만케 임재하여 주옵소서. 우리 가문을 성령으로 사로잡아 주옵소서.

"예수 그리스도 안에서 말씀과 성령으로 상처를 치유하셔서 에덴동산의 영성으로 회복되는 복을 받게 하여 주옵소서. 대물림되는 마음의 상처가 치유되어 예수 안에 장수와 부귀와 즐거움과 평강과 생명과 복을 누리게 하여주옵소서.

에덴동산에서 비손, 기혼, 힛데겔, 유브라데 강이 에덴동산을 적시고 흘렀듯이 저의 가문에 하나님의 즐거움, 기쁨, 은혜, 복이 제 가정과 이웃, 이 나라와 민족, 전 세계로 흘러가는 가문이 되게 하여 주옵소서. 큰 영향력을 주셔서 만나는 사람마다, 가는 곳마다 잘되는 역사가 있게 하시옵소서.

악인의 꾀를 쫓지 아니하며 죄인의 길에 서지 아니하며 오만한 자들의 자리에 앉지 아니하고 오직 여호와의 율법을 즐거워하여 그 율법을 주야로 묵상하며 살게 하시옵소서. 그래서 시냇가에 심은 나무가 시절을 쫓아 과실을 맺으며 그 잎사귀가 마르지 않음 같이 하시고 하는 행사가 다 형통하도록 복되게 하시옵소서."

주님께서 "내 이름으로 무엇이든지 내게 구하면 내가 행하리라"(요 14:14),라고 하셨습니다. 나사렛 예수 그리스도의 이름으로 구하노니 악으로부터 지켜 주시옵소서.

나사렛 예수 그리스도의 이름으로 명하노니 혈통을 타고 대물림되는 상처의 저주는 끊어질지어다. 상처를 통하여 무리지어 역사하는 군대 귀신은 떠나갈지어다. 대물림된 부정적인 생각과 마음은 떠나갈지어다.

예수 그리스도 안에서 항상 긍정적인 사람이 될지어다. 태아기, 성장과정, 대인관계에서 생긴 쓴 뿌리는 나사렛 예수 그리스도의 이름으로 뽑힐지어다.

술, 담배, 마약, 도박, 부동산 투기, 가정폭력, 아동학대, 성폭력, 과소비, 게으름, 가출 등 나쁜 습관들로 인한 부정적인 영향력의 대물림은 나사렛 예수 그리스도의 이름으로 명하노니 그 흐름이 차단될지어다.

불안, 열등의식, 실패 감, 좌절감, 죄책감, 수치심, 분노, 혈기, 원망, 불평, 비난, 미움, 시기, 욕심, 근심, 걱정, 염려, 두려움, 의심, 증오, 질투 등 부정적인 감정들로 인한 영향력의 대물림은 나사렛 예수 그리스도의 이름으로 명하노니 끊어질지어다. 예수 그리스도의 이름으로 명하노니 혈통을 타고 대물림되는 상처의 줄은 끊어질지어다. 예수 이름으로 명하노니 상처에 붙어있던 귀신은 떠나갈지어다. 예수 그리스도 안에서 긍정적인 사람이 될지어다. 우리 가문에는 예수님의 성품만 대물림될지어다. 모든 사람들과 화평함을 이루는 가문이 될지어다. 거룩하신 예수님의 이름으로 기도합니다. 아멘.

5장 가난의 저주를 끊는 대적기도

성령이여 임하소서. 성령이여 우리 가문을 사로잡아 주옵소서. 아버지 하나님 이 시간 우리 가문의 가난과 채무의 결박을 끊고 풀기 위하여 기도합니다. 이 시간 우리 조상들의 죄악을 회개합니다.

나와 나의 조상들이 유해한 직업과 하나님께서 주신재물을 선하게 사용하지 못한 죄, 우상 앞에 바친 제물과 제물을 만드는 데 재물을 사용한 죄, 자신의 욕심과 정욕과 쾌락을 위해 재물을 탕진한 죄, 남의 것을 떼어먹은 죄, 말의 저주 속에 가난을 초청한 죄악으로 인하여 가문에 가난의 영과 채무의 영이 흐르게 되었음을 인정하며 자백합니다.

진실로 이 모든 죄를 회개합니다. 용서하여 주옵소서! 이제 내가 예수 그리스도의 이름으로 잘못된 직업과 잘못된 재물 사용의 모든 죄악의 결박들을 끊고 풀기를 선언하고 선포한다. 그리고 예수의 보혈을 뿌리고 바르고 덮는다. 이 더러운 가난의 악한 영들아, 거지의 영들아, 채무의 영들아, 내가 예수 이름으로 명하노니 이제부터 나와 내 가정과 내 자녀와 생업 위에 접근할 수 없고, 공격할 수 없고, 상관할 수 없음을 예수의 이름으로 선포하노라. 혈통을 타고 연결된 가난의 저주의 줄은 끊어질지어다. 나와 우리 가정과 가문에서 영원히 떠나갈지어다. 지금까지 손해나게 하고 가지고 간 모든 물질을 돌려놓고 영원히 떠나갈지어다. 우리 가문에 재정에 복을 주는 영이 임할지어다. 우리 주 예수 그리스도의 이름으로 기도합니다. 아멘.

6장 불치병의 저주를 끊는 대적기도

성령이여 임하소서. 성령이여 우리 가문을 사로잡아 주옵소서. 아버지 하나님, 이 시간 우리 가문의 불치병의 대물림의 결박을 끊고 풀기 위하여 기도합니다. 예수님, 이 시간 우리 조상들의 죄악을 회개합니다. 아버지 하나님! 조상으로부터 흐르는 모든 부정적 영향력을 이 시간 예수 그리스도의 이름으로 차단해 주시고 우리의 행위와 조상들의 모든 죄를 회개합니다. 저와 조상이 하나님 외에 다른 신들을 숭배하고 의식적, 무의식적으로 지은 죄악을 예수 그리스도 이름으로 회개하고 파기합니다.

이 죄악을 통해 내 삶을 묶고 있는 사탄의 모든 결박을 예수님의 보혈의 공로로 끊어 버리고 이 보혈을 통해 사탄이 나의 가계를 공격할 수 있는 모든 법적 권리와 그 효력을 박탈하고 무효임을 선포하노라.

사랑의 아버지 하나님! 저와 저의 조상이 의식적, 무의식적으로 자신이나 후손을 저주한 것을 회개합니다. 그리고 임신부터 현재까지의 삶에 미친 모든 저주의 효력을 예수님의 이름으로 박탈하고 모든 종류의 저주를 하나님의 복으로 바꾸어 주옵소서.

또한 나는 나와 연결된 모든 인간관계 속에서 하나님께서 원하지 않으시고 허락하지 않으시는 모든 부정적 혼의 결속을 예수님의 이름으로 차단하노라.

동물과 물건과 이념과 사건과 연결된 모든 부정적 혼의 결속을 차단하고 예수님의 십자가를 모든 인간관계 속에 세우노라. 혈통을 타고 연결된 질병의 저주의 줄은 끊어질지어다.

유전병, 정신이상, 암, 당뇨병, 심장병, 고혈압, 온몸의 통증, 나쁜 시력, 눌림 등 질병을 가져온 모든 영들을 예수 그리스도의 이름으로 명하노니 떠나갈지어다. 떠나갈 때 가지고 들어왔던 모든 질병을 가지고 떠나갈지어다. 모든 장기, 혈액, 뼈, 신경관절은 정상으로 회복될지어다. 모든 질병은 깨끗하게 치유될지어다. 이제 우리 가문은 장수하며 하나님께 영광 돌리는 가문이 될지어다. 거룩하신 예수님의 이름으로 기도합니다. 아멘.

7장 우상숭배의 저주를 끊는 대적기도

성령이여 임하소서. 성령이여 우리 가문을 사로잡아 주옵소서. 하나님 아버지 이 시간 우리 가문의 우상숭배와 마귀의 결박을 끊고 풀기 위하여 기도합니다. 하나님 아버지, 우리 주 예수 그리스도의 이름으로 나아와 기도합니다. 지난날 우리 조상들이 무지로 인해서 호기심 때문에 혹은 복을 받으려고 우상을 섬겼나이다.

이제 우리가 이것이 죄라는 사실을 깨닫고 회개하오니, 우리 조상들이 행악했던 제사와 주술과 점술들을 우리의 가계 혈통을 따라 내려오게 했던 죄를 회개하오니 용서하소서. 우리는 조상들이 사탄과 맺은 모든 제사와 약속들을 파기합니다. 우리는 더는 사탄과 아무 상관이 없으며, 이제는 우리를 위해서 십자가에서 죽으시고, 장사지낸바 되시고, 부활하셔서 하나님 아버지 우편에 앉으신 주 예수 그리스도와 더불어 보배로운 피의 언약을 맺었나이다.

우리는 어린양의 보배 피로 깨끗함을 받고, 구속함을 얻고, 의롭다 하심과 거룩함을 받았나이다. 우리는 지금 흑암의 권세에서 벗어나 우리 주 예수 그리스도께 속한 참 빛의 나라로 옮기었나이다.

우리를 영광의 빛으로 강력히 비추어 주셔서, 우리가 이제 명령하고 선포하는 모든 말씀과 기도가 하나라도 헛되이 땅에 떨어져 버리지 아니하도록 붙들어 주시옵소서.

더러운 사탄아, 우리는 이제 너희와 아무 상관이 없다. 예수님의 이름 권세로 명하노니 지금 떠나갈 지어다! 주 예수 그리스도의 이름으로, 우리 조상들이 사탄과 맺었던 모든 약속과 관계들을 끊고 파기하노라! 우리의 가계 혈통을 타고 더러운 악의 세력들이 우리를 영원히 지배하고자 저주하는 모든 주문과 찬가와 계략들을 끊어 버리노라! 혈통을 타고 연결된 저주의 줄은 끊어질지어다.

점치는 주술적인 영들, 종교적인 영들, 능력 행하는 영들, 거짓과 교만의 영들, 폭력의 영들, 지적인 영들, 중독의 영들, 잘못된 성경 해석을 하게 하는 영들 그리고 대대로 이어져 온 미혹의 영들에게, 예수님의 이름으로 명하노니 지금 떠나갈 지어다!

혹시라도 우리 조상들이 다른 가문을 지배하거나 망하게 하려고 걸어놓았던 모든 저주와 주문, 마술들을 주 예수 그리스도의 이름으로 끊어 버리며, 모두 다 무효임을 선포하노라!

예수님의 이름으로 명하노니, 악한 세력들아 너희는 이제 우리 가계에 분깃이 없나니 우리 가정에서 떠나갈 지어다! 우리는 지금 주 예수 그리스도의 광명의 나라에 속해 있나니, 너희는 우리 가정에 들어올 자리가 없노라.

더러운 귀신들아, 지금 우리와 우리 자녀들에게서 손을 떼고 떠나가라! 예수님의 이름으로 명하노니, 더러운 귀신들아 너희는 더는 우리를 우상숭배에 빠지게 할 수 없노라. 우리는 예수님의 이름으로 우리의 속사람에 인을 쳐서 모든 가족 식구들이 사탄의 세력들로부터 벗어났노라!

나는 현재나 과거 어느 때든지, 우리 집안 식구들이 미신과 잡신과 우상숭배 했던 모든 것들을 예수님의 이름으로 파기하노라!

사탄아, 내가 예수의 이름으로 너를 저주하고 꾸짖노라! 우리 옛 조상들이 너를 섬김으로 인해서 우리가 하늘의 통치자와 권세와 주관자들의 악한 세력에 눌렸었지만, 이제는 그 열렸던 모든 통로와 문들을 닫아 버리노라!

너희 군대로 지배하고 왕 노릇하던 세상에서 우리들은 이제 단절되었노라! 우리 가문은 이제 주 예수 그리스도의 보혈과 부활의 능력으로 하나님 나라 확장에 큰일을 감당하며 하님에게 영광을 돌릴 것을 예수님의 이름으로 선포하노라.

영광의 하나님, 조상들의 죄와 행악함으로 인해 우리에게 내려왔던 모든 저주들에 대해 도끼를 대고 끊습니다. 우리 조상들의 우상숭배와 사탄과 맺은 우리 조상들을 용서하오니, 주 예수 그리스도의 이름으로 우리를 용서하여 주시옵소서. 이제는 모든 죄에서 우리를 깨끗하게 하옵소서. 우리는 그리스도의 것이고, 예수님은 우리의 주님이시며, 우리 삶의 주인이십니다. 이 모든 말씀을 권세 높으신 주 예수 그리스도의 이름으로 기도합니다. 아멘.

8장 부부 가정문제의 저주를 끊는 대적기도

성령이여 임하소서. 성령이여 우리 가문을 사로잡아 주옵소서. 아버지 하나님 이 시간 우리 부부와 가정에서의 마귀의 결박을 끊고 풀기 위하여 기도합니다.

하나님 아버지! 조상으로부터 흐르는 모든 부정적 영향력에 대하여 이 시간 예수 그리스도의 이름으로 끊어주시고 이 영향을 받게 된 조상들의 행위와 저의 모든 죄를 회개합니다.

지금까지 저와 조상이 하나님 외에 다른 신들을 숭배하고 마음속에 하나님보다 더 중하게 여긴 또 다른 우상숭배가 있었음을 용서하여 주옵소서.

그리고 저와 조상이 의식적, 무의식적으로 한 모든 죄악을 예수 그리스도 이름으로 회개하고 파기합니다. 그리고 이 죄악을 통해 내 삶을 묶고 있는 사탄의 모든 결박은 예수님의 보혈의 공로로 끊어질지어다. 이 죄악을 통해 사탄이 나의 가문을 공격할 수 있는 모든 법적 권리와 그 효력을 박탈하고 무효임을 예수 이름으로 선포한다.

하나님 아버지! 저와 저의 조상이 지금까지 의식적, 무의식적으로 자신이나 후손을 저주한 것을 회개합니다.

그리고 태아 때부터 현재까지의 제 삶에 미친 모든 저주의 효력을 예수님의 이름으로 박탈하고 모든 종류의 저주를 하나님의 복으로 바꾸어 주시옵소서.

또한 저는 저와 연결된 모든 인간관계 속에서 하나님께서 원하지 않으시고 허락하지 않으시는 모든 부정적 혼의 결속을 회개하고 또한 예수님의 이름으로 끊어 버립니다.

동물과 물건과 이념과 사건과 연결된 모든 부정적 혼의 결속을 차단하고 예수님의 십자가를 모든 인간관계 속에 세우고 그 위에 예수의 피를 뿌리고 부어 버립니다.

이제 아버지의 가문을 통해 역사하는 귀신들과 어머니의 가문을 통해 역사하는 귀신들은 예수 그리스도의 이름으로 떠나 갈지어다. 죽음, 폭력, 배척, 교만, 반항, 거역, 분노, 분리, 두려움, 호색 및 성도착, 이혼, 중혼, 이별, 이간질, 불화, 우울증, 비관, 고독, 방랑벽, 한 및 슬픔, 학대와 중독의 영은 나사렛 예수 그리스도의 이름으로 떠나갈지어다. 내가 예수의 이름으로 저주하노라. 떠나갈 때 지금까지 저주하던 모든 것을 가지고 떠나갈지어다. 모든 부부문제와 가정의 문제와 자녀들의 문제는 깨끗하게 치유될지어다. 이제 우리 가문은 행복하고 타인에게 본이 되는 복된 가문이 될지어다. 우리를 죄에서 구원하신 예수님의 이름으로 기도합니다. 아멘."

9장 무속적인 관계를 파기하는 대적기도

성령이여 임하소서. 성령이여 우리 가문을 사로잡아 주옵소서. 사랑이 풍성하신 예수님! 저는 예수님이 하나님의 독생자이심을 믿습니다. 예수님이 저의 죄를 위하여 십자가에서 죽으셨고 다시 사셨음을 믿습니다. 그리고 성령으로 제 안에 들어와 계신 것을 믿습니다. 저는 예수님의 이름으로 그동안의 모든 무속적인 관계를 청산함을 선언합니다.

예수 이름으로 명하노니 나도 모르게 절이나 무당과 맺어진 계약은 파기될지어다. 예수 이름으로 명하노니 무속적인 관계로 인하여 연결된 저주의 줄은 끊어질지어다. 예수 이름으로 명하노니 무속적인 관계를 통하여 나도 모르게 들어온 귀신은 떠나갈지어다. 나는 예수님의 십자가 보혈의 공로로 자유인이 되었음을 선포한다. 저는 예수님의 십자가 대속을 믿고 받아들입니다. 저를 예수 그리스도의 이름으로 구원하시는 하나님께 감사드리며 예수님의 이름으로 기도드립니다. 아멘.

10장 영적인 메임을 끊는 대적기도

성령이여 임하소서. 성령이여 우리 가문을 사로잡아 주옵소서. 하늘에 계신 하나님 아버지시여! 예수 그리스도의 이름의 권세에 의지하여 하나님 앞에 나와서 저의 육신과 영혼에 관계한 사탄의 모든 영적인 매임을 끊어 버립니다. 나의 육신과 영혼에 알게 모르게 영향을 미친 모든 악한 영들아! 예수 그리스도의 이름으로 명하노니 너희에게는 나를 저주할 권리가 없다. 혈통을 타고 연결된 영적 메임의 줄은 끊어질지어다. 나와 내 가족에게서도 지금 즉시 떠나갈지어다. 예수님! 예수 그리스도의 보혈과 권세 있는 예수 이름을 주심을 감사드립니다.

사탄아! 나는 이제 진리 안에서 자유인임을 선언한다. 나에게 지금까지 행하던 모든 영육의 저주를 풀고 떠나갈지어다. 즉시 예수님 발 앞으로 떠나갈지어다. 저를 마귀의 저주에서 자유하게 해주신 예수님 감사합니다. 예수님의 이름으로 기도드립니다. 아멘.

11장 헛된 맹세를 폐기하는 대적기도

성령이여 임하소서. 성령이여 우리 가문을 사로잡아 주옵소서. 하나님! 독생자 예수님을 보내주셔서 감사합니다. 예수 그리스도의 이름으로 특별히 모든 헛된 맹세를 폐기합니다. 제가 이러이러한 사람이라고 다짐하였던 모든 신념을 예수 이름으로 폐기합니다.

나는 그것에서 총체적으로 깨끗하여지기를 원합니다. 그리고 모든 헛된 다짐과 맹세 그리고 나에 대한 비 신앙적인 신념의 결과로부터 자유를 선포합니다. 예수 이름으로 명하노니 헛된 맹세와 비 신앙적인 다짐은 폐기될지어다. 혈통을 타고 연결된 헛된 맹세를 통한 저주의 줄은 끊어질지어다.

헛된 맹세와 비 신앙적인 다짐을 통해 들어온 귀신아, 내가 예수님의 이름으로 명하노니 나에게서 즉시 떠나갈지어다. 귀신이 떠나간 자리에 말씀과 성령으로 채워질지어다. 이를 보증하며 이기게 하여 주시는 하나님께 감사드리오며 예수님의 이름으로 기도드립니다. 아멘.

12장 저주 속박을 푸는 대적기도

성령이여 임하소서. 성령이여 우리 가문을 사로잡아 주옵소서. 전능하신 하나님! 독생자 예수님은 저의 죄들 때문에 십자가에서 죽으셨고 삼일 만에 다시 살아나셨음을 믿습니다. 십자가에서 마귀의 모든 저주를 파기해 버리셨음을 믿습니다. 저 자신의 죄들과 조상의 죄들을 자백하옵나이다. 주님의 용서를 구하옵나이다. 그리고 주님이 저를 용서하여 주신 것처럼 다른 사람들을 용서합니다.

다른 사람이 저를 비난하였던 것처럼, 예수님을 비난하였던 저를 용서하여 주옵소서. 특별히 저를 헛되게 그리고 해롭게 하였던 부정적인언어들에 묶여 있었던 저의 삶에 놓인 저주, 그것들을 예수 이름으로 폐기 처분합니다.

그 모든 저주에서 자유하기를 간구합니다. 저는 예수 이름으로 모든 저주의 속박으로부터의 자유를 선언합니다. 확신합니다. 십자가상의 희생을 통하여 저는 율법의 저주로부터 구속받았습니다. 그리고 하나님께서 모든 것에 복을 주심과 아브라함의 복이 저의 복이 되는 줄을 믿습니다.

하나님 아버지 감사합니다. 사탄아! 나는 이제 진리 안에서 자유인임을 선언한다. 나에게 지금까지 행하던 모든 영육의 속박을 풀고 떠나갈지어다. 즉시 예수님 발 앞으로 떠나갈지어다. 저를 마귀의 속박과 저주에서 자유하게 해주신 예수님 감사합니다. 예수님의 이름으로 기도드립니다. 아멘.

충만한 교회에서는 매주 토요일 10:00-12:30까지 각각 2시간 30분씩 개별 특별집중 기적치유 시간을 갖고 있습니다.

한번에 4-6명밖에 할 수 없으므로 1주일 전에 지정된 선교헌금을 입금하시고 예약을 합니다.

*대상은 이렇습니다. 충만한 교회 화-수-목 정기 집회에 참석해도 상처가 깊어서 효과가 나지 않는 분들이 최우선입니다. 여기서도 저기서도 치유와 능력을 받지 못한 분/ 불치병, 귀신 역사를 빨리 치유 받을 분/ 목과 허리디스크, 허리어깨통증, 근육통, 온몸이 아프고 무거움에서 치유해방 받고 싶은 분/ 자녀나 본인의 우울증, 공황장애, 조울증, 불면증을 빨리 치유 받을 분/ 가슴이 답답하고 기도하기가 힘이 드는 분/ 축복과 영의 통로를 뚫고 싶은 분/ 성령의 불세례를 체험하고 싶은 분/ 최단기간에 성령치유 능력 받고 싶은 분입니다.

믿음을 가지고 오시기만 하면 무슨 문제라도 치유되고 해결이 됩니다. 염려하시지 말고 성령께서 감동하시면 오셔서 빠른 시간에 치유 받고 권능을 받아 쓰임을 받으시기를 바랍니다.

반드시 일주일 전에 선교헌금을 전화 확인하시고 입금 후 예약해야 합니다(전화 02-3474-0675).

8부 교회성장을 위한 대적기도

(행 16:24-26)"그가 이러한 명령을 받아 그들을 깊은 옥에 가두고 그 발을 차꼬에 든든히 채웠더니 한밤중에 바울과 실라가 기도하고 하나님을 찬송하매 죄수들이 듣더라. 이에 갑자기 큰 지진이 나서 옥터가 움직이고 문이 곧 다 열리며 모든 사람의 매인 것이 다 벗어진지라"

하나님은 하나님의 교회가 부흥하기를 원하십니다. 교회의 성장은 한 지역을 거점으로 성령의 능력으로 그 지역을 장악해야 교회가 성장합니다. 특히 작은 교회는 장소와 지역을 장악하지 않으면 성장할 수 가 없습니다. 왜냐하면 마귀의 방해가 있기 때문입니다. 교회가 성장되게 하려면 먼저 목회자 부부가 성령의 권능을 받아야 합니다.

성령의 권능이 있어야 지역의 영과 교회에 역사하는 영들과 싸워 이길 수 있기 때문입니다. 장소와 지역은 성령의 권능이 장악하는 것입니다. 사람의 힘으로는 불가능한 영적인 전투입니다. 영적인 전투에 승리하면 교회는 성장합니다. 교회를 부흥시키고 싶으신 분들은 이렇게 하시기를 바랍니다.

1.교회와 지역을 성령으로 장악하라.

1) 목회자가 영적인 능력을 받아야한다. 하나님을 중심으로 섬기는 목회자들이 영적인 것을 모르고 목회를 한다는 것은 잘못된 일입니다. 그들은 말하기를 영적인 것을 잘 안다고 하나 사실은 모릅니다. 하나님은 영이십니다. 그리고 우주를 창조하시며 영계에서 사는 생명체들도 창조하셨습니다. 그 생명체 중에 인간도 포함되어 있습니다. 인간에게는 영이 있습니다. 그러므로 영적인 세계를 알아야합니다. 영적인 세계에는 천사와 마귀도 있습니다. 마귀는 인간이 영적인 것을 알고 유혹하여 하나님의 말씀을 의심하게 하였습니다. 마귀의 이러한 계획은 성공했습니다, 그 결과로 인간이 하나님의 말씀을 불순종하게 되었고 죄를 범하게 된 것입니다.

지금도 마귀는 목회자들을 찾아가 하와를 속인 것과 또 같이 미혹을 합니다. 죄를 범하라고 하지 않습니다. 하나님의 말씀을 불순종하라고도 하지 않습니다. 기도하는 것이 너무 힘드니 "프로그램으로 하라. 프로그램을 해보아라. 성공할 수 있다. 너도 대 교회에서 하는 프로그램을 하면 성공한다. 니가 누구인데 이렇게 힘들게 목회를 하느냐, 대 교회 목회자는 기도를 하지 않고 프로그램으로 해도 교회만 잘 부흥된다. 힘든 기도를 많이 하라고 했는데 조금만 해도 된다."

마귀가 하는 이 소리에 속습니다. 많은 목회자들이 하나님의 말씀이 옳은 줄 잘 압니다. 그런데 명령대로 안 합니다. 기도 안 해도 프로그램으로 해도 된다. 배운 지식으로 하면 된다고 생각합니다. 하나님이 주신 능력 없이 일하려 합니다.

목회자가 기도가 없다면 자신을 의지하는 것이 됩니다. 아니면 지식을 의지하는 것입니다. 이것은 영적을 보면 3차원으로 마귀에게 속고 있는 것입니다. 이런 목회자는 마귀를 이기지 못합니다. 예수님이 제자들에게 하신 말씀이 있습니다(막9:29). 우리는 기도 외에는 다른 것으로는 하나님의 능력을 받을 수 없습니다. 그래서 승천하시면서 말씀하셨습니다(눅24:49). 하나님의 능력이 입히울 때까지 예루살렘을 떠나지 말고 기도하라고 하신 것입니다. '목회자는 하나님의 능력이 입히울 때까지 성전 강단의 자리를 떠나지 말고 기도해야 합니다.'

2) 교회 내와 지역의 사단의 세력을 이겨야 부흥한다. 영적전쟁을 하라는 것입니다. 교회는 영적인 곳입니다. 사단의 세력이 교회를 부흥 못하게 강력하게 역사 합니다. 이것을 알고 이기지 못하면 부흥이 안 됩니다. 면약 영적 승리 없이 교회가 성장했다면 언젠가 다시 무너집니다. 그러므로 교회는 반드시 영적 전투를 하여 사단의 방해 세력을 이겨야합니다. 사단의 방해 세력을 이기는 길은 목회자와 성도가 합심하여 매일 기도의 불이 꺼지지 않도록 하는 것입니다.

먼저 목회자는 많은 기도를 해야 합니다. 하루 3시간 이상 기도하면 그 교회는 사단의 세력을 이기고 부흥하는 교회가 됩니다. 그 다음에 성도들이 기도를 많이 하도록 만들어야 합니다. 이러한 교회는 지금도 계속 부흥하고 있습니다. 사단의 세력을 이기는 길이 없이 프로그램만 진행하면 효과가 미미하게 나타납니다. 그래서 부흥이 안 되는 것입니다. 교회는 반드시 사단의 방해를 이기며 목회를 해야 부흥합니다. 기존 교회도 사단의 방해를 받으면 시험이 오게 됩니다. 그러므로 교회는 사단의 권세를 기도로 이겨야합니다. 마귀는 예수님도 넘어뜨리려고 출생부터 십자가에서 죽으실 때까지 따라 다녔음을 명심해야 할 일입니다.

목회자들은 마귀의 궤계를 이기기 위해서 기도해야 합니다. 그리고 마귀를 물리치는 능력을 받기까지 기도해야합니다. 그것은 예수님의 명령입니다. 모든 목회자는 능력을 받아야합니다. 능력이 있어야 목회를 잘합니다. 능력이 있어야 힘 있는 설교를 합니다. 능력이 있어야 마귀를 이깁니다. 마귀를 이겨야 교회 부흥이 있습니다. 목회자가 마귀를 이기지 못하면 부흥이 안 됩니다. 아니 부흥이 될 수가 없습니다.

3) 교회에서 매일 철야기도를 하라. 목사와 사모가 매일 교회에서 철야기도를 하는 것입니다. 9시에서 10시 정도에 교회에 가서 12까지는 간절히 능력을 달라고 기도해야 합니다. 졸리지 않으면 더하는 것도 좋습니다. 졸리면 강단에서 잠을 자다가 중

간에 깨면 기도해야 합니다. 그리고 새벽 예배를 드리고 또 기도하라는 것입니다. 이렇게 기도를 많이 하는 목회자를 은혜와 능력을 주십니다. 본인도 교회 강단 앞 의자 위에서 많은 날을 기도하였습니다. 능력을 받을 때가지 기도해야합니다. 능력을 받은 다음에는 성도들과 함께 기도하세요. 이렇게 일 년쯤 하면 교회가 부흥하는 모습을 보게 될 것입니다. 교회부흥은 목사가 하는 것이 아닙니다. 성령 하나님이 하시는 것입니다. 그런데 목회자의 교만함은 자신이 좋은 프로그램을 가지고 적용하면 되는 줄 압니다. 그 프로그램에 하나님의 능력, 권능이 임해야 성공하는 것입니다. 하나님의 능력이 임하게 하려면 목회자가 하나님께 인정을 받아야합니다. 목회자가 성결해야합니다. 영육이 깨끗해야 하나님이 능력을 주십니다. 이렇게 열심히 기도한 목회자는 지금도 개척하여 성장시키고 있습니다.

4) **능력과 프로그램**. 능력과 프로그램 어떤 것이 더 중요할까요? 당연히 능력입니다. 그런데 목회자들은 능력을 얻는데 힘을 써야 하는데, 프로그램 배우는데 힘을 씁니다. 능력을 받는 것은 힘이 들고 프로그램을 배우는 것은 힘이 덜 들기 때문입니다. 그래서 교회에서 많은 프로그램을 진행해봅니다. 그런데 이론처럼 안 됩니다. 목회 능력을 받은 목사는 프로그램을 진행하면 80% 이상의 효과를 거두게 됩니다. 그러나 목회 능력이 없는 목사가 프로그램을 진행하면 효과가 없습니다. 말쟁이가

됩니다. 저는 항상 이런 생각을 하면서 글을 씁니다. "나는 말쟁이가 되면 안 된다. 내가 글로 기록한대로 살아있는 역사가 나타나야 한다. 나는 생명을 전하는 목회자다." 항상 경각심을 가지고 글을 적고 있습니다. 그리고 우리 교회에서 날마다 전한 말씀과 같이 성령의 살아있는 역사가 나타나게 성령을 의지 합니다.

목회 능력이 있는 목사는 성도들이 알고 믿고 신뢰하고 따릅니다. 반대로 능력이 없는 목사는 성도들이 따르지 않거나 아니면 하는 척하고 맙니다. 또 무시하기도 합니다. 그래서 효과가 없는 것입니다. 어떤 세미나에서 다른 목사님의 노하우를 배웠어도 자신이 목회 능력이 없으면 안 됩니다. 목회자들은 능력을 받기 위해 하나님께 바짝 엎드려야합니다.

5) 교인들을 기도하고 전도하게 하라. 성도가 기도하다가 성령 체험을 하면 그 사람은 자신과 주변에 사람들을 뜨겁게 하며 전도합니다. 기도회를 하는 목적은 성령 충만하여 하나님의 능력을 받게 하기 위함입니다. 그러므로 성령의 역사를 직접 체험하도록 기도를 시켜야 합니다. 성도가 하나님의 능력을 경험하면 열심히 충성하며 전도하여 교회부흥의 원동력이 됩니다. 성도를 성령으로 뜨겁게 해야 합니다. 성령의 발동기를 달아 주어야 합니다. 이를 위해서 주일날이 아주 중요합니다. 주일 예배에 성령의 역사가 일어나게 해야 합니다. 요즈음은 세상 살아가

기가 힘이 들어 주일날 하루 밖에 교회에 나오지 못하는 분들이 다수 있습니다. 이들이 성령으로 충만한 상태로 일주일을 살아가도록 해야 합니다.

2. 교회가 성장하려면 교회장소와 지역의 사단의 역사와 싸워 이겨야 한다.

교회는 단독으로 개척 성장시킨 대부분의 목회자들은 교회와 지역을 장악하기 위해서 집회와 기도, 전도를 했습니다. 교회가 성장하기 위해서는 먼저 교회를 성령으로 장악해야 합니다. 교회를 장악하는 최고 좋은 방법은 성령 충만한 집회와 기도회를 하는 것입니다. 저녁마다 치유집회도 좋고 기도회를 열어도 좋습니다. 그렇다고 꼭 저녁을 고집할 필요는 없습니다. 사람들이 많이 모일 수 있는 시간을 택하는 것입니다. 좌우지간 교회가 성령으로 충만하게 되어야 합니다.

3.교회와 지역을 장악하는 여러 방법

서울 신월동 동아교회 목사님은 천일기도를 하라고 합니다. 하루 세 번 일정한 시간을 정하여 기도를 쉬지 말고 하라고 합니다. 이것도 일종의 교회장악입니다.

1) 기도회로 교회를 장악하라. 담임목사와 사모가 솔선하여 철야기도를 하라는 것입니다. 그래서 부부가 하나 되어야 합니다. 부부가 하나 되지 못하면 엇박자가 일어납니다. 교인이 있다면 교인을 참여 시키는 것도 좋습니다. 하루도 쉬지 말고 기도하세요.

2) 예배와 영적 전쟁으로 교회를 장악하라. 우리의 영적인 전투의 대상을 바르게 알아야 합니다. 영적전투 대상은 이렇습니다.

첫째, 자기 자신입니다(벧전5:8). 자신과 싸워서 이기기 위하여 영적 생활을 잘해야 합니다(엡5:18). 성격도 포함이 됩니다(갈5:22). 자기 자아도 영적전쟁에 중요한 요소가 됩니다. 자아는 배운 것, 아는 것을 말하는 것입니다. 육신을 통제해야 합니다. 음욕(마5:28). 세속에 관심을 갖는 것을 말합니다(창34:1-2).

둘째, 가정생활입니다(벧전3:7). 부부 문제, 자녀 문제, 가계 문제(친지/친척), 세속의 문제로서 대중 매체, 컴퓨터, 티브이 등, 집(세대)을 장악한 영과 싸워서 이겨야합니다.

셋째, 교회 생활입니다(민11:4). 교회는 특히 인간관계가 많습니다. 영적 분별력을 가지고 생활해야 합니다. 모임생활로서 제직회, 공동회, 구역, 셀도 마찬가지입니다. 담임목사의 영적 영향(집회장소) 등등 입니다.

넷째, 직장이나 사업장입니다. 사람과의 관계에 일어나는 일들, 접촉과 언행을 통하여 영적 전쟁을 해야 합니다.

다섯째, 지역의 영입니다(엡2:2). 자기 집이 있는 지역, 사업장이 있는 지역, 교회가 위치해 있는 지역의 영을 이겨야 합니다.

우리가 영적인 전쟁을 하기 위하여 사단의 특성을 잘 알아야 합니다. 사단에도 질서(힘으로 결정되는 능력), 등급이 있습니다. 사단의 영역이 있습니다. 임무가 분명합니다. 동물의 왕국을 연상하면 맞습니다. 지역을 장악하고 있는 것입니다. 예를 든다면 남미의 살보스 목사가 사단의 영역이 있음을 조사를 했습니다. 지역교회를 조사한 결과 지역인 보다 외부인이 더 많음을 발견했습니다. 다른 지역에서 오는 성도가 더 많았다는 이야기입니다. 지역의 영들이 성도를 붙들고 가지 못하게 하므로 오지 못한다는 것입니다. 지역의 영을 대상으로 영적 전투 후 부흥되었다는 말입니다. 먼저 지역의 영들과 싸우기 위하여 지역의 영을 알아내는 법입니다. 지역의 역사를 파악하는 방법으로 알아냅니다. 다른 방법은 성령의 능력으로 대결할 때 정체를 드러내고 하나님이 알려주십니다.

지역의 영을 알아냈으면 본격적으로 영적인 전투를 해야 합니다. 영적 대결(도전)방법은 혼자로서는 안 되고 연합해야합니다. 그러나 우리나라는 경쟁의 영이 붙들고 있으므로(대천덕 신부의 말) 연합사역이 잘 안됩니다. 교회 단독으로라도 성도들을 일으켜 연합사역을 해야 합니다.

여기서 우리가 바르게 알아야 할 것은 지역의 영들이 교회 성장을 교모하게 방해하는 것입니다. 이를 알고 대비해야 합니다. 예를 든다면 성령의 역사를 일으키면서 집회를 하는 교회가 있으면 지역의 영들이 사람들을 충동해서 영적인 집회를 못하도록 방해합니다. 시끄럽다. 소음이 심하다. 사람이 살 수가 없다. 심지어 경찰관을 동원하기도 하면서 결사적으로 방해를 합니다. 그러므로 교회가 입당하기 전에 소음에 대한 조치를 단단하게 해야 합니다.

시각적으로 문제가 되는 것이 있다면 제거하는 것이 좋습니다. 만약에 교회가 부흥하는 가운데 이렇게 주변 사람들이 방해를 한다면 교회를 이전하지 말아야 합니다. 이전하지 말고 방음장치를 단단하게 하는 조치를 하면서 지속적으로 목회를 계속해야 합니다. 이는 주변 사람들을 동원하여 목회를 하지 못하게 하려는 지역의 영의 장난이기 때문입니다. 마귀가 의도하는 대로 휘둘리면 교회는 성장하지 못합니다. 어찌하든지 지역의 영과 싸워서 이겨야 교회가 성장합니다. 이긴 다음에 다른 곳으로 이전해야 합니다.

그리고 교회에 내에서 도전 세력과 공동체를 깨려는 세력과 싸워야 합니다. 교회 내의 위험 세력은 시험이 든 자, 비방하는 자, 이것은 다 교회 성장을 방해하는 세력들입니다. 하나님이 목회자들에게 이것을 알 수 있는 능력을 주셨습니다(은사임). 교회 내에 20년을 잠복하고 있는 교회성장 방해 영도 있으니 주의하지 않으면 안 됩니다. 이를 방지하기 위하여 이렇게 하시기를 바랍니다.

① 악한 영의 영적 주도권을 가진 직분 자를 파악하여 관리(십부장, 백부장)하라. 이들을 잘 영적으로 관리하면 악의 세력이 무너집니다. 예배나 집회시 안수를 통하여 장악하고, 심방 가서 장악하는 방법도 있습니다. 공동체가 영들에 의하여 눌린다고 생각되면 반드시 귀신이 들어와 있는 것입니다. 교회가 한 사람의 말의 영향으로 인해 좌우되면 분명 그 영에 눌린 결과입니다. 목회자는 긴장을 늦추지 말고 이를 위하여 사역을 해야 합니다. 그래야 교회가 안정되게 성장하는 것입니다.

② 축귀사역을 하라. 지혜로운 축귀 사역은 풀어놓고 떠나가게 선포하고 명령하는 것입니다. 교회는 사람이 떠나면 안 되고, 악 영이 사람을 놓고 떠나가야 합니다. 조급하면 낭패하기 쉬우니 시간을 가지고 대처해야 합니다. 성령의 능력으로 녹여서 빼내는 것이 가장 좋습니다. 시간을 가지고 성령의 역사를 일으키고 안수사역을 지속적으로 하면 자연스럽게 떠나가게 됩니다.

개인별 축귀는 이렇게 하세요. 호출(사람의 얼굴의 착상을 보고)합니다. 이름을 불러 불러냄, 불을 집어넣음, 예수 피를 사용함, 천사를 요청하여 축귀합니다. 착상이란 피 사역자에게 일어나는 일련의 현상을 말합니다.

축귀 사역 중 다음의 증세가 나타나면서 정체를 드러내는 것입니다. 고개를 숙이거나 얼굴을 돌려서 목회자의 시선을 피합니다. 고성이나 괴성을 지릅니다(불 받을 때 고성과 다름). 서러움이 배어있는 고성, 한이 설여 있는 고성, 혈기 분이 설여 있는 고성, 소름이 끼침, 축귀 자가 역한 느낌이 듦, 찬 기운(냉기)이 느껴짐, 두려움이 올 수도 있습니다. 이는 귀신이 그렇게 하도록 조작 하는 것입니다. 속지 말아야 합니다. 벌벌 떱니다(진동이 아님). 잘 다루어야합니다. 피 사역자가 믿음이 약하므로 그대로 축귀를 하면 더 귀신이 들어갈 수 있습니다. 그러므로 말씀으로 충분하게 믿음이 심어지고 권세를 알 때 축귀하는 것이 타당합니다. 그냥 축사했을 때 피 사역자가 두려움의 영에 잡힐 수도 있습니다. 고로 인내와 분별력이 있어야합니다. 내적 치유를 하면서 마음이 열리고 믿음이 생긴 다음 해도 늦지 않습니다. 좋지 못한 눈초리로 째려보는 경우도 있습니다. 얼굴색이 변합니다. 순간 다시 돌아옵니다. 축귀할 때 나타나는 영적인 현상은 이렇습니다. 하품을 합니다.

최초에 나타나는 증상이 하품임(그렇지 않을 경우도 있음). 기침을 심하게 합니다. 계속 축귀하세요. 가래가 올라옵니다. 트림, 구역질을 합니다. 입에서 거품이 나옵니다. 피 덩어리가 나옵니다. 입이나 특정부위에서 마지막 단계입니다. 한번 축귀를 시작하면 계속 축귀를 하여야합니다(3년-5년 정도 가기도 함). 우리는 이러한 영들과 예배와 집회와 영적전쟁을 통하여 싸워서 이겨야 합니다.

3) 영적치유 집회로 교회와 지역을 장악하라. 저녁이나 낮에 일정한 시간을 정하여 강력한 성령의 역사가 있는 치유집회를 하는 것도 효과적입니다. 본 교회에서 훈련받고 교회를 성장시킨 대부분의 목회자는 저녁 치유집회를 하면서 교회와 지역을 장악하여 교회가 다 성장하고 있습니다. 또 새벽 예배를 통하여 교회와 지역을 장악해야합니다. 기도를 할 때 강력하게 명령하세요. "지역의 영을 물러갈 지어다. 성령으로 장악 당할 지어다." 교회는 교회장소와 지역을 성령의 능력으로 장악해야 성장합니다. 영적인 전투를 게을리 하면 안 됩니다. 깨어 있어 기도해야 합니다(벧전5:8-9). 지역과 장소의 영들을 성령으로 이겨야 성장합니다.

1장 교회 안에 역사하는 영 대적기도

성령이 역사하는 교회는 성장하게 되어있습니다. 교회가 성장하지 않는다면 원인을 찾아 대적해야 합니다. 많은 영적전쟁 전문가들의 이야기를 빌리자면 교회 안과 밖에서 역사하며 성장을 방해하는 악한 영들이 있다는 것입니다. 특별히 교회 장소 안에서 견고한 진을 치고 있는 귀신들을 몰아내야 교회가 성장합니다.

저는 여러 지방의 교회를 가봅니다만, 어떤 교회는 그 교회당에 들어가면 곧바로 영적으로 어둡고 깨끗하지 못한 것을 느낍니다. 한번은 남쪽지방의 경매 받아 입당한 한 교회에 들어가니 가슴이 답답하고, 영적으로 꽉 막혀서 담임목사에게 영적인 전쟁을 많이 하셔야 될 것 같다고 했더니, 그렇지 않아도 전에 있던 교회 성도들이 환상으로 보이는 데, 수많은 뱀들이 의자를 넘나드는 것이 보인다고 합니다. 그래서 내가 목사님에게 경매를 당하게 한 것은 마귀입니다. 하고 대적기도를 하고 돌아온 적이 있습니다.

여기서 우리가 바르게 알아야 할 것이 있습니다. 교회나 상가나 아파트나 경매를 받아 입주를 했다면 강하게 영적인 전쟁을 해야 합니다. 왜냐하면 부동산업을 하는 분들의 말을 빌리자면 경매를 받아 입주하여 성공하고 나올 확률이 15-20%라고 합니다. 그만큼 악한 영들이 역사한다는 것입니다. 경매 받아 들어가서 강하게 영적인 전쟁을 하여 건물에 역사하는 영들을 이겨야 성공한다는 이야기입니다. 한번은 전에 사역하던 담임목사님이 질병으로 돌아가신 교회에 가서 부흥회를 인도하려고 강단에 엎드려서 기도를 하려고 하니까? 강단을 장악하고 있는 악한 영이 확 하고 덤비더니 등골이 오싹하게 하여 한동안 방언으로 대적 기도하여 몰아낸 경우도 있었습니다.

저는 100년 가까이 된 교회 성가대 지휘자가 24명의 성가대원과 음란 행위를 하다가 스물네 번째 발각되었다고 하는 이야기도 들었습니다. 그리고 부목사가 남편이 있는 반주자와 바람을 피우다가 남편에게 발각되어 교회에서 쫓겨나고 간통죄로 법정에 갔다는 이야기도 들었습니다. 정말 창피한 일입니다. 눈감고 목회한 것이지요. 한마디로 영적인 무지입니다. 영적인 지도자들은 영적인 전쟁의 선봉장입니다. 매일 무장기도하고 성도들도 무장시켜 주어야 합니다.

그리고 성도들도 평상시 성령의 검 말씀으로 무장시키고 영적으로 눈을 떠서 영들을 분별하게 하여 삶의 현장에서 영적 전쟁에서 항상 승리할 수 있도록 훈련시켜야 하는 책임이 있습니다. 강원도 어느 교회에 청빙을 받아 가서 목회하시는 목사님의 이야기를 들어보니까, 앞에 목회하던 목사님이 물에 빠져 숨졌는데 지금은 자기 사모가 정신적인 문제로 고생을 한다는 것입니다. 영적인 사역을 하는 P목사님 교회는 지방 면 단위 교회인데, 전임목사님이 영적으로 너무너무 눌려 다른 지역으로 가셨는데, 그 교회 역사를 조사해보니, 교회 안에서 자살한 사건이 있었고, 그 지역에 살인사건도 있었으며, 교인들끼리도 분쟁과 싸움이 많았다는 것입니다. P목사님은 생명을 걸어놓고 기도하고 영적인 청소를 하고 예수의 피를 뿌린 후에 지금은 안정되게 목회를 하고 계십니다. 대부분이 교회성장의 결정적인 걸림돌이 교회내의 분쟁, 시기, 다툼, 불화, 수군거림, 비난, 비방의 오랜 역사를 지니고 있는 경우가 허다할 것입니다.

내가 섬기고 있는 우리 교회는 어떤가요? 톰 화이트는 교회당 내에 악령이 거주하거나 역사하고 있다는 사실을 알려주는 몇 가지 증상을 제시합니다.

첫째, 교회 지도자들이 저지른 과거의 죄입니다. 주로 교인 간의 불법적 성행위, 교만에 찬 야심, 시기심 또는 분노 등입니다. 교인들이 상처를 입었을 때 표면적인 징후만 다루고 문제의 근저에 있는 죄악을 회개하지 않을 때 악령에게 계속 발판을 제공하게 됩니다.

둘째, 상호 신뢰감의 위반으로 인해 초자연적인 하나님의 사랑의 표현이 보이지 않는 경우입니다. 과거에 교회 지도자 사이에 신뢰가 무너진 적이 있으면 교인들은 현재 지도자들의 진실성을 의심합니다. 그 결과 교인들은 소외감을 느끼거나 자기 보호본능을 발동하여 참여는 하지만 깊은 헌신은 하지 않습니다.

셋째, 교회 업무 처리가 불분명한 경우입니다. 이런 경우 서로 의견이 분열되어 무엇이 하나님의 뜻인지를 분별하기가 아주 어려워집니다. 사단은 이런 일을 통해서도 발판을 굳힙니다. 좌우지간 교회는 성령으로 하나가 되어야 부흥합니다.

넷째, 예배 중 회중들이 영적으로 죽어 있거나 무감각한 경우입니다. 아무리 영적으로 충만한 교회라도 때로 영적으로 침체된 경우가 있지만, 이런 경우는 예배 인도자들이 영적으로 시들어서 죽은 예배를 인도하는 경우입니다. 회중의 성령 충만 정도는 예배인도자의 성령 충만과 비례하는 것입니다. 그래서 담임 목회자의 영성이 중요합니다.

다섯째, 한 두 사람의 주도적인 지도자가 교회 일을 좌지우지하는 경우 악령이 강하게 역사할 공산이 큽니다. 이들은 당을 지어 목회자를 대적하거나 분열과 악독과 시기심을 자극합니다. 악령의 영향을 받았든 받지 않았든 일부 평신도 지도자가 목회자를 공개적으로 비판하거나 뒤에서 험담을 늘어놓거나 나쁜 소문을 퍼뜨릴 경우, 이들은 광명의 천사로 가장하여 자신들이 가장 의로운 사람인양 행세하지만, 실제로는 하나님의 영광이 아니라 사단의 앞잡이가 되어 자신의 욕망을 채우는 사람들입니다.

그리고 교회가 지속적으로 재정에 문제가 생긴다거나, 성장이 되지 않는 다거나 병자가 많이 생긴다거나, 앞의 교회들이 부도를 당했다거나, 담임교역자가 질병이 많았다거나, 불미스럽게 생명을 잃었다거나 하는 것들을 찾아 회개도 하고 배후의 악의 영들을 대적하여 몰아내야 합니다. 대적기도는 이렇게 하시기를 바랍니다. 온 교회 교인들이 하나가 되어 대적기도를 해야 합니다. 첫째, 예배 때마다 대적기도를 하는 것입니다. 담임목사가 선창하고 교인들이 따라하게 합니다. 예를 든다면 교회안에 역사하는 더러운 영은 예수 이름으로 명하노니 떠나가라. 구체적으로 교회 안에서 일어나는 좋지 못한 일을 거명하며 대적기도 합니다.

둘째, 기도모임을 통하여 대적합니다. 셋째, 성령집회를 열어 대적합니다. 성도들이 제일 많이 모일 수 있는 시간을 택하여 지속적으로 성령집회를 합니다. 자연스럽게 교회당이 장악이 됩니다.

2장 교회성장 방해하는 영의 대적기도

교회가 성장하지 않은 다면 진단을 해야 합니다. 말씀과 성령으로 진단하면 원인이 나오게 되어있습니다. 교회가 성장하지 못하게 역사하는 귀신은 죄악을 빌미로 하여 역사합니다. 성령의 임재 가운데 과거에 이 교회에서 일어났던 일들 특히 분쟁, 시기, 다툼, 목회자 배척, 분열에 대한 사건별로 조사해야 합니다. 문제의 뿌리를 찾아내고 제대로 진단해야 합니다. 그러나 지혜가 필요합니다. 회개한다고 모두 다 들추어내기만 하면 사단의 공격의 빌미를 줄 수도 있습니다. 진단을 정확히 하여 모든 성도가 공감해야 합니다. 모두 영적인 문제가 있다는 것을 인정해야 한다는 것입니다. 그리고 지혜롭게 죄의 실상을 공개하고 전 교회적으로 회개해야 합니다. 그리고 배후에서 역사하고 있던 악령을 축귀해야합니다.

물론 이 경우도 영적인 지도자가 앞장서서 겸손하게 회개하는 본을 보여야 합니다. 조상의 죄에 대해 회개하는 부분은 성경본문(레26; 느9; 단9; 잠1)을 찾아서 해석하고 가르쳐야 합니다.

> (느 1:6-7)"이제 종이 주의 종들인 이스라엘 자손을 위하여 주야로 기도하오며 우리 이스라엘 자손이 주께 범죄한 죄들을 자복하오니 주는 귀를 기울이시며 눈을 여시사 종의 기도를 들으시옵소서 나와 내 아버지의 집이 범죄하여 주를 향하여 크게 악을 행하여 주께서 주의 종 모세에게 명령하신 계명과 율례와 규례를 지키지 아니하였나이다."

과거의 교회에서 일어나 죄에 대해 진심으로 회개하면 하나님께서는 꼭 은혜를 주십니다. 철저히 회개하면 악령은 빌미 붙어 살 수 없게 됩니다. 그 죄를 통해 들어왔던 악령(惡靈)을 예수의 이름과 예수 보혈의 능력으로 축사하십시오.

성령이 충만하도록 찬양과 기도를 한 후 성령의 임재 하에 '예수의 피'를 교회 구석구석 뿌리고 덮고 바릅니다. 다시는 이런 죄가 일어나지 않도록 방어기도 보호 기도를 계속 하십시오.

성령치유 집회를 지속적으로 하면 교회가 성령의 임재로 충만 해집니다. 성령이 장악을 해야 문제가 해결이 되기 시작하는 것입니다. 이 교회 건물을 예수 그리스도께 드리십시오. 영적인 지도자는 영적으로 민감해야 합니다. 대적기도는 이렇게 하십시오. 앞장에서 설명한 바를 응용하여 대적기도를 하세요. 지속적으로 대적하면 눈에 보이는 효과를 체험할 수 있습니다.

예를 든다면 이렇게 대적기도 하십시오. 동쪽을 향하여 동쪽에 역사하며 우리 교회오기로 작정된 성도들을 오지 못하게 막고 있는 귀신을 예수 이름으로 명하노니 물러갈지어다. 동쪽에 예비 되어 있는 성도들은 몰려올지어다. 천사들아 동쪽에 살고 있는 성도들을 모시고 올지어다. 서쪽을 향하여 서쪽에 역사하며 우리 교회오기로 작정된 성도들을 오지 못하게 막고 있는 귀신을 예수 이름으로 명하노니 물러갈지어다. 서쪽에 예비 되어 있는 성도들은 몰려올지어다. 천사들아 서쪽에 살고 있는 성도들을 모시고 올지어다. 남쪽을 향하여 남쪽에 역사하며 우리 교회오기로 작정된 성도들을 오지 못하게 막고 있는 귀신을 예수 이름으로 명하노니 물러갈지어다.

남쪽에 예비 되어 있는 성도들은 몰려올지어다. 천사들아 남쪽에 살고 있는 성도들을 모시고 올지어다. 북쪽을 향하여 북쪽에 역사하며 우리 교회오기로 작정된 성도들을 오지 못하게 막고 있는 귀신을 예수 이름으로 명하노니 물러갈지어다. 북쪽에 예비 되어 있는 성도들은 몰려올지어다. 천사들아 동서남북에 다니면서 우리 교회에 오기로 작정된 성도들을 모시고 올지어다. 예수님의 이름으로 기도드립니다. 아멘! 교회성장은 영적인 전쟁입니다. 교회가 성령으로 충만하면 성장하게 되어 있습니다. 목회자는 부지런해야 합니다. 항상 깨어서 기도하며 교회에 역사하는 영들을 찾아 대적기도 하여 장악해야 합니다.

3장 재정에 고통을 주는 영 대적기도

작은 교회가 문을 닫는 것은 성도가 없어서 문을 닫는 것이 아닙니다. 귀신들은 작은 교회가 성장하지 못하도록 성도들의 마음을 인색하게 하는 것입니다. 한마디로 재정에 어려움을 주는 것입니다. 재정의 고통을 주는 영들을 성령의 권능으로 대적해야 합니다.

대적기도는 이렇게 합니다. 성령이여 임하소서. 성령이 임해야 재정에 고통을 주는 악한 영이 떠나갈 수 있습니다. 성령이여 임하소서. 충만하게 임하소서. 내가 나사렛 예수의 이름으로 명하노니 교회에 역사하며 재정에 고통을 주는 영들은 떠나갈지어다. 내가 나사렛 예수의 이름으로 명하노니 교회에 역사하며 성도들을 충동하여 하나님에게 드리는 일에 인색하게 하는 영들은 떠나갈지어다. 내가 나사렛 예수의 이름으로 명하노니 교회에 역사하며 성도들의 가정의 재정에 고통을 주는 영들은 떠나갈지어다. 교회에 역사하며 재정에 고통을 주는 악한 영들은 떠나갈지어다. 우리 교회에 성도들이 들어오지 못하게 막고 있는 귀신들은 떠나갈지어다.

우리 교회에 역사하며 성장을 방해하는 귀신들은 떠나갈지어다. 멀리 떠나갈지어다. 천사들아 성도들의 마음을 감동하여 헌금하도록 역사할 지어다. 천사들아 우리 교회가 성장하도록 도울 지어다. 많은 성도들을 모시고 올지어다. 우리 교회에 들어오지 못하게 막고 있는 귀신들을 몰아낼지어다. 천사들아 성도들을 많이 모시고 올지어다. 많은 분들을 모시고 올지어다. 교회 앞에서 경비를 설지어다. 성도가 날마다 늘어날 지어다. 예수님의 이름으로 기도합니다. 아멘!

4장 성도들을 이간 하는 영 대적기도

원수 마귀는 교회가 부흥되지 못하게 방해합니다. 성도들 간이 역사하면서 성도들을 이간하는 것입니다. 남이 조금 열심히 하면 꼬투리를 잡아서 상처받게 하는 것입니다. 교회 안에서 성도 간 경쟁하게 합니다. 교회는 경쟁하는 곳이 아닙니다. 성도 간에 경쟁하게 하는 것은 마귀의 역사입니다. 경쟁은 단체가 분열되게 합니다. 경쟁은 세상 기업에서는 통할 수 있습니다. 교회에서는 통하지 않은 것입니다. 교회는 서로 이해하고 돕는 곳입니다.

제가 시화에서 목회할 때 잘 아는 권사님이 울면서 저를 찾아왔습니다. 이유를 물어보니 기가 막힌다는 것입니다. 이분이 전도를 잘 합니다. 주일날 다섯 가정을 인도를 했습니다. 강단에 등록카드를 올렸습니다. 담임목사가 등록카드를 보고 전도한 분과 등록한 분을 함께 이름을 부르고 소개를 시켰습니다. 라이벌이던 권사가 이것을 보고 듣고 시기의 영이 발동한 것입니다. 예배가 끝이 나서 전도한 사람들과 이야기를 하고 나왔답니다. 시기가 발동한 권사가 한쪽에 기다리고 서 있다가 권사를 부르더랍니다. 박 권사 이리와 하더랍니다. 갔더니 대뜸 하는 말이 박 권사 전도 많이 했대! 그런데 말이야~ 전도 그렇게 열심히 하려고 하지 말고 남편 신앙생활이나 똑바로 시켜~ 하더랍니다. 이유는 이렇습니다. 남편이 아파트 경비를 합니다. 그래서 한 달에 두 번밖에 교회를 올 수가 없다는 것입니다. 그것을 흠잡아가지고 상처를 주는 것입니다.

이렇게 교회는 은혜를 받는 곳도 되지만 상처를 받는 곳도 될 수가 있습니다. 목회자는 기도하여 이렇게 성도 간에 이간하는 영들을 대적해야 합니다.

대적기도는 이렇게 합니다. 성령이여 임하소서. 성령이 임해야 교회에 역사하며 성도들을 이간하는 악한 영이 떠나갈 수 있습니다. 성령이여 임하소서. 충만하게 임하소서. 내가 나사렛 예수의 이름으로 명하노니 교회에 역사하며 성도들을 이간하는 영들은 떠나갈지어다. 내가 나사렛 예수의 이름으로 명하노니 교회에 역사하며 성도들의 마음에 상처 주는 영들은 떠나갈지어다. 내가 나사렛 예수의 이름으로 명하노니 교회에 역사하며 성도들 간에 경쟁하고 시기하게 하는 영들은 떠나갈지어다. 내가 나사렛 예수의 이름으로 명하노니 교회에 역사하며 성도들을 이간하는 영들은 떠나갈지어다.

교회에 역사하며 성도들 간에 시기 질투하게 하는 악한 영들은 떠나갈지어다. 이간하는 영이 떠나간 자리에 서로 이해하는 영이 임할지어다. 서로 돕는 영이 임할지어다. 예수님의 이름으로 기도합니다. 아멘! 예배 때마다 대적기도를 하십시오. 성도들이 듣고 고치도록 말입니다.

5장 파당을 짓게 하는 영의 대적기도

바울이 고린도전서 1장 11절에서 이렇게 말합니다. "내 형제들아 글로에의 집편으로 너희에 대한 말이 내게 들리니 곧 너희 가운데 분쟁이 있다는 것이다. 내가 이것을 말한다. 너희가 각각 이르되 나는 바울에게, 나는 아볼로에게, 나는 게바에게, 나는 그리스도에게 속한 자라 한다는 것이다. 그리스도께서 어찌 나뉘었느냐. 바울이 너희를 위하여 십자가에 못 박혔으며 바울의 이름으로 너희가 세례를 받았느냐" 합니다. 파당은 초대교회에도 있었지만, 지금 교회에도 있을 수 있습니다. 아니 지금 교회에는 이런 파당이 있습니다. 세속에서나 쓰는 계파가 있다는 말입니다. 심지어는 목사님들도 출신학교로 나뉩니다. 주류니

비주류니 하고 나눕니다. 이는 마귀의 간계입니다. 세속에서 말하는 밥그릇싸움이 교회 내에서도 일어나고 있습니다. 예수는 하나입니다. 요한복음 17장에 보면 예수님은 개인과 가정과 교회가 하나가 되게 하기 위하여 기도하셨습니다. "나는 세상에 더 있지 아니하오나 그들은 세상에 있사옵고 나는 아버지께로 가옵나니 거룩하신 아버지여 내게 주신 아버지의 이름으로 그들을 보전하사 우리와 같이 그들도 하나가 되게 하옵소서(요 17:11)". 성령으로 충만하면 하나가 됩니다. 세상에 다른 방법으로 하나가 될 수가 없습니다. 교회는 성령으로 하나가 되어야 마귀와 싸워 이길 수가 있습니다. 교회에서 역사하는 파당의 영을 대적하여 몰아내야 합니다.

대적기도는 이렇게 합니다. 성령이여 임하소서. 성령이 임해야 교회에 역사하며 성도 간에 파당을 짓게 하는 악한 영이 떠나갈 수 있습니다. 성령이여 임하소서. 충만하게 임하소서. 내가 나사렛 예수의 이름으로 명하노니 교회에 역사하며 성도들을 충동하여 파당을 짓게 하는 영들은 떠나갈지어다. 내가 나사렛 예수의 이름으로 명하노니 교회에 역사하며 성도들을 파당을 짓게 하여 교회를 분열하는 더러운 영들은 떠나갈지어다. 내가 나사렛 예수의 이름으로 명하노니 교회에 역사하며 성도들 간에 계파를 조성하는 더러운 영들은 떠나갈지어다. 내가 나사렛 예수의 이름으로 명하노니 교회에 역사하며 분열을 조장하는 악한 영들은 떠나갈지어다. 예수님의 이름으로 기도합니다.

아멘! 예배 때마다 대적기도를 하십시오. 성도들이 듣고 고치도록 말입니다. 지속적으로 하십시오, 그리고 안수 사역을 하세요. 파당의 영들이 떠나가도록 말입니다. 오로지 성령의 역사만이 교회를 하나로 만들 수 있습니다.

6장 성도를 정착하지 못하게 하는 영의 대적기도

교회는 새 신자가 정착을 잘해야 성장을 합니다. 대부분의 작은 교회들이 성장하지 못하는 이유는 새 신자가 정착을 하지 못하기 때문입니다. 이것은 분명한 마귀의 간계입니다. 마귀는 어찌하든지 작은 교회가 성장하지 못하게 합니다. 아니 기를 쓰고 방해를 합니다. 왜 그럴까요. 작은 교회가 성장을 하면 사단의 나라가 위태로워지기 때문입니다. 그래서 작은 교회성도들의 믿음이 자라 전도할 수 있는 수준이 되면 교회를 떠나도록 역사합니다. 이를 방지하기 위하여 교회에서 영적전쟁을 해야 합니다. 영적전쟁이라고 하니까, 떠나라. 떠나라. 하고 소리를 지르며 대적하라는 말로 이해하면 안 됩니다. 교회 안에서 성령의 역사가 일어나는 활동을 하라는 말입니다. 성령집회가 좋습니다. 성도들이 최대한 많이 모일 수 있는 시간을 선택하여 집회를 하는 것입니다.

치유 프로그램이나 성경공부 프로그램을 통하여 성도들을 모이게 하는 것입니다. 성도들이 교회에 자진해서 나오도록 해야 합니다. 자신의 문제와 가정의 문제를 해결하고 성령으로 충만하게 하기 위하여 자진해서 교회에 나오도록 해야 개척교회는 성장합니다. 성도들은 자신들의 삶에 문제를 해결하여 하늘의 복을 받는 것을 좋아합니다. 기도를 하면서 성령의 지혜를 받아 성도들을 모이게 하는 것입니다. 제가 써서 출간한 "기독교인의 인생문제 치유하기 1.2권"도 아주 좋은 자료가 될 것입니다. 모여서 공부하고 기도하는 것입니다. 기도하면서 대적기도를 하는 것입니다. 성도들의 수준을 높여주는 것입니다. 성도들은 영이 만족을 누리면 정착하게 되어 있습니다. 영이 만족함을 누리지 못하니 여기 끼웃 저기 끼웃하다가 적당한 곳을 찾으면 교회를 떠나갑니다. 작은 교회목회자는 영적인 수준을 높여야 합니다.

대적기도는 이렇게 합니다. 성령이여 임하소서. 성령이 임해야 교회에 역사하며 성도들을 정착하지 못하게 하는 악한 영이 떠나갈 수 있습니다. 성령이여 임하소서. 충만하게 임하소서. 내가 나사렛 예수의 이름으로 명하노니 교회에 역사하며 성도들을 정착하지 못하게 방해하는 영들은 떠나갈지어다. 내가 나사렛 예수의 이름으로 명하노니 교회에 역사하며 성도들을 정착하지 못하게 하는 영들은 떠나갈지어다. 내가 나사렛 예수의 이름으로 명하노니 교회에 역사하며 성도들이 정착하지 못하게 방해 하는 영들은 떠나갈지어다. 정착하지 못하게 하는 영이 떠난 자리에 교회를 사랑하는 마음이 임할지어다. 교회를 애착하는 마음이 임할지어다. 예수님의 이름으로 기도합니다. 아멘!
예배 때마다 대적기도를 하십시오.

7장 성도를 인색하게 하는 영 대적기도

　교회가 성장하려면 재정이 풀려야 합니다. 마귀는 작은 교회
가 성장하지 못하도록 성도들의 마음을 인색하게 합니다. 그래
서 하나님에게 드리는 일에 인색하게 합니다. 성도들에게 역사
하는 인색한 영을 몰아내려면 성령이 역사해야 합니다. 제가 시
화에서 개척하여 목회를 할 때 초기에 물질로 많은 고통을 당했
습니다. 이때에는 인간적인 목회를 했습니다. 평범하게 예배드
리고 벌침이나 놓고 하니까, 매달 재정이 부족했습니다. 성도
들이 없었던 것이 아닙니다. 있었습니다. 그런데 인색합니다.
그래도 어떻게 합니까? 교회에 나와 주는 것만 해도 감사할 정
도 아닙니까? 이는 교회를 개척해본 목회자라면 다 이해할 것입
니다. 이렇게 재정이 매달 마이너스가 되어 퇴직금으로 받아서
구입한 아파트가 날아갔다는 것 아닙니까? 제가 하나님에게 기
도하기는 교회는 망해도 아파트는 날아가지 않게 해달라고 기
도를 했는데 반대로 아파트가 날아가고 교회만 남았습니다. 이
제 앞뒤가 막혀서 하나님에게 어떻게 하느냐고 기도를 하니까,
앞으로는 영성이다. 영성! 영성! 21세기는 영성이다. 라는 음
성을 들려주셨습니다.

그래서 영성에 관심을 갖다가 치유 받고 성령의 능력을 받아 교회에서 성령치유 집회를 하니 재정이 풀어지기 시작을 했습니다. 똑 같은 성도들이었습니다. 그런데 헌금 드리는 액수가 달라졌습니다. 저는 이런 체험을 했기 때문에 교회에서 성령의 역사를 일으키고 영적전쟁을 해야 재정이 풀린다고 강력하게 주장하는 것입니다. 성령의 역사를 일으키고 영적전쟁을 하세요. 예배 때마다 성령의 역사로 치유가 있게 하라는 것입니다. 필요하면 성령집회를 여는 것입니다. 저는 40일 집회도 여러 번 했습니다. 이렇게 성령의 역사를 일으키니 재정이 풀려서 교회 안에서 살다가 아파트를 얻어서 밖으로 나갔습니다.

대적기도는 이렇게 합니다. 성령이여 임하소서. 성령이 임해야 교회에 역사하며 성도들을 인색하게 하는 악한 영이 떠나갈 수 있습니다. 성령이여 임하소서. 충만하게 임하소서. 내가 나사렛 예수의 이름으로 명하노니 교회에 역사하며 성도들의 마음을 인색하게 하는 영들은 떠나갈지어다. 내가 나사렛 예수의 이름으로 명하노니 교회에 역사하며 성도들의 마음을 가난하게 하는 영들은 떠나갈지어다. 내가 나사렛 예수의 이름으로 명하노니 교회에 역사하며 성도들을 인색하게 하는 영들은 떠나갈지어다. 내가 나사렛 예수의 이름으로 명하노니 교회에 역사하며 성도들의 마음을 주장하여 하나님에게 드리는 일에 인색하게 하는 영들은 떠나갈지어다. 교회에 역사하며 교회 재정이 어렵게 하는 악한 영들은 떠나갈지어다. 인색한 마음이 떠나가고 하나님에게 드리는 일을 즐겁게 하는 역사가 일어날지어다. 예수님의 이름으로 기도합니다. 아멘! 예배 때마다 대적기도를 하십시오. 성도들이 듣고 자신들도 기도하도록 말입니다.

8장 성도를 가난하게 하는 영 대적기도

유유상종(類類相從)이라는 말을 들어보셨을 것입니다. 끼리끼리 논다는 것입니다. 참새는 참새끼리, 백노는 백노끼리, 독수리는 독수리끼리, 고래는 고래끼리, 이와 마찬가지로 성도들도 끼리끼리 모입니다. 즉, 가난한 사람은 가난한 사람끼리 논다는 것입니다. 많은 작은 교회목회자들이 이렇게 말합니다. 우리교회는 가난한 성도만 있다는 것입니다. 이는 가난의 영이 흐르기 때문에 가난한 성도들이 모이는 것입니다. 가난의 영과 영적인 전쟁을 해야 합니다. 성령의 역사를 일으켜서 가난의 영들을 몰아내야 합니다. 하나님은 하나님의 교회를 성장시키기 위하여 성도들을 물질 축복받게 하십니다. 성령의 역사가 일어나면 분명하게 재정적인 축복을 받는 성도가 생깁니다. 아니 목사님 우리 교회에는 가난한 성도만 모여 있는데 어떻게 부자가 나옵니까? 이렇게 말한다면 대책이 없습니다. 하나님은 기적의 하나님 이십니다.

하나님이 열으시면 닫을 수가 없습니다. 하나님이 하실 수 있도록 성령의 역사를 일으킵니다. 그러면 서서히 물질의 복을 받는 성도가 나오기 시작을 합니다. 무엇이든지 내가 한다고 생각하면 아무것도 할 수 없습니다. 하나님이 하십니다. 하나님이 하실 수 있도록 성령의 역사를 일으키세요. 어느 목사님이 저에게 오셔서 상담을 하시는데 교회 재정이 어렵다는 것입니다. 그래서 목회지를 옮기려고 한다는 것입니다. 그래서 제가 옮기지말고 하나님의 역사가 일어나게 하라고 했습니다. 그랬더니 자기에게 돈이 없어서 매달 나가는 은행이자를 낼 수가 없다는 것입니다. 제가 이렇게 말했습니다. 목회가 하나님의 일입니까? 목사님의 일입니까? 분명히 하나님의 일입니다. 그러니 하나님이 역사하실 수 있도록 하세요. 능력을 받아서 성령의 역사를 일으키세요. 그랬더니 자기 혼자 아무리 생각을 해도 할 수가없다는 것입니다. 혼자하려니까, 안 되지요. 성령의 능력을 받으려면 성령이 역사하는 장소에 가서 체험을 하면 됩니다.

그래서 성령을 체험하고 변화 받아 담대함을 얻어 교회에서 성령의 역사를 일으키세요. 교회도 지어져있겠다. 왜 못합니까? 하나님 없이 자신이 하려니까 못하지, 하나님은 얼마든지 하실 수가 있습니다. 성령이 역사해야 가난의 영이 떠나갑니다. 작은 교회는 성령의 역사를 일으켜서 성도들을 복 받게 해야 합니다. 하나님은 얼마든지 하실 수가 있습니다.

대적기도는 이렇게 합니다. 성령이여 임하소서. 성령이 임해야 교회에 역사하며 성도들의 가정을 가난하게 하는 악한 영이 떠나갈 수 있습니다. 성령이여 임하소서. 충만하게 임하소서.

내가 나사렛 예수의 이름으로 명하노니 교회에 역사하며 성도들의 가정을 가난하게 하는 영들은 떠나갈지어다. 성도들의 사업을 어렵게 하는 영들은 떠나갈지어다. 내가 나사렛 예수의 이름으로 명하노니 교회에 역사하며 가난하게 하는 영들은 떠나갈지어다. 교회에 역사하며 교회 재정이 어렵게 하는 악한 영들은 떠나갈지어다. 가난의 영이 떠나가고 재정축복의 영이 임할지어다. 성도들의 손에 돈을 얹는 능력이 임할지어다. 예수님의 이름으로 기도합니다. 아멘! 예배 때마다 대적기도를 하십시오. 성도들이 듣고 믿음을 갖도록 말입니다.

9장 목회자를 지치게하는 영 대적기도

악한 영들은 목회자를 피곤하게 하여 쓰러지게 하려고 합니다. 이를 분별하고 자기 관리를 해야 합니다. 저는 치유사역을 하면서 자기관리를 못하여 탈진해서 목회를 하지 못하는 분들도 많이 보았습니다. 성령의 능력이 나타나니 다 된 걸로 착각하여 마구잡이로 사역을 하다가 어느 날부터 졸리고 피곤하여 사역을 할 수가 없었답니다. 그때야 병원에 가보니 일 년을 요양을 해도 회복이 안 될 정도로 상태가 나빠졌다는 것입니다. 사람은 육이 있습니다. 적당히 사용을 하고 쉬어야 합니다. 하나님도 일주일에 하루는 쉬셨습니다. 특별히 작은 교회 목회자들은 자기 관리를 잘해야 합니다. 왜냐하면 사주 받은 영들이 교회에 찾아오기 때문입니다. 사주 받은 영들이란 이렇습니다. 지역에 역사하는 영이 악한 영의 영향을 받는 성도를 보내서 목회자를 지치게 하는 것입니다. 계속 찾아와 안수를 해달라고 합니다. 툭하면 저녁에 찾아와서 안수를 해달라고 합니다. 저녁 기도모임을 하면 와서 기도하면서 이상한 소리를 내면서 기도를 방해합니다. 그러면 목회자가 가서 안수합니다. 손을 올리면 끝이 없이 발작을 합니다. 목회자가 사리분별이 혼동되어 머리에 손을 계속 얹고 있습니다. 한 두 시간은 금방 지나갑니다. 그러다가 목회자가 기도 못하고 안수만하다가 열두시가 넘어갑니다. 그러니 피곤하여 새벽기도를 못할 정도가 됩니다. 이렇게 매일매일 찾아와서 안수를 해달라고 합니다. 이것이 사주 받은 영이 하는 행동입니다. 분별이 필요합니다. 반드시 집회나 기도회나 시간을 정해놓고 하는 것이 좋습니다. 어떠한 일이 있더라도 정해진 시간이 되면 끝내는 것입니다. 처음 시작을 할 때 잘해야 합니다. 좌우지간 작은 교회 목회자는 사주 받은 영들에게 당하지 말아야 합니다. 특별히 교회 안에서 생활을 하는 목회자는 더욱 주의해야 합니다.

대적기도는 이렇게 합니다. 성령이여 임하소서. 성령이 임해야 교회에 역사하며 목회자를 피곤하게 하는 악한 영이 떠나갈 수 있습니다. 성령이여 임하소서. 충만하게 임하소서. 내가 나사렛 예수의 이름으로 명하노니 교회에 역사하며 목회자를 피곤하게 하는 영들은 떠나갈지어다. 내가 나사렛 예수의 이름으로 명하노니 교회에 역사하며 목회자를 피곤하게 하려고 온 사주 받은 영들은 떠나갈지어다. 목회자를 탈진하게 하려고 들어온 영을 떠나갈지어다. 내가 나사렛 예수의 이름으로 명하노니 교회에 역사하며 목회자를 피곤하게 하는 영들은 떠나갈지어다. 내가 나사렛 예수의 이름으로 명하노니 교회에 역사하며 목회자에게 스트레스를 받게 하는 사주 받은 영들은 떠나갈지어다. 예수님의 이름으로 기도합니다. 아멘! 예배 때마다 대적기도를 하십시오. 성도들이 듣고 고치도록 말입니다.

10장 목회자 부부 이간하는 영 대적기도

몇 년 전에 안산에 사는 사모님에게 전화가 왔습니다. 이유는 남편 목사님이 영안이 열렸다는 성도들의 말을 듣고 사모에게 전하는 과정에서 부부 싸움이 일어난 것입니다. 사모님이 하시는 말씀이 이렇습니다. 자기 교회에 영안이 열렸다는 여 집사가 있다는 것입니다. 이 집사가 영안을 열어 사모를 보니 사모에게 교회성장을 방해하는 귀신이 따라다닌다는 것입니다. 그 귀신들이 방해하기 때문에 교회가 성장되지 않는 다는 것입니다. 이 말을 하면서 목사님이 사모에게 따라다니는 귀신을 축귀하라고 했다는 것입니다. 그러니 목사님이 사모에게 이 말을 하면서 사모에게 역사하는 귀신을 쫓아내야 하겠다고 했다는 것입니다. 이 말을 들은 사모가 기분이 어떠했겠습니까? 목사님에게 성도들이 하는 말을 믿고 나를 귀신의 영향을 받는 사람 취급을 하려고 한다고 소리를 질렀다는 것입니다. 그러니까, 목사님이 사모의 뺨을 때렸다는 것입니다. 한 번도 아니고 두 번이나 때렸다는 것입니다. 뺨을 맞고 분해서 저에게 전화를 한 것입니다. 정말로 자기에게 귀신이 따라다니면서 교회 성장을 방해하고 있는 것이 맞느냐는 것입니다. 그리고 귀신이 따라다니는 것이 보일 수가 있느냐고 질문하는 것입니다. 그래서 제가 이렇게 말했습니다. 사모님 억울하지만 참으세요. 원래 귀신의 영향을 받는 사람들은 교회를 파괴하고 가정을 파괴하는 일을 전문으로 하는 자들입니다. 절대로 사모님에게 귀신이 따라다니지 않습니다. 이것은 그 여 집사가 목사님과 사모님을 이간시켜 가정과 교회를 파괴시키려는 마귀의 간계입니다. 그냥 두어서는 더 큰 문제가 생길 수가 있으니 목사님을 설득하여 모시고 오세요. 다음 주 월요일에 사모님이 목사님을 모시고 오셨습니다. 목사님에게 이렇게 말해주었습니다. 그 여 집사는 귀신의 영향을 받아 목사님의 가정과 교회를 파괴하려고 그렇게 말을 하는 것입니다. 여 집사에게 잘못되었다고 이야기 하면 자신의 정체가 폭로되어 교회를 떠납니다. 아무소리 하지 말고 기도시간에 안수를 하세요. 그러면 성령의 역사로 귀신이 떠나가니 헛것들을 보지 못할 것입니다. 몇 주만 그렇게 해보세요. 그러면 이상한 소리를 하지 않을 것입니다. 문제가 생기면 전화를 하라고 하고 집회시간에 불 안수를 해드렸습니다. 며칠을 다니면서 치유 받고 능력을 받았습니다. 몇 주가 지난 다음에 사모님에게 전화가 왔습니다. 목사님이 예배 시간마다 안수를 하니 머리가 너무나 아파서 교회에 있지 못하겠다고 하면서 교회를 떠났다는 것입니다. 목사님이 사모님에게 미안하다가 용서를 구했다는 것입니다. 그래서 일이 잘 마무리 되었다고 감사하다는 것입니다. 지금 교회에는 이렇게 자칭 영안이 열렸다는 성도들로 인하여 목회자들이 많이 당하고 있습니다. 이렇게 영적으로 혼탁한 성도들이 거의 영권이 약한 개척교회 목회자들을 미혹하고 있습니다. 한 두건이 아닙니다. 그러므로 개척교회 목회자들을 무엇보다 영적인 눈이 열려서 이런 성도들에게 농락당하지 말아야 합니다.

대적기도는 이렇게 합니다. 성령이여 임하소서. 성령이 임해야 교회에 역사하며 목회자 부부를 이간하는 악한 영이 떠나갈 수 있습니다. 성령이여 임하소서. 충만하게 임하소서. 내가 나사렛 예수의 이름으로 명하노니 교회에 역사하며 목회자 부부를 이간하는 영은 떠나갈지어다. 내가 나사렛 예수의 이름으로 명하노니 교회에 역사하며 목회자 부부를 이간하여 불화하게 하는 영은 떠나갈지어다. 교회에 역사하며 목회자 부부를 이간하여 분란을 일으키는 악한 영은 떠나갈지어다. 목회자 부부를 이간하는 영이 떠나가고 화합의 영이 임할지어다. 성령의 기름 부음으로 부부간에 유화의 영이 임할 지어다. 성도들의 가정과 목회자 부부가 모두 화목한 가정들이 될지어다. 예수님의 이름으로 기도합니다. 아멘! 예배 때마다 대적기도를 하십시오. 성도들이 듣고 믿음을 갖도록 말입니다.

11장 참소 조소하는 영의 대적기도

교회는 다종의 사람들이 모인 곳입니다. 잘못하면 세상보다 더 상처를 받고 주는 것이 될 수도 있습니다. 누가 이렇다. 저렇다. 목사님에게 좋지 못한 말을 했다. 서로 참소하고 조소하여 교회가 바로서지 못하게 하려고 마귀는 쉬지 않고 역사합니다. 처음 들어온 성도가 조금 열심히 하면 오래된 성도가 자꾸 시비를 걸고 물어뜯어서 내보냅니다. 자기보다 조금 나아보이면 물어뜯습니다. 시비를 겁니다. 결국 교회를 떠나게 합니다. 목회자는 전도를 하는 것도 중요하지만 영안을 열어 교회에 역사하는 영들을 분별해야 합니다. 그래야 교회가 잠잠하게 성장할 수가 있습니다. 작은 교회가 성장하지 못하는 것은 모두 이런 영들의 역사 때문입니다.

교회가 잠잠하게 성장하려면 성령의 역사가 일어나야 합니다. 예배 때마다 강력한 성령의 역사가 일어나 악한 영들이 떠나가야 합니다. 목회자가 영권을 가지고 교회를 장악해야 합니다. 예배 때마다 안수 사역을 하는 것도 한 방편이 될 수가 있습니다. 안수를 하면 잘못된 영을 가진 성도들에게서 악한 영들이 떠나가므로 성도가 안정된 신앙을 가질 수가 있습니다. 목회자는 무엇보다도 하나님이 주신 권위를 잘 사용해야 합니다. 하나님이 주신 권위는 말씀사역과 안수 사역입니다. 사람의 힘으로 장악할 수가 없습니다. 하나님이 주신 권위를 가지고 장악하는 것입니다. 말씀 사역과 안수 사역을 활용하는 것입니다. 모두 성령의 역사가 함께해야 가능하지요. 전하는 말씀에 성령의 역사가 일어나야 한다는 것입니다. 즉, 생명의 말씀이 되어야 합니다. 이를 위하여 목회자는 뜨겁게 기도를 해서 성령으로 충만한 상태를 유지하야 합니다.

대적기도는 이렇게 합니다. 성령이여 임하소서. 성령이 임해야 교회에 역사하며 성도들 간에 참소하고 조소하는 악한 영이 떠나갈 수 있습니다. 성령이여 임하소서. 충만하게 임하소서. 내가 나사렛 예수의 이름으로 명하노니 교회에 역사하며 성도들 간에 역사하며 참소하고 조소하는 영들은 떠나갈지어다. 내가 나사렛 예수의 이름으로 명하노니 교회에 역사하며 참소하고 조소하여 교회를 분열시키는 영들은 떠나갈지어다. 교회에 역사하며 참소하고 조소하여 교회 성장을 방해하는 영들은 떠나갈지어다. 참소와 조소하는 영이 떠나가고 서로 돕고 이해하는 영이 임할 지어다. 유화의 영이 임할지어다. 예수님의 이름으로 기도합니다. 아멘! 예배 때마다 대적기도를 하십시오. 성도들이 듣고 믿음을 갖도록 말입니다.

12장 지역에 역사하는 영의 대적기도

교회가 성장하려면 지역에 역사하는 영들과 싸워서 이겨야 합니다. 지역의 영들이 작은 교회가 성장하지 못하도록 방해합니다. 큰 교회는 이제 조직화가 되었기 때문에 분열의 영으로 역사를 합니다. 작은 교회는 아예 성도가 가지 못하도록 방해합니다. 그러므로 작은 교회는 성령의 역사가 일어나지 않으면 성장할 수가 없는 것입니다. 성령의 역사로 지역에 역사하는 마귀를 이겨야 성장할 수가 있는 것입니다. 제가 처음 방배동으로 왔을 때 지역의 영들을 몰아내기 위하여 대적기도를 많이 했습니다. 교회 앞에 서서 대적기도를 했습니다. "성령이여 임하소서. 성령이여 이 방배동 지역과 교회 건물이 임하여 주시옵소서. 하나님 감사합니다. 서울로 이전하여 강남인 방배동에서 목회하게 하시니 감사합니다. 우리 충만한 교회를 통하여 하나님의 살아서 역사함을 증명하시옵소서. 또한 저를 통하여 하나님의 권능을 드러내어 영광을 받으시옵소서. 내가 나사렛 예수의 이름으로 명하노니 방배동 지역에 역사하며 교회 성장을 못하게 하는 지역의 영들은 떠나갈지어다. 내가 나사렛 예수의 이름으로 명하노니 교회 건물에 역사하며 교회 성장을 방해하는 영들은 떠나갈지어다. 방배동 지역에 역사하며 교회 성장을 못하게 하는 지역의 영들은 떠나갈지어다. 천사들아 충만한 교회에 오기로 작정된 영혼들을 모시고 올지어다."

이렇게 대적기도를 합니다. 그러면 여기저기서 개들이 막 멍
~ 멍~ 멍~ 하면서 짖어댑니다. 눈에 보이는 개는 없는데 집안
에서 짖어댑니다. 한동안 지속적으로 대적기도를 계속하니 개
가 짖지를 않는 것입니다.

또 한 방법은 새벽기도를 마치고 방배동 지역을 걸어 다니면
서 기도를 합니다. "내가 예수 이름으로 명하노니 방배동지역에
역사하며 교회들의 성장을 방해하는 영들은 물러갈지어다. 방
배동에 충만한 교회에 오기로 작정된 성도들이 모여들지어다."
이렇게 마음으로 기도하며 약 한 시간동안 합니다. 그리고 모든
예배와 집회할 때 대적기도를 합니다. 지역에 역사하며 교회성
장을 방해하는 더러운 영들은 물러갈지어다. 교회 건물에 역사
하는 악한 영들은 물러갈지어다. 이렇게 대적기도를 했습니다.
지역의 영들이 떠나가려면 지역교회들이 합심하여 대적기도를
해야 합니다. 그런데 지역교회들이 서로 경쟁하고 시기하여 한
마음이 되지를 않습니다. 마귀로 간계로 말입니다. 저는 우리
충만한 교회단독으로 대적기도를 했습니다.

대적기도를 단독으로 하니 지역의 영들이 우리교회에 성도들
을 보내주지를 않았습니다. 최근에 이 주변에 살고 있는 분들이
찾아오고 있습니다. 어느 정도 지역이 장악이 되었다는 증거가
됩니다. 지역의 영들과 건물에 역사하는 영들과 최소한 삼년을
싸워야 합니다.

그러기 때문에 교회개척은 신중해야 합니다. 삼년동안 견딜

수 있는 재정적인 뒷받침이 있어야 합니다. 삼년이 되어야 장소를 성령이 장악하고, 지역을 장악할 수 있기 때문입니다. 그래서 영적으로 깨어있는 분들이 교회를 개척할 때, 망해서 나간 교회 자리에 들어가지 않으려고 하는 것입니다.

지역과 교회 건물에 역사하며 교회 성장을 방해한 귀신과 싸워 이겨야 하기 때문입니다. 저는 항상 이렇게 말합니다. 들어가서 성령의 역사로 장악할 수 없거든, 다른 건물을 임대하여 교회를 개척하라고 합니다. 후자가 훨씬 장악이 쉽게 때문입니다. 자우지간 교회는 지역의 역과 교회 건물 안에 역사하는 귀신과 싸워 이길 때 성장하는 것입니다. 지역의 영은 직접 영적 메핑(직접 걸어다니면서 영들을 느낌으로 알아내는 것) 을 통해서 파악해야 합니다.

충만한 교회는 지방에 계시는 분들을 위하여 성령치유 집회 CD와 교재를 33종류를 비치하고 있습니다. 과목별 CD는 12시간을 녹음하여 12개입니다. 가격은 2만원입니다. 교재는 과목당 만원입니다. 필요하시면 주문하여 영성을 깊게 하실 수가 있습니다. 교재를 보며 CD를 들으면 현장에서 집회를 참석한 것과 같은 효과가 있습니다. 1)깊은 상처 내적치유(CD/교). 2)성령의 기름부음(CD/교). 3)깊은 영의기도 숙달(CD/교). 4)보혈의 능력과 은혜(CD/교). 5)인생 열두 문제치유(CD/교). 6)예수님의 권세능력(CD/교). 7)가문의 대물림치유(CD/

교). 8)행복한 가정 만들기(CD/교). 9)재정축복 영육치유(CD/교). 10)부부문제 내적치유(CD/교). 11)5차원의 영적세계(CD/교). 12)영적전쟁 축사사역(CD/교). 13)영들을 분별하라(CD/교). 14)능력 오는 영의기도(CD/교). 15)바른 성령의 은사(CD/교). 16)영의사람 육의 사람(CD/교). 17)5차원 영성을 삶에(CD/교). 18)꿈 해석과 내면치유(CD/교). 19)영적전이 성령역사(CD/교). 20)영육질병 신유사역(CD/교). 21)영안을 열어라(CD/교). 22)갑절 영감 영력(CD/교). 23)작은 교회 성장(CD/교). 24)내적치유사역비결(CD/교). 25)예언은사기름부음(CD/교). 26)깊은 영성 깊은 치유(CD/교). 27)교회성장성령치유(CD/교). 28)영의통로 열어라(CD/교). 29)성령의 능력사역(CD/교). 30)하나님 음성듣기(CD/교). 31)성령치유종합사역(CD/교). 32)성령치유목회적용(CD/교). 33)전문신유사역기술(CD/교). 전화는 02-3474-0675. 신청은 번호를 알려주시면 됩니다. 메일주소는 kangms113@hanmail.net 를 이용하여 신청이 가능합니다(필요CD/교재번호. 주소. 전화전호. 우편번호).

　*과목별 상세한 내용은 홈페이지 www. ka0675.com 에 들어 오셔서 확인 바랍니다. 홈피에 보시면 계좌번호와 과목별 상세목록을 확인하실 수 있습니다.

이 책을 통해 예수님이 땅끝까지 전파 되기를 소원합니다.
(출판으로 인한 이익금은 문서선교와 개척교회 선교에 사용합니다.)

대적기도로 문제 해결하는 비밀

발 행 일 | 2015.8.03 초판 1쇄 발행

지 은 이 | 강요셉

펴 낸 이 | 강무신

편집담당 | 강무신

디 자 인 | 강은영

교정담당 | 강무신

펴 낸 곳 | 도서출판 성령

신고번호 | 제22-3134호(2007.5.25)

등록번호 | 114-90-70539

주　 소 | 서울 서초구 방배천로 4안길 20(방배동)

전　 화 | 02)3474-0675/ 3472-0191

E-mail | kangms113@hanmail.net

유　 통 | 하늘유통. 031)947-7777

ISBN | 978-89-97999-34-7 | 03230

가　 격 | 18,000원